读懂孩子的
不良行为，
家长不焦虑

孙传勇

著

中国轻工业出版社

图书在版编目（CIP）数据

读懂孩子的不良行为，家长不焦虑 / 孙传勇著. —
北京：中国轻工业出版社，2023.6
ISBN 978-7-5184-4333-8

Ⅰ.①读… Ⅱ.①孙… Ⅲ.①家庭教育—教育心理学
Ⅳ.①G780

中国国家版本馆CIP数据核字（2023）第025869号

责任编辑：刘忠波
文字编辑：朱利利　　　　　责任终审：高惠京　　整体设计：锋尚设计
策划编辑：刘忠波　江润琪　　责任校对：晋　洁　　责任监印：张京华

出版发行：中国轻工业出版社（北京东长安街6号，邮编：100740）
印　　刷：三河市国英印务有限公司
经　　销：各地新华书店
版　　次：2023年6月第1版第2次印刷
开　　本：700×1000　1/16　印张：20.25
字　　数：200千字
书　　号：ISBN 978-7-5184-4333-8　定价：45.00元
邮购电话：010-65241695
发行电话：010-85119835　传真：85113293
网　　址：http://www.chlip.com.cn
Email：club@chlip.com.cn
如发现图书残缺请与我社邮购联系调换
230776Y4C102ZBW

前　言

为什么要尝试写一本专门读懂孩子不良行为的书？

过去十年的心理咨询工作经历告诉我，家长对孩子行为的"不理解"达到了惊人的程度，不少家长对亲子冲突深感痛苦却又无可奈何。有的家长想要与孩子沟通却被拒之心门之外；有的家长试图"纠正"孩子却导致更为严重的不良行为。

正确理解孩子，引导他们找到适合自己的人生发展路径，赢得一个美好的未来，这不仅关系到每一个家庭，也关系到我们整个社会甚至是国家的未来。

过去二十年，未成年人各类心理问题呈现出明显的增长态势，这引起了家长、社会、媒体和政府部门的高度关注。孩子的教育和亲子关系的处理问题经常成为社会讨论的热门话题。物质相对丰富的时代，未成年人所展现出来的个性、对自我权利的重视，与相对落后、刻板的教育方式之间的矛盾逐步凸显。

2021年12月10日，《中国新闻周刊》发表了一篇题为《儿童精神科挤满了抑郁症小患者，这届孩子为什么这么"烦"？》的报道，揭开了该问题的冰山一角。

孩子为什么会这么"烦"？这也是咨询工作中，不少家长提出的问题。

按理说，现在"70后""80后"和"90后"父母相对于上一代人有了更多的教育资源，他们的成长过程中没有深刻创伤记忆的阻碍，更好地融入了互联网思维，他们应该能够更理解自己的孩子才对。

然而，在工作中我们发现，情况与设想的很不一样。家长面临的挑战比以前更大，似乎也更难理解自己孩子的行为。在儿童心理咨询工作中，我们听到家长说得最多的话是："孩子小时候可乖了，我也不知道他为什么会变成这样，我小时候也没这些问题呀……"

当我们引导家长了解孩子的真实想法，理解行为背后的真实原因和目的时，家长常会感到惊讶："原来我一直误解了孩子！难怪他会……"现实中让孩子心烦的原因有很多，但家长的不理解可能是"压倒骆驼的最后一根稻草"。

孩子是天生的情绪观察家。他们对家长、他人和自己的情绪有着敏锐的观察力。但孩子的表达能力却很有限，他们在表达自己的想法和需求方面常常出现偏差。这种"行为和目的分离"的状况，给家长理解孩子造成了不小的困难。

比如，一个内心渴望获得外界关注的孩子，在行为上却可能把自己孤立封闭起来。如果家长不懂得如何去解读，难免会产生误解，让双方都受挫。

一旦我们理解了孩子行为背后的真实目的，做到"心里有数"，那我们就有可能更好地去应对并解决问题。在过去几年的工作中，虽然我一直在朝着这个目标努力，但个案咨询所起到的效果毕竟太有限。

我越来越感受到这是家长面临的一种普遍困境，决心要写这本书，希望帮助父母更好地理解自己的孩子。

本书主体部分从孩子不良行为背后常见的错误目的入手，详细讨论了不良行为背后的原因、表现以及孩子所持的观念（信念），在此基础上指导家长正确判断以及应对。

本书还对阿德勒学派相关教育理念进行了总结，介绍了孩子成长过程中可能会出现的个性化探索和适应行为，从而帮助家长提前了解孩子在各个年龄段可能出现的变化，及时进行适当引导。

当然，需要特别强调的是，本书的目的绝不是给家长提供战胜孩子的"秘密武器"，而是希望帮助家长对孩子的行为做到"心中有数"，更好地引导孩子成长。期待这本书能够让家长对孩子的个性和行为有一个更加深入、客观、全面的理解。

在撰写本书的过程中，我深受著名心理学家阿尔弗雷德·阿德勒[1]、鲁道夫·德雷克斯[2]、马歇尔·卢森堡[3]、简·尼尔森[4]等思想的启发。德雷克斯最早明确提出了孩子不良行为背后的四种错误目标。阿德勒学派一代代开拓者们的科学探索是我们深刻理解未成年人行为的基石。因此，本书是站在巨人肩膀上的一次忐忑的探索。

我还要特别感谢我的爱人王丹和两个孩子。爱人的支持让我能够有勇气去尝试完成这项工作，孩子们的成长时刻启发着我，这本书中的一些知识也恰恰是他们"手把手"教给我的。

（注：本书中所有案例均经过严格的隐私保护处理。）

孙传勇

---

[1] 阿尔弗雷德·阿德勒（1870—1937），奥地利心理学家，人本主义心理学先驱，个体心理学创始人，著有《自卑与超越》《人性的研究》等。
[2] 鲁道夫·德雷克斯（1897—1972），美国儿童心理学家，教育家，现代实践派儿童心理学奠基人，对正面管教等教育方法的提出产生了直接影响，著有《孩子：挑战》等。
[3] 马歇尔·卢森堡（1934—2015），国际非暴力沟通创始人，全球首位非暴力沟通专家，著有《非暴力沟通》等。
[4] 简·尼尔森（1937— ），杰出的心理学家，教育家，美国正面管教协会创始人，著有《正面管教》等。

本书思维导图（序号为对应章节）：

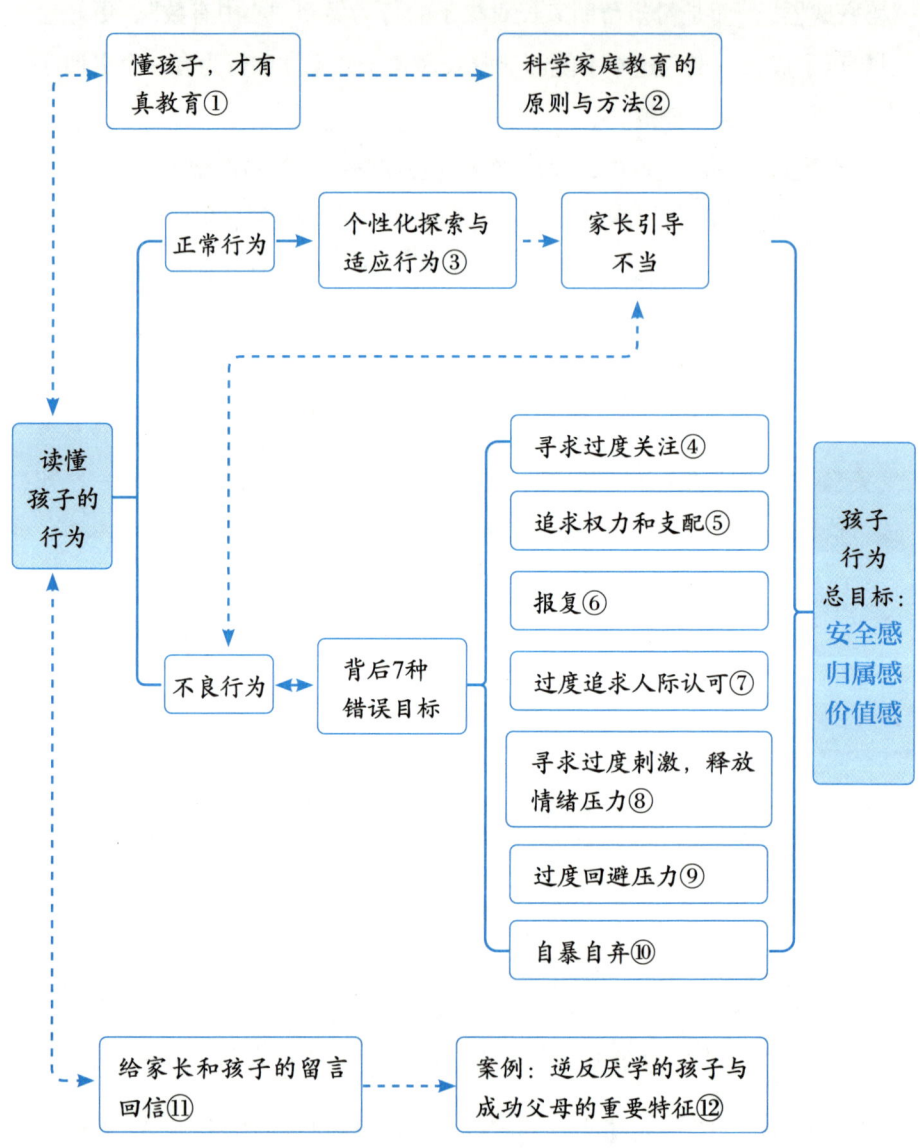

目 录

第1章 懂孩子，才有真教育 /1

父母与孩子，到底谁更懂谁？ 3
为什么父母很难读懂孩子？ 8
读懂孩子为什么很重要？ 13

第2章 科学家庭教育的原则与方法 /19

鼓励而不是挑剔 22
做温和的队友 24
不要迷信奖赏和惩罚 25
使用规则和惯例 27
稳定地坚持 28
让孩子承担行为后果 30
相互尊重 32
少拍"苍蝇" 33
不要怜悯孩子，避免过度保护 34

少说，坚持做自己该做的事情 35
把错误当成学习成长的机会 37
花时间训练孩子 38
有质量的陪伴 39
赢得孩子的合作 39
有限制的选择 41
警惕自己的恐惧和心理"包袱" 43
倾听，而不是急于评论和建议 44
"和"孩子说话，而不是"对"孩子说 45
定期家庭会议 46
不轻易介入争执 47

第3章 "不良"行为目的1：个性化探索与适应行为/51

家长爱贴"不良行为"标签的原因 54
个性化探索与适应性行为的表现 55
理解孩子的个性化探索与适应行为 57
个性化探索与适应性行为的判断方法 68
合理应对个性化探索与适应行为 70

第4章 不良行为目的2：寻求过度关注/95

孩子寻求过度关注的原因 98
寻求过度关注的表现 102

寻求过度关注背后的观念及判断方法..........104
应对寻求过度关注的方法.....................109

第5章

不良行为目的3：追求权力和支配/115

孩子追求权力和支配的原因.........................117
追求权力和支配的表现.............................122
孩子争夺权力时所持观念及判断方法.................125
亲子之间陷入权力之争，家长怎么做？.....129

第6章

不良行为目的4：报复/139

孩子产生报复心理的原因.........................141
孩子报复时的行为表现...........................147
报复行为背后的观念及判断方法..................151
应对持有报复行为孩子的方法....................155

第7章

不良行为目的5：过度追求人际认可/165

孩子过度追求人际认可的原因......................167
过度追求人际认可的表现..........................172
过度追求人际认可的观念及判断方法.........177
如何应对过度追求人际认可的孩子？..........180

第8章 不良行为目的6：寻求过度刺激，释放情绪压力/189

孩子寻求过度刺激的原因……………………191
孩子寻求过度刺激的行为表现………………197
孩子寻求过度刺激时的观念及判断方法……202
应对寻求过度刺激孩子的方法………………205

第9章 不良行为目的7：过度回避压力/213

孩子过度回避压力的原因……………………216
过度回避压力的表现…………………………225
过度回避压力背后的观念及判断方法………231
孩子过度回避压力，家长怎么办？…………235

第10章 不良行为目的8：自暴自弃/247

孩子自暴自弃的原因…………………………250
孩子自暴自弃的表现…………………………258
孩子自暴自弃时所持观念及判断方法………263
孩子自暴自弃，家长怎么办？………………266

第11章 给家长和孩子的留言回信/277

◎ 给家长的回信

为什么孩子总爱乱拿别人的东西？..............278
该不该戳破孩子不靠谱的梦想？..................279
怎么做才能弥补对孩子的伤害？.................281
孩子浏览不良网站如何引导？......................283
被处于青春期的孩子仇视怎么办？.............285
该不该把家里的财务状况告诉孩子？.........287
孩子沉迷手机怎么办？..................................288

◎ 给孩子的回信

读书好难，为什么不能简单轻松点？.........291
有人和我一样不自信吗？..............................293
被家人误解，有报复心理怎么办？.............294
父母争吵不休，作为孩子怎么办？.............296
如何理解公平？...298
读书的意义究竟是什么？..............................299
为什么有些人总喜欢让我"出糗"？..........301

第12章 案例：逆反厌学的孩子与成功父母的重要特征/303

第1章
懂孩子，才有真教育

德雷克斯曾说，当代亲子关系的悲剧之一是父母对孩子完全缺乏了解。

读懂孩子比我们想象得要更难。然而，这却是每个家长不得不接受的挑战。孩子不良行为的背后，是他们错误的信念和目标。家长心中有数，才能有效地对其进行引导和转化。

家长的目标不应该仅是制止孩子的不良行为，还应关注如何将它们转变为建设性的健康行为，最终重塑孩子内心的信念。而做到这一切的前提是，你真的读懂了孩子。

晶晶的家庭并不富裕，但爸爸妈妈为了晶晶的成长尽心尽力。爸爸平时工作很忙，妈妈几乎包揽了一切家务。妈妈会把所需的东西都提前准备好，就是为了让晶晶安心学习。

晶晶班上有些同学穿的用的都是名牌，还喜欢在同学们面前炫耀，晶晶看了非常羡慕，缠着爸爸妈妈也要买。为了让晶晶在同学面前不"低人一头"，爸爸妈妈省吃俭用，咬咬牙也给晶晶买了。虽然晶晶的要求越来越多，但生活总算还能过去，爸爸妈妈也很满足。

但上了初中后，晶晶开始变得"不安分"起来。与爸爸妈妈的沟通变少了，只有要钱的时候晶晶才主动和父母说话。有时候她还会撒谎。回来很晚，妈妈说她几句，她很容易烦躁、顶嘴。

初二的时候，晶晶开始跟一个男孩"谈恋爱"，爸爸妈妈不同意，觉得现在恋爱太早了，"才十几岁，什么都不懂，影响了学习将来怎么办？"但爸爸妈妈越不同意，晶晶反而对那个男孩越依赖，最后发展到跟着男孩离家出走。

找不到晶晶，爸爸妈妈急得像热锅上的蚂蚁，后来不得不报警求助。好不容易找到后，没几天晶晶又跟男孩走了。

爸爸妈妈痛苦而无奈地对心理咨询师说："才十几岁的小孩，就跟着男孩离家出走好几次了，是因为家里不好吗？是我们太宠她了？难道真的是因为'爱情'？"

晶晶父母和很多父母一样在"凭感觉"教育孩子。学习很重要，这是艰难的现实教给他们的第一感觉。因此，为了让晶晶安心学习，妈妈包办了一切。孩子"自信很重要",这也是大多数父母的感觉。因此,晶晶父母省吃俭用,咬牙满足了孩子的所有要求。

然而,"凭感觉"并不是真的懂孩子。"凭感觉"大多满足的是父母的需要。比如,"安心学习"是父母的希望,但真的是晶晶内心的需要吗?

一旦晶晶认定自己的学习是"为妈妈而学",她就免除了对学习的责任心,不学习也就成了她反抗过度控制甚至惩罚父母的工具。

小的时候,晶晶喜欢自己探索这个世界,她希望参与家庭活动展示自己的能力和价值。而妈妈的过度包办,实际上剥夺了这些机会。晶晶逐步依赖妈妈的服务,还学会了通过情绪操纵妈妈以达到自己的目的。

当晶晶有了攀比心、虚荣心,父母并未真正理解孩子背后的心理需要是什么。父母省吃俭用,咬牙满足晶晶,会给她传递什么样的信号?这真的是她健康成长所需要的吗?

进入青春期后,晶晶的心理状态发生了很大的变化。然而,父母对晶晶的认识还停留在"十几岁的小孩"上,对她的心理变化和需求几乎毫无察觉。殊不知,晶晶对父母的内心却早已"拿捏",她一次次突破原则和底线,直到父母满足自己所有的要求。

遗憾的是,父母不懂晶晶,晶晶不懂现实和未来。

父母与孩子,到底谁更懂谁?

◎ 父母真的懂孩子吗?

与人相处时,我们都会有一套"解读"的方法,父母对孩子更是如此。可这些"解读"真的准确吗?我们通常不会认真地去验证它,只是凭直觉深信这一点。

16岁的高一女生璐璐长相一般,但从小学习很好。妈妈一直以璐璐的学习成绩为傲。在妈妈的心里,璐璐从来不关心外表,是一个"朴实"的女孩子。

一天,妈妈和闺蜜聊天:"唉,现在学校的元旦晚会,除了唱歌就是跳舞,这些都不适合咱们璐璐啊,她也不喜欢……"

妈妈没注意到在一旁坐着的璐璐脸色悄悄地发生了变化。

璐璐在日记中写道:"妈妈以为我只在乎学习,可是她根本不知道我有多讨厌她老跟别人提我学习好。她一直以为我不在乎外表,不爱漂亮,可以拿外表开玩笑,可是我不是这样的人啊,哪个女孩不爱漂亮呢……唉,妈妈根本不了解我!"

妈妈相信自己很了解璐璐,但她的这种自信却给亲子关系带来了无形的障碍。一旦璐璐认定妈妈不了解自己,她怎么还会向妈妈敞开心扉呢?"我看着你长大的,还不了解你吗?"这是很多妈妈挂在嘴边的话。殊不知,这种了解孩子的直觉往往是一种错觉。

有心理实验证明,我们其实很容易误解身边的人。在一项猜测伴侣(两人相处五年以上)想法的实验中,一方以为自己能够猜对伴侣想法的80%,但实际上准确率只有30%～40%。这足以说明,我们其实会高估自己对他人的了解。

面对朝夕相处的伴侣尚且如此,何况是身心处于快速发展、逐步远离父母的孩子呢?

有的家长很相信自己的"读心术",觉得自己可以从孩子的行为表现、表情中看出孩子的想法。但这其实也只是一厢情愿罢了。

妈妈提着一大堆刚从商场购买的物品喘着粗气回到家里,发现上五年级的小郑正慌忙关闭电视。妈妈看到这种场景十分生气,开始数落小郑:"我让你在家是让你写作业的,不是让你看电视的。你是不是还没开始写作业？你怎么总是这样不让我省心？你的作业是给我做的吗……"

小郑委屈地辩解："我做完作业了，刚打开……"

妈妈叉着腰，说道："别狡辩了，你肯定看了一上午！我还不知道你，自己的事情做不好，天天就想着看电视……"

"谁说我天天看电视啦……"

"啪"的一声，小郑关上门躲进了自己的房间。

妈妈从小郑慌乱的神情中，断定他"看了一上午电视"。哪怕小郑解释说自己作业已经做完了，也无法打消妈妈的"自信"。妈妈随后进行的其实是一种预先假设好结果的指责，这让小郑感到很委屈，导致母子之间关系的矛盾出现大爆发。如果妈妈没有相信自己的"读心术"，而是假设小郑是无辜的，那么亲子之间的矛盾本来可以避免。

心理学家早就证明：在人际关系中，所谓的"读心术"是很不靠谱的。轻信"读心术"是很多矛盾产生的重要原因。有些父母对自己"读心术"的自信超乎想象。他们不愿意倾听孩子的解释，在他们看来，"你就是这样的人，你就是这样想的，别狡辩了"。这其实是导致亲子冲突的重要原因。

伟伟跟妈妈诉苦："我这几天总是失眠，睡眠浅，感觉睡得特别疲惫。"

妈妈露出不相信的表情，说："你还能失眠？五个喇叭在你身边喊，你都不会醒！"

家长常常会忘记，孩子的心理发展是不断变化的。从婴幼儿时期、儿童时期到青春期，每一个阶段孩子的心理状态都会出现重大变化。即使是同一个阶段，孩子的内心也会不断变化，这是孩子个性化探索的必然结果。

然而，大多数父母对孩子心理的发展变化浑然不觉。

◎ 孩子懂家长吗？

既然父母对孩子心理变化的觉察常常显得落后，那么孩子对家长的了解程度又如何呢？

这一点可能会出乎很多父母的预料。答案是：孩子对父母的了解其实比父母预计的要更多。为什么会这样？

1. 孩子是天生的情绪观察家

不少父母在内心会把孩子看成什么都不懂的小屁孩，但其实孩子天生就对家长的情绪和想法有着敏锐的观察力。

> 7岁的鹏鹏走到妈妈身边说："妈妈你别生气了，我以后会乖的！"
>
> 妈妈奇怪地问："妈妈没生你气啊，为什么这么说呢？"
>
> 鹏鹏没说具体原因。但妈妈思考后发现，原来自己下午在单位发生的不愉快竟然被细心的鹏鹏敏锐地察觉到了。

鹏鹏的细心让妈妈惊讶。实际上，只要父母留意，几乎都会发现这种现象。这不仅因为孩子天生对情绪很敏感，还因为孩子生活的处境并不容易，观察家长情绪是他们的"生存之道"。

德雷克斯认为，孩子从出生开始就需要学会与身边的"巨人"相处。对孩子们而言，家长不仅身形"巨大"，而且他们的智慧更是难以匹敌。他们从出生开始就要面临自己的脆弱与渺小。家长几乎是年幼孩子的一切，在"巨人"面前，为了保证自己的生存，他们会用心观察家长和家庭的一切。

另外，情绪对于孩子而言本身就是一种重要的沟通方式。因此，他们会对家长的情绪保持高度敏感，以确保自己是被关注、被爱、被保护的对象，自己的需要会被满足。

当家长觉得孩子"什么都不懂"的时候，孩子其实已经在拿放大镜观察自己的父母了。他们了解家长的喜好、情绪、作息，甚至家长自己也没有意识到的方方面面。

2. 家长的"路数"太老套

家长对待孩子的方式很容易陷入自以为是、不断重复的老套路中。只是家长在使用套路时常常浑然不觉，而这一点孩子却早已了然于心。

> 过完年，妈妈把10岁的福福叫到身边。
>
> "福福，过年爷爷奶奶给的压岁钱呢？妈妈替你保管吧，妈妈只是暂时替你保管，主要是怕你弄丢了，等你要用的时候，妈妈再给你。"
>
> "妈，你别说了，我给你就是了。你这些话都说了好几年了，什么时候给过我！"福福噘着嘴说。

福福对妈妈过年后"保管"压岁钱的套路已经习惯了。妈妈认真的样子显然不知道自己的套路早已被识破。

家长在教育过程中，难免会有固定的模式和套路，但一定要以坦承和尊重为基础。因为一旦家长倾向于使用套路来达到自己的目的，就会逐步失去孩子的信任和尊重。有些孩子在成长过程中甚至学会了"将计就计"。过度使用套路只会让教育变味、走偏。

值得注意的是，虽然孩子对父母的了解通常超出了父母的想象，但我们却不能因此高估孩子的"解释"能力。孩子的大脑皮层尚未发育成熟，"解释"能力很有限。这使得他们经常与父母在理解上产生不一致，很难真正理解家长的长远考虑。

15岁的颖颖严重的逆反心理让妈妈伤透了心。

妈妈伤心地对心理咨询师说："我为了她付出了那么多的心血，她难道真的不懂吗？"

"她可能真的不懂，如果要真懂恐怕也是未来的事情了。"心理咨询师说。

在理解方面，我们常常容易高估孩子的能力。颖颖或许能够清晰地感受到妈妈的愤怒、失望和痛苦，但她很可能会把它们看成是妈妈"不喜欢自己""限制自己自由""思想落伍"的表现。

为什么父母很难读懂孩子？

现实中，父母要真正读懂孩子其实并不容易。这里面有几个重要原因。

◎ 孩子的成长变化不断积累

家长和孩子对时间的感知并不一样。小时候我们会感觉时间很"漫长"。对于家长而言，几年时间或许只是在忙碌中悄然而过，但对孩子而言，每一年甚至每一天都是成长的重要时间。当孩子一天天成长、积累和转变时，家长的记忆可能还停留在孩子小时候。因此，大多数家长会有孩子"突然"长大了的感觉。

夏天到了，小清和妈妈在讨论换季买衣服的计划。

妈妈说："你学习那么忙，干脆妈妈替你买吧，你不是最喜欢胸前有卡通图案的那种粉红色的衣服吗？"

小清回道："那是我小时候喜欢的呀，哪有初中生还穿这种衣服的？"

妈妈对小清的理解显然还停留在过去。家长平时越忙碌，越容易忽略孩子的点滴变化。

◎ 孩子的自我表达能力有限

自我表达能力建立在自我认知、言语、共情和分析推理等能力基础上。这些能力与人的成长经验息息相关。因此，孩子年龄越小，准确表达自己的能力就越弱。有时他们可能感受到不舒服，却难以准确表达出来。

> 多多上小学三年级，妈妈离异后一直没有再婚。多多最近观察到妈妈和一个叔叔交往比较多。叔叔经常来家里，对多多也很热情。
> 可是妈妈发现，无论这位叔叔如何讨好多多，多多就是不开心，还经常把自己锁在屋里不出来。妈妈很着急，不停问多多："怎么了，哪里不舒服？"但多多什么也说不出来。
> 妈妈在心理咨询师的指导下，增加了对多多的用心陪伴，更直接地表达对多多的爱。多多终于又放松下来，笑容也多了起来。

陌生叔叔的到来，让多多产生了强烈的不安全感，她害怕被妈妈抛弃。然而，多多虽然感到焦虑不安，但她也不一定明确了解自己不安的原因，更不知道该如何表达。家长可以设法读出孩子的不安全感。

◎ 孩子不愿意表达真实的自我

生活在"巨人"中间，孩子不仅学会了"察言观色"，还会尝试各种方法"趋利避害"。他们会因为很多原因隐藏自己的真实想法。

比如，当父母平时要求高，比较挑剔时，孩子可能会因此隐藏不利的信息。当父母很脆弱，容易焦虑时，孩子可能想要"保护"父母而选择隐藏真实自我。父母的批评指责也会让孩子感到自己不被理解和重视，因此慢慢关闭"心门"。

五年级的小格在与同学争执中拿出小刀"比划"，刚好被班主任发现。班主任觉得事情很严重，叫来了小格妈妈一起处理。

"你跟老师和妈妈说，为什么要拿出小刀吓唬同学？"班主任问。

"是他们先欺负我的。上次他们就把我的书扔到地上，还推了我！"小格气呼呼地说。

"他们欺负你，你为什么从来不跟妈妈说？"妈妈问。

"我之前有次跟你说了啊，你当时就说'肯定是你不对，要不别人怎么会打你？'"

当小格向妈妈诉说自己的烦恼时，妈妈的回应显然会让小格感到孤立无援，这才会想用极端办法"保护"自己。

家长不注重孩子的隐私保护，也会逐步失去孩子的信任。

上初中的小娴和妈妈关系一直很亲密，经常会把学校发生的事情和妈妈分享。有次小娴和妈妈说了自己的闺蜜喜欢同班一个男孩的事情，妈妈听了觉得很有意思，在和自己的朋友聊天时，也聊起了这件事。

但不久，这件事情就传到了闺蜜妈妈的耳朵里，导致小娴和闺蜜关系闹僵了。小娴之后再也不和妈妈说学校的事情了。

对于处于青春期的小娴来说，自己的隐私安全及和同伴关系非常重要。妈妈的行为虽然可能是无意的，但已经让小娴内心产生了阴影。

◎ 时代变化，亲子之间的鸿沟在拉大

很多家长感慨自己越来越不懂孩子了，这里面其实包含了许多时代因素。

1. 孩子越来越关注权利的平等和尊严

这其实是时代进步的必然结果。传统的亲子关系在现代社会遇到了前所未有的挑战。不少家长并未意识到这一点，他们很快收到了孩子们的"警告"。

> 记者从沙区警方了解到，最近他们接到的未成年人拨打110报警的警情中，竟然有几起都是因为孩子学习压力大，厌烦参加所谓的"补习班""兴趣班"。(《重庆晨报》，2017年1月4日)
>
> 永宁县某镇一对父女因为写寒假作业起了矛盾，女儿直接报警，让警察"把爸爸抓起来"。(《澎湃新闻》，2022年2月25日)

法律意识、权利保护意识已逐步成为当代未成年人成长基因的一部分。在很多孩子眼里，自己早已不再是俯首听命者，而是与父母平等的个体。家长如果还采取过去那种粗暴命令、掌控式教育，必然会遭到孩子的强烈抵抗，甚至可能导致严重的后果。

> 2019年4月17日，17岁男孩因与母亲发生口角，突然打开停在大桥上轿车的车门，冲向桥边，直接跳了下去。留下母亲跪在地上，拍打地面，痛哭不已。(南京广播电视台，2019年4月20日)

2020年9月17日，武汉江夏某中学14岁初中男生，因为在教室与另外两名同学玩扑克牌被抓，班主任请家长到校配合管教。期间该男生在楼道被母亲教训，情绪失控的母亲当着众多师生的面，扇了孩子两记耳光。母亲骂完转身，孩子直接从五楼跳下，不幸身亡。（环球网，2020年9月18日）

类似的悲剧在当今社会并不罕见，事件背后的原因也比较复杂。这些孩子似乎在向父母宣告：你战胜不了我，你侮辱我的尊严，我就以命相争。我们不能仅仅把悲剧归结为"孩子太脆弱"了，如果家长能更多了解时代变化中孩子心理的变化，改变教育方式，顺势而为，或许悲剧本可以避免。

2. 代际割裂感加剧

每一代人与上一代都会存在不同程度的"代沟"。但世界的瞬息万变和网络的丰富多彩让家长更难追上孩子的脚步。

餐桌上，爸爸正发表自己的"高论"，突然看到14岁的铭铭脸上不认同的表情。

"铭铭，你觉得爸爸说得不对吗？"爸爸问。

"行行行，你是'懂王'，行了吧。"铭铭说完，叹了口气回了自己的房间。

爸爸一脸懵，问妈妈："什么是'懂王'？"

"自己上网查吧。你呀，不能老沉浸在自己的专业里，得经常上上网，看看孩子在说什么，要不以后可就跟不上孩子的节奏了。"妈妈笑着说。

3. 家庭结构的变化

中国的家庭结构在过去几十年发生了巨大变化，从传统大家庭（如四世同堂）逐步过渡到核心家庭（如三口之家）。实际上这不仅仅是家庭人口数量的变化，更是人的生活环境、思维方式的转变。

> 9岁的丰丰在学校不爱说话，老师说他有些社交退缩，可能与缺乏人际交往技巧有关。
>
> 妈妈对心理咨询师说："我从小生活在大家庭，有哥哥姐姐，下面还有个弟弟，父母每天都忙得顾不上我们。我们生活挺开心的，人际交往从来没问题。怎么到了丰丰这儿就这么困难了？我之前从来没想过，难道与小朋友玩还要家长教吗？"

在传统大家庭中，孩子主要通过与同伴相处来学习各种生活技能，他们的烦恼和困惑也都在与同伴交流中得到了有效化解。因此，对于丰丰妈妈来说，即使父母顾不上，影响并不大。因为她生活的大家庭就是一个天然的"训练场"。但对于独生子女丰丰来说，他哪有学习实践的机会呢？

读懂孩子为什么很重要？

既然读懂孩子并不容易，而且似乎越来越难，那么为什么我们还是要"明知山有虎，偏向虎山行"呢？

◎ 教育孩子，不能凭感觉

感觉容易产生误导。正如前文所说，人与人交往中有些感觉其实是错觉。家长凭感觉教育孩子很可能会对孩子的长远发展不利。比如，看到年幼的孩子那么"脆弱可怜"，家长可能会不忍心让孩子"吃苦"，因而过度保护孩子，却为孩子心理脆弱、技能缺乏埋下了隐患。

有些家长本身存在强烈的焦虑和自卑心理，因此凭感觉教育孩子时他们的态度会左右摇摆：一会儿对孩子严厉斥责，一会儿又娇纵宠溺；有时陷入痛苦的自我怀疑中，有时又盲目自信起来。这无疑会让孩子感到困惑不安。在这种环境中成长的孩子并不在意生活规则，因为对他们而言，真正主导规则的是父母的情绪。

当家长自身存在成长创伤时，还很容易把自己的焦虑、不安全感和痛苦记忆带到教育中。

> 六年级的小熙在学校与同学的相处中脾气很不好，容易发火，还爱挖苦讽刺别人，大家都有点躲着他。但小熙内心其实特别渴望交朋友，他也为自己的行为感到苦恼，请妈妈带自己来见心理咨询师。
>
> 心理咨询师发现小熙妈妈平时性格也很急躁，爱发脾气，爱冲小熙大喊，有明显通过指责、嘲讽来"教育"小熙的倾向。
>
> 当咨询师指出妈妈的教育方式对小熙可能造成的影响时，妈妈苦恼地说：
>
> "唉，我小时候我妈（小熙姥姥）对我也是这样的！"

妈妈的教育方式受到了自身成长经历的影响，她没能教会小熙如何平等与人相处。她的指责、嘲讽加剧了小熙的自卑心理。而小熙之所以下意识采取展示权力（发脾气、嘲讽）的方式来寻找自己在群体中的位置，其实是为了弥补自己的气馁和不安。在小熙看来，大家怕我，我才安全、有价值。

凭感觉教育，容易让控制型父母将自己的想法强加给孩子。久而久之，孩子可能会脱离真实的自我。

> 小丁是独生子，妈妈对他各方面要求都很高。为了让小丁能

够出类拔萃，妈妈给他报了各种各样的辅导班、兴趣班。在妈妈看来，各科成绩如果低于90分，那就是"不及格"。为了练好钢琴，妈妈每天都陪小丁练琴到晚上11点。

小丁也在努力达到妈妈的要求。他对自己很苛刻，经常因为达不到预期而生自己的气。有一次，小丁在练琴，曲子弹得很流畅，妈妈夸赞了一句："你弹得很好哦。"

哪知，小丁一下子暴怒了，狠狠地用手砸着钢琴："好什么好，错了好几个节拍！"

小丁妈妈一下子懵了。不明白自己一句夸奖竟然会让儿子生这么大的气。

因为妈妈一直对小丁高要求、高期望，小丁养成了苛责自己追求完美的习惯。虽然妈妈觉得好，可小丁对自己并不满意，此时妈妈的夸奖无疑就是一种嘲讽。

◎ 教育孩子，不能靠单向输出

很多家长觉得说一遍孩子不听，那么就得多说几遍，结果最后却是"说什么都没用"。德雷克斯形象地把这种"父母不停唠叨，孩子却无动于衷"的教育方式称为"妈妈聋"。

在这种教育方式下，只要妈妈一开口，孩子就启动了自动屏蔽模式，像"聋了"一样。于是，教育的结果是鸭背泼水——劳而无功。

"妈，老师早上在群里说了今天上数学课要带直尺，你怎么不告诉我？"小荣中午放学回家气呼呼地向妈妈"兴师问罪"。

"谁说我没提醒你，我跟你说了三遍，你都没听见吗？"妈妈惊奇地问。

"啊？我没听见啊，你每天说那么多话！"小荣说。

有些父母教育孩子全凭一张嘴，他们懒得思考，嘴比脑子要快很多倍，遇到问题的第一反应是"说"。他们早已放弃了引导者的角色，把自己变成了"职业挑剔者"。一旦孩子因为厌恶启动了屏蔽模式，父母就感到委屈又无奈。这也是为什么教育专家经常给爱唠叨的妈妈出的主意是——少说多做。

◎ 教育孩子，不能简单玩"套路"

家长在教育过程中都会总结一些有用的套路。但这些套路往往会有"保鲜期"，一旦孩子识破了套路，他们就不会上当了。更糟糕的是，当家长喜欢玩套路，孩子也会学着去"套路"家长，或者因为害怕套路而本能地拒绝父母的靠近。

孩子其实很容易接受父母的不完美，却难以原谅父母的表里不一。欺骗型的父母很难培养出诚实的孩子。遗憾的是，不少父母一边得意扬扬地示范小聪明和套路，一边却在指责孩子为什么不坦诚。

教育都有一些固定的模式或方法，那怎样才能避免这些方法成为套路呢？它有几个前提：坦诚、尊重、真正懂孩子。只有懂孩子，家长才能找到教育的切入点。

◎ 读懂孩子，才能在迷雾中把握方向

每个孩子都有自己的独特个性和需要。家长在教育孩子时，面对的其实是一张"未知地图"，而且这张地图会随着孩子的年龄增长，不断发展变化。

家长怎么办？

首先要读懂它，然后才能陪孩子一起走过成长路上的险滩陷阱，帮助他们在社会这张更大的"未知地图"中，找到适合自己的路径和方向。

面对未知，我们当然也不能靠硬闯。然而，现实中却有不少家长选择扔掉地图，仗着自己的优势地位，凭直觉去"改造"孩子，结果往往背道而驰。

> 5岁半的小斌让妈妈很头疼。
>
> "他特别固执、任性。"妈妈跟心理咨询师诉苦说："在家里他要什么，就一定得拿到手，要不就哭闹个没完没了。在幼儿园也我行我素，一点规矩都没有。"
>
> "他在家要东西的时候，你们会马上给吗?"心理咨询师问。
>
> "唉，我们一般不给，但他闹得太厉害，最后不给也不行啊。"妈妈无奈地说。

父母一开始拒绝，但每次又在小斌哭闹时让步，这让小斌心里明白：只要我哭闹就能达到自己的目的。他开始用情绪来操纵父母为自己"服务"。父母的错误做法无形中助长了他的错误信念。当小斌在社会群体中沿袭家里的方式——希望其他人给予自己迁就和特权时，结果可想而知。如果妈妈知道小斌其实是通过哭闹来争夺权力和支配，学会忽略他的情绪操控，坚定执行规则，或许就能更好地帮助他养成良好习惯。

本章思考：

为什么说孩子有时候更懂父母？

如今社会读懂孩子为什么越来越难了？

为什么读懂孩子才会有真教育？

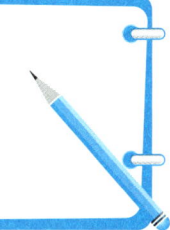

第2章
科学家庭教育的原则与方法

教育孩子是个"技术活",这一点谁也不会否认。然而现实中,很多家长却是未经任何指导和培训就"从业"了。他们付出了巨大精力却收获甚微,有的行为还与自己的真实想法南辕北辙。

当运用科学有效的方法去教育孩子时,你就能省去教育过程中许多不必要的困惑、焦虑、无助、愤怒、自责……你在用更少的精力帮助孩子变成更好的自己。

学习并运用科学的家庭教育原则与方法,是父母们最划算的投资之一。

11岁的姐姐小茹正在客厅看电视。8岁的弟弟小宇在玩他的飞机模型。

"噢——呜——"小宇在客厅举着飞机跑来跑去。

"你别闹了,我在看电视!听不清声音了!"小茹对小宇大声说。

小宇像没听见一样,还是照样玩自己的。

"别挡着我看电视!听见没有!"小茹明显生气了。

小宇停了一下,但很快又自顾自地玩起来,还故意在电视机前来回跑。

小茹终于发火了,起身拽着小宇的胳膊想要把他拉开。小宇不愿被拉走,挣扎着,回过头咬了姐姐的手一口。

"啊!"小茹大叫一声,愤怒地踢了弟弟一脚。

小宇倒在地上,大声地尖叫着哭起来。

在厨房忙碌的妈妈赶紧冲出来,看看究竟发生了什么。

看到妈妈出来,小宇哭得更大声更凄惨了。

"你俩咋回事?"妈妈厉声问。

"姐姐她踢我!"小宇首先告状。

"是你先咬我的。"小茹辩解道,还把胳膊伸过去给妈妈看,试图证明一下。

妈妈瞅了一眼,"这哪有印子?你这样踢弟弟,踢坏肚子怎么办?没轻没重的!"妈妈生气地训斥小茹。

"那他咬我就对了?"小茹生气地嚷起来。

"你是姐姐,就不能让着点弟弟?你怎么给弟弟做的榜样?"妈妈又把平时经常说的话搬出来了。

看到妈妈训斥姐姐，小宇脸上露出了胜利的表情。

"哼！你们就是偏心！"小茹气呼呼地回卧室，重重地摔上门。

妈妈试图制止小茹和小宇之间的冲突，她充当起两人纷争的"裁判"。然而，她的教育起到什么实际效果呢？

妈妈并没有公平地处理矛盾。因为在孩子的冲突中，妈妈并不了解事情发生的细节和原委。她也不知道小宇其实是在故意挑衅姐姐，吸引姐姐的注意，他让姐姐生气，最终让妈妈来保护和关注自己。

妈妈并没有真的保护"弱者"。小宇看起来是弱者，但他成功地利用弱者的身份让妈妈为自己服务，在与姐姐的纷争中获得优势地位。这种处理方式可能会让小宇未来的挑衅行为变得更多。

妈妈并未真的在"教育"。由于妈妈的偏袒，小宇成了"胜利者"，但强化了他作为弱者需要妈妈保护和关注的信念。同时，妈妈也强化了小茹是一个"坏榜样"的标签，这不仅会让小茹产生挫败和自卑感，还可能引发她强烈的怨恨和报复心理。

对于妈妈而言，她不仅忙碌、烦恼，结果还让亲子关系受到了负面影响。那么谁是赢家？显然，三个人都输了。

那怎么办？实际上，妈妈只需要忍住冲动，让自己置身事外，小宇和姐姐最终会找到和平相处的方法。德雷克斯曾建议"家长不要参与孩子之间的战争"，这是教育孩子的重要原则之一。

要深刻理解这一点，就需要家长先学习一些科学有效的教育原则和方法。这些方法和原则的最终目标，是培养孩子成为一个心理健康、愿意协作、能负责、适应社会的成熟个体。

德雷克斯曾总结出"养育孩子的34条新规则"，并鼓励家长在此基础上总结出适合自己家庭教育的养育原则。我在此基础上总结出20条核心原则，给大家做一个简单的介绍。

鼓励而不是挑剔

成年人经常会忘记孩子所处的环境是多么艰难，多么需要勇气去面对。德雷克斯曾幽默地请家长们做一个换位思考：假如你生活在巨人国，该怎么设法生存下去而不丧失勇气呢？

当家里面所有人都比自己高大，比自己更有智慧和力量，孩子需要凭着与生俱来的勇气，一点点探索这个世界，并最终证明自己。 这个过程其实非常不容易，他们很容易因为现实的打击怀疑自己，家长应当像呵护脆弱的花朵一样，去照顾和培养他们的勇气。

孩子所有不良行为的背后，几乎都有自卑的影子。现实中，有些家长经常会采取挑剔的方式，试图让孩子"变得更好"。但这是对孩子甚至对自己的重大误解。

好不容易放假了，上高一的倩倩心情很好。吃饭的时候，倩倩不停地和妈妈说着一些学校发生的趣事。突然，妈妈把目光放在倩倩的额头上。

"你最近是不是乱吃零食了啊，额头上怎么突然冒出这么多痘痘？"

"没有啊，我也不知道啥时候冒出来的。"倩倩说。

"呀，你这个头发怎么感觉比我的还要粗糙，一点都不柔顺，我记得你以前的发质很好啊。"

"啊？有吗？"倩倩捋了一下自己的头发，刚刚脸上的笑容散去不少。

"还有，妈觉得你这个眉毛不好看，一点也不齐整，你有时间找人帮你修一下吧……不要老皱眉头，一脸苦相会让人看着不舒服的……"

"妈，你有完没完！"倩倩哭着走进了卧室。

"你这孩子,妈这不是为你好吗?怎么就听不得别人说自己不好呢?你是不是心理承受能力太差了……"妈妈在后面追着说。

妈妈这么挑剔真的是为了倩倩好吗?或许妈妈真的是这么想的。然而,我们都知道,毁掉孩子的好心情、让孩子对自己的容貌产生怀疑和焦虑,并不会让孩子变得更好。

很多家长之所以挑剔孩子,最直接的心理原因是想要证明自己的强大、维护自己的权威和优越感、试图控制孩子,或者干脆只是对孩子不满意,宣泄负面情绪而已。尽管家长并不愿意承认这些原因,孩子却能敏锐地察觉到。

而家长的挑剔带来的结果是什么呢?

孩子的信心不断遭受打击,探索世界的乐趣被逐步驱散,转变成了对犯错的恐惧,对自己的不满。现实中的困难和挑战,都需要孩子鼓起勇气去面对。而家长却通过挑剔早早夺去了他们的勇气。

爸爸跟心理咨询师说,每次他与8岁的小迪约定好玩手机的时间,都需要自己反复催促,小迪才能生气地放下手机,这成了两人争吵的一个爆发点。

心理咨询师建议爸爸试试鼓励的方法。

这天,约好玩二十分钟手机的时间快到了,爸爸并没有催小迪。小迪一边玩一边用眼睛偷偷观察着爸爸的反应。爸爸没动声色。

已经超过两分钟了,爸爸从小迪身边经过,小迪主动把手机递给了爸爸。

"谢谢你小迪,你不仅遵守了我们的约定,还主动把手机还给了我。爸爸觉得你做得很棒,你是一个自律的人!我一直相信你可以的。"

小迪听后，眼中闪过自豪的神色。经过几次鼓励，小迪几乎每次都能主动遵守约定了。

"没想到，化解我和小迪争吵的竟然是鼓励！"爸爸感慨地对心理咨询师说。

为什么时间到了一定要爸爸反复催促，小迪才放下手机？并不是在压力下看手机多么有趣，小迪其实是在反抗爸爸的权威，争夺权力和支配。小迪在想："哼，凭什么你说放下我就得放下？我偏不！"当爸爸采取信任和鼓励的方式，激发了小迪内心的自豪感，反抗和敌意自然就没有必要了。

要让孩子受损的勇气和信心重新回来，除了停止挑剔，家长要做的是鼓励，鼓励，再鼓励。

做温和的队友

家长如何定位与孩子的关系？控制与被控制者？服务与被服务者？还是面对困难时的合作者？你的定位，实际上潜移默化地决定了你是怎样的父母。

当你把自己的角色定位为"控制者"时，你很可能会强行让孩子接受你制订的各种"为他好"的规则。你会设法剔除他个人的东西，孩子为了达到你的目标，有时不得不戴着厚厚的面具，隐藏真实的自己。

当你把自己定位为"服务者"时，你可能会包办一切，以为孩子做好各种"服务"为己任。但很快你就会为孩子的以自我为中心、依赖、缺乏规矩感到苦恼。

把自己定位为"队友"，意味着你需要鼓励孩子承担责任，勇敢面对现实的困难，努力学习各项技能，在此过程中和他一起成长。如果"队友"过于严厉或者挑剔，会让合作变得困难重重。因此，态度温和是有效合作、避免摩擦的重要前提。

今天妈妈带回了一个大盒子，是一个拼装船模型。9岁的小北马上凑了过来。

"这个难度很大哦，我们一起合作完成吧。"妈妈说。

经过近两个小时的努力，两个人终于把船模组装好了。妈妈和小北坐在地上，看着崭新的小船，心里都很开心。

"虽然我的腰和背有点疼，眼睛也酸了，但我们坚持下来了，这是我们一起合作的结果。"妈妈接着说，"你这几天一直说作业很多，妈妈觉得我们也可以选择合作完成。"

"好啊！"小北看着模型船，兴奋地点头说。

"那你晚上做作业的时候，妈妈就在一旁，你有什么不懂的，随时问妈妈，我们一起克服它！"妈妈说。

当很多家庭因为辅导孩子作业闹得鸡飞狗跳时，小北妈妈用行动告诉我们，良好的亲子关系是一切教育方式能够起效的前提。妈妈不用费尽心机压制孩子的反抗和不满，她通过和小北合作，不仅拉近了亲子关系，还让双方成了克服作业难题的队友。

做温和的队友，赢得孩子的信赖，你们才有机会一起成长并享受生活的乐趣。

不要迷信奖赏和惩罚

奖赏和惩罚是不少家长推崇的育儿方法。它们带来的好处之一就是

"起效快"，家长操作起来简单。然而常识提醒我们：过分追求短期回报往往会带来长期的不良后果。

奖赏和惩罚带来的长期不良后果是什么呢？

奖赏会导致动力外化。喜欢用奖励激发孩子积极性的家长会奇怪，为什么孩子做事情越来越被动拖延呢？为什么孩子遇到困难后无法坚持？他的内在动力去哪儿了？

因为孩子内心的想法可能是：我的奖赏在哪里？我这么做有什么好处？就这？我才懒得替你去做呢！

10岁的乐乐上四年级，妈妈平时为了鼓励她学习，经常用她喜欢的东西来奖励她。

刚上一年级时，乐乐在学校受到老师的表扬，妈妈很激动，送给她一个很大的毛绒玩具作为奖励。二年级加入少先队，妈妈觉得这是重要时刻，送给她一个平板电脑。三年级乐乐开始追星，妈妈为了鼓励她，给她买了好几本明星自传，但乐乐吵着要明星"周边"产品。后来只要乐乐表现好，印着明星的台历、抱枕、雨伞等东西，妈妈也一一满足了。

因为疫情原因，这段时间乐乐在家上网课，妈妈发现她变得越来越散漫，老师布置的作业几乎不怎么做，还找理由说自己"不会，想不出来"，拒绝动手。

"乐乐，你要是表现好，认真完成老师布置的作业，妈妈周末带你出去玩哦。"妈妈为了乐乐动起来，绞尽脑汁。

"哼，你又想诱惑我！"乐乐噘着嘴说。

妈妈成功地通过奖励（贿赂）剥夺了乐乐的内在学习动力。学习逐步变成了妈妈的责任，乐乐更像"帮忙者"。在这种情况下，乐乐用拒绝学习来表达对妈妈的不满甚至惩罚就不足为奇了。

同样道理，惩罚可能会让孩子因为恐惧而动起来。然而，孩子压抑着恐惧和愤怒，内心并不平衡。他满脑子想的是，下一次怎么做才能躲过惩罚。随着慢慢长大，孩子会向父母展示自己的力量。进入青春期后，孩子可能会不顾一切地向父母证明："你无法击败我！"而受挫后，他满脑子想的可能是："我怎么才能报复他们？"

父母可能会发愁：如果不用奖赏和惩罚那该怎么办？不要急，我们还有规则、惯例和责任。

使用规则和惯例

我们每个人的生活大部分都是由规则和惯例主导的。谁会在刷牙前还做一番思想斗争呢？规则和惯例会为我们节省很多精力。对于孩子的教育而言，它们不仅能大幅减少亲子摩擦，还能有效培养孩子的独立和自理能力。

> 9岁的国国每天睡前都特别兴奋，爸爸妈妈要经历一场艰苦的"战斗"，才能让国国上床并冷静下来。爸爸在亲子教育课程上了解到了使用惯例的重要性，决定试一试。
>
> 这天吃晚餐时，爸爸提议说大家一起规划一下晚上的时间，做完作业后，怎样才能在睡之前玩得更愉快。国国听后兴奋地表示同意。
>
> "如果我们要在九点半前上床睡觉，你的作业应该什么时间完成呢？"爸爸问。
>
> "我要在8点前完成，这样就能玩一个半小时了。"国国说。
>
> "那就意味着你要在7点左右开始写作业，睡前15分钟故事时间需要保留吗？"妈妈问。

"当然要，这是我最喜欢的。"

"那我们9点15分上床，妈妈开始给你讲故事好吗？"

"好！"

"那我们把这些商量好的事情列在一个时钟上，这样我们就知道什么时间该做什么了！"爸爸说。

自从家里挂上了惯例时钟，妈妈经常问的是："国国，我们现在该干什么啦？"

国国会看看惯例时钟："该刷牙啦，马上就到听故事的时间啦。"

最好的教育方式是家长"无所作为"，让规则和惯例发挥作用。但很多家长不愿意使用规则和惯例，原因是制订规则和督促孩子遵守规则实在"太麻烦"了。但试想一下，和孩子不守规则和惯例带来的麻烦相比，哪一种方式的工作量更少呢？

值得注意的是，家长制订规则的重要前提是与孩子平等协商并经双方同意。而真正要让规则落地成为行为惯例，还少不了另一个前提：稳定地坚持（坚持到底）。

稳定地坚持

孩子需要规则和惯例来逐步实现自我管理。而所有规则能够被遵循，并成功转化为惯例的前提是，家长能够稳定地坚持下去。只有稳定地坚持，规则才有意义。如果制订了规则却又不坚持，这不仅是对规则本身的不尊重，也会让参与规则的双方感到挫败。

五年级的利利被妈妈带来见心理咨询师。

"唉，他现在一拿上手机就放不下，学习成绩也下降得很厉害，真不知道怎么办了。"妈妈满脸愁容地说。

"你们之前制订使用手机的规则了吗？"咨询师问。

"制订过！制订过无数次了，但每次只要他一拿上手机，就把规则忘了，制订规则有什么用？"妈妈说。

是啊，利利一拿上手机就会忘记规则。因为孩子眼中的规则与成年人并不一样，而且他还会高估自己的能力，不断地试探规则的"底线"在哪里。但这就意味着规则没用了吗？

家长需要了解孩子的天性，寄希望于孩子主动遵守规则是不现实的。规则需要家长坚定地执行，直到孩子真正理解规则的意义。

纵容孩子实际上并不会让孩子理解家长的苦心，孩子只会误解规则，还会把纵容看成家长的软弱或对他的亏欠。如果家长执行规则时紧时松，时有时无，那么孩子真正在意的就不是规则，而是父母的情绪。家长坚持到底，才会让孩子最终放弃突破规则的幻想，主动遵守诺言。

6岁的布布玩完玩具后，把东西丢在地上就不管了。

"布布，你和妈妈上次商量的规则是玩完玩具后要收好，你忘了吗？"妈妈提醒说。

"我不想收，我要去看书了。"布布说。

"可是，我们要做一个遵守承诺的人哦。请你把玩具收好再去看书吧。"妈妈坚持说。

"不，我不想收！"布布嚷起来。

妈妈站在那儿没动，看着布布："收拾好玩具，才能看书哦。"

布布站在原地，看着妈妈，似乎在等妈妈妥协或者失去耐心。

"收拾好玩具，才能做下一件事情。"妈妈坚定地说。

两人僵持了一阵，布布叹了口气，不情愿地开始收拾。

妈妈的坚持对布布遵守规则非常重要。为避免权力之争，规则应该提前商量，获得孩子的同意。同时，妈妈应该始终保持冷静，避免被孩子的情绪操控。

我们可以采取"木桩法"：站着不动，温和坚定地看着孩子，重复要求，直到孩子遵守承诺为止。

家长要明白，使用"木桩法"不是为了维护家长的权威，证明自己的权力，而是为了让孩子遵守承诺、尊重规则底线，最终帮助孩子健康成长。

此外，孩子生气、反抗是正常且必要的。这表明孩子不是一个逆来顺受的人，他敢于表达自己的不满，这很重要。但这不妨碍他需要学会尊重自己，遵守承诺。

让孩子承担行为后果

让孩子承担自己行为的自然后果，这是激发他的内在动力，让他学会主动遵守规则最有效的方法。当孩子明白，不行动或破坏规则的后果只会让自己更难受，他才会有内在动力去做自己该做的事情，并且主动遵守规则。

遗憾的是，很多家长因为担心孩子受苦而忍不住替孩子解决问题，帮他承担不利后果。这种过度保护是孩子形成不良行为习惯和性格特征（不负责任、自我中心、情绪冲动、心理脆弱等）的温床。

小伦是独生子。爸爸妈妈对他很宠溺。

小学三年级，因为得知小伦没带文具盒，妈妈向单位请假半天，直接把文具送到学校，跟门卫说了半天好话，才亲自送到班上。小伦回来跟妈妈抱怨说:"有人问我你来干啥,我说妈妈给我送文具盒,他们都笑话我!"

"没事,咱学习最重要,不要管别人怎么看!"妈妈说。

五年级时,小伦和几个同学打架,小伦先动的手。为了小伦不被学校处分,妈妈替他向每一位被打者道歉,并且不断向学校求情,最终小伦被免予处分。

小伦和爸妈争吵,生气地摔了自己的旧平板电脑,妈妈隔天给他买了一个更新更好的平板电脑,小伦喜笑颜开,爱不释手。

上初中后,小伦开始沉迷游戏,连续几天不去上学,妈妈想尽了各种办法,都没法让他远离手机。

心理咨询师建议妈妈考虑严格限制手机的费用和流量,通过断网的方式让小伦先逐步摆脱对手机的依赖。

但这个办法没法进行。因为小伦威胁妈妈说:"你们要是断网,我就再也不去上学了!"

妈妈妥协了,但小伦最终还是退学了,他整天什么也不干,就躺在家玩游戏。

"唉,我就是想让他先把初中念完,咋就这么难呢!"妈妈无奈地说。

父母的娇纵让小伦一步步走到了今天。小伦从来不需要承担自己行为的后果。生气摔了平板电脑,马上又能得到一个更好的,这对小伦而言更像是犯错后的奖励。小伦凭感觉行事却无需考虑后果,因为总有人会为他的行为买单。在咨询中,咨询师曾问妈妈:如果小伦在家能够好吃好喝好玩,又不用面对学习压力,他为什么要上学呢?

现实世界充满了各种矛盾和压力,每个人都要经过艰难抉择才能真正了解自己的需求,也要从犯错的痛苦中吸取教训才能逐步成长。那些忙着为孩子解决各种烦恼的家长显然忽视了这一点。家长更没想到的是,一旦他们不愿或无法再给孩子解决各种烦恼时，孩子就会因为怀疑他们的爱而变得愤怒和怨恨。

相互尊重

规则和惯例的形成离不开协商，而协商的核心是尊重。在社会关系平等化的今天，尊重是所有关系的前提。尊重才能开启主动承担责任之路，而强迫往往与拖延、报复和被动攻击紧密相连。

尊重意味着家长需要发自内心地去接纳孩子和自己一样都是独特的社会个体，有着平等的人格尊严和权利。

相互尊重不仅是尊重孩子，还包括尊重自己的权利。对于"服务型"家长而言，他们给了孩子太多的特权，却忘记了自己本该享有的权利。

17岁的小龙一直在妈妈的保护和宠溺中长大。

这天，妈妈在商场选衣服时，小龙突然对身旁的自动刷鞋机产生了兴趣，他蹲在那儿认真鼓捣的时候，妈妈看见了。

"小龙，别乱动东西，小心划伤手啊。"妈妈提醒了一句，又钻进了服饰店。

在商场出口处，小龙和妈妈被保安拦住了。

"小伙子，你拿走了一个零件吧，刷鞋机用不了了。"保安说。

小龙躲在妈妈后面，妈妈护住小龙迎上前大声说："你怎么乱说呢？凭什么说是我家孩子拿的？"

"我们在监控里都看见了，交出来吧，要不我们报警了。"

"多少钱我赔就是了，吓唬人干什么？他还是个孩子啊！"妈妈不满地说。

妈妈显然并不信任小龙有为自己行为负责的能力。她的娇纵和包办本质上是对小龙的不尊重。当亲子关系失去尊重时，控制、包办、依赖就变得顺理成章。小龙已经17岁了，但妈妈还是以爱的名义剥夺他了解现实、承担后果的权利。妈妈在不停地替小龙解决问题时，忘记了自己其实有权不为小龙承担责任。而小龙一旦离开了妈妈，结果会怎样呢？

少拍"苍蝇"

家长围绕在孩子身边，不断指出孩子的各种小错误，他们的目光紧盯着孩子，试图不放过任何一个指出错误的机会，最终却发现孩子的错误越来越多，于是每天忙得晕头转向。这种情况被德雷克斯称为"拍苍蝇"。

只要妈妈和9岁的顺顺同时在家，家里总会飘荡着妈妈的声音：

"儿子，你的鞋要不要刷一下？要刷赶紧说，要不明天就只能穿脏鞋了！"

"儿子，你衣服怎么穿反了？这么久难道你就没发现吗？唉！"

"儿子，你这鞋带怎么解不开？妈妈跟你说了怎么系鞋带，这么快就忘了吗？"

"儿子，你怎么一上午没喝水了？难道你不渴吗？"

"儿子，你头发又长长了，赶紧理一理吧"

"儿子，你的作业本呢？"

……

"拍苍蝇"的后果可想而知，家长消耗了大量的精力，孩子却越来越不自信。孩子已经悄悄地把自我管理的责任转交给了家长。于是亲子关系陷入了"挑剔——表现糟糕——更挑剔——表现更糟糕"的恶性循环中。妈妈这么"勤奋"地挑剔孩子，真是因为顺顺本身很糟糕吗？实际上，这只不过源于妈妈对顺顺能力的不信任，她对自己的生活同样感到不满，需要从不断的挑剔中找到生活的意义和优越感而已。

  9岁的顺顺中午回家后，气呼呼地问妈妈："妈，我的语文作业本怎么没装？害我被老师批评。大家都看着我，好丢脸！"

  "啊？我早晨问你了啊，看你没反应我以为不用我装了。"妈妈委屈地辩解道。

本来这是顺顺承担行为后果、学习自我管理的好机会，但妈妈忙于"拍苍蝇"，早已忘记教给顺顺自我管理的重要性了。

不要怜悯孩子，避免过度保护

过度保护孩子的一个重要心理原因是家长觉得孩子很"可怜"，希望能够让孩子免于痛苦。孩子在成长过程中，免不了会经历摔打和挫折，但有些家长对此感到煎熬。他们忍不住想利用自己的技能、力量和优势"保护"孩子。家长自以为在给孩子的成长"铺路"，实际上却毁掉了孩子的健康成长之路。

孩子的人生并不会因父母的过度保护而变得更快乐更轻松。相反，他们只会更脆弱、更缺乏自信。当遭遇挫折时，其他人要么坦然接受，要么努力改变自己，但被过度保护的孩子往往会选择退缩或逃避，他们更习惯抱怨命运的不公。

爸爸妈妈离婚，小齐最初没什么感觉，毕竟爸爸妈妈天天在家争吵让他更不舒服。

但妈妈不这么想。妈妈逢人便说："唉，我离婚倒没啥，就是可怜了小齐这孩子了，这么小就要遭受这样的痛苦，还要被人歧视……"妈妈说完便会抹泪叹息。

久而久之，小齐也变得敏感起来，他尽量避免谈论与父母、家庭有关的东西，有时会觉得大家看自己的眼神变得很不一样，慢慢发现自己在班里面也有些格格不入……以前阳光自信的小齐开始自卑了。

妈妈的怜悯会给小齐带来怎样的心理暗示？小齐可能会觉得：我很可怜，我跟别人不一样，别人会歧视我，我应该感到痛苦，我没有力量，我很脆弱……这些消极暗示，会极大地削弱孩子应对困难的勇气。

小齐最需要的是鼓励和信心，但妈妈的"怜悯"让小齐陷入了自我怀疑和自怜中，这让他很难再发现生活中阳光积极的一面。实际上父母离异并不一定会给孩子带来消极影响，只要看看历史上有多少名人出自单亲离异家庭就知道了。

少说，坚持做自己该做的事情

教育的原则是：话少才有影响。但根据我们的观察，父母在教育的过程中往往说得太多，做得太少。父母说得太多其实是在培养"妈妈聋"：妈妈一说话，孩子就"聋"了。当孩子开启了自动屏蔽模式，父母教育基本上等于站在墙边自说自话。

当孩子出现了"妈妈聋"现象，这就是在提示父母应该管住自己的嘴，坚持做自己该做的事情，以重新赢得孩子的尊重和信任。

在教育7岁的阳阳和10岁的小冰的过程中，妈妈深感无力，因为自己有时候要催促无数次，才能让两个孩子动起来。在心理咨询师的建议下，妈妈决定少说，坚持做自己该做的事情。

这天晚上快9点半了，两个孩子还在客厅打闹，一点也没有要洗漱准备睡觉的样子。

要是平时，妈妈的催促、嘶吼、责骂会响彻客厅。但今天，妈妈只是让孩子们停下来，然后宣布：20分钟后熄灯，从现在开始请提前准备洗漱睡觉了。

孩子们自然没当回事。

妈妈开始自己洗漱，整理床铺，等到二十分钟到了，妈妈准时熄灯了。

客厅顿时乱成一团，阳阳和小冰抱怨着："怎么就熄灯了啊，我还没洗漱呢，我的拖鞋呢？我还没换睡衣呢……"

"我之前提醒过你们了呀，请不要开灯影响我睡觉。"妈妈躺在床上说。

"那我不刷牙了。"阳阳说。

"抱歉，晚上不刷牙不能上床睡觉，这是我们一直以来的惯例。"妈妈提醒说。

孩子们只好摸黑行动。

妈妈惊奇地发现，坚持几次后只要自己宣布了熄灯时间，孩子们就会主动开始行动起来。他们竟然开始留意妈妈的一举一动了。

妈妈不仅忍住了过去那种千篇一律但又毫无意义的语言轰炸，而且坚守住了底线，让阳阳和小冰体验到了行为的自然后果。实际上，妈妈只要坚持做自己该做的事情，其余的交给"自然后果"即可。在教育过程中，"行"永远大于"言"。做自己该做的事情，让孩子明白家长会言行一致、言出必行，教育才会有效。

把错误当成学习成长的机会

尼尔森说，人们似乎很容易忘记一个事实：我们每个人都是在不断犯错中成长起来的。犯错推动着我们不断从幼稚走向成熟。现实中，很多家长不遗余力地挑剔孩子的错误，似乎要让孩子变得完美才肯罢休。

这种殚精竭虑的背后，其实隐藏着一个我们不愿意承认的秘密：我们挑剔并不是完全为了孩子，更多是为了自己，比如让自己感受到权威和优越感等。父母爱挑剔、爱批评会让孩子失去探索世界的乐趣。

6岁的多多正在读一本漫画书，里面的情节和画面深深吸引了她。多多边看边读，很开心，但很显然有几个字的发音读错了。

"喜鹊的'鹊'不对哦。"妈妈提醒说。

"坐姿不端正呢。"妈妈说。

"花瓣的'瓣'是四声。"

"朝霞念'zhāo'，不是'cháo'哦。"

多多突然放下书："这本书不好玩，我不读了！"

妈妈不断挑错，直接剥夺了多多读书的乐趣。家长过度关注错误，不仅会让孩子感到气馁，还会让他对犯错产生恐惧，失去探索的勇气。

8岁的小亮在写作业，妈妈忙完后，就靠了上去，站在小亮的背后。小亮写得很专心，没有发现妈妈就站在身后。

"你这个字写错了！"妈妈突然大声地说。

小亮被突如其来的声音吓了一跳。他拿起橡皮不情愿地擦了起来。

"是那个吗？连哪个是错的，你都不知道！你是怎么学的……"

小亮更慌了，尖叫起来："我不会！"

妈妈的挑剔和指责让小亮慌了神，他对错误产生了恐惧，哪还有心思去想怎么从错误中学习呢？于是小亮试图通过承认自己"无能"来逃避压力。如果妈妈不及时纠正自己的教育方式，小亮不仅会对学习产生排斥，还可能逐步演变成习得性无助①。

家长在教育孩子的过程中，应避免小题大做，鼓励孩子把错误当成学习成长的好机会。毕竟，孩子的勇气才是直面未来的最大力量。

花时间训练孩子

所有的社会技能都需要一点点地学习实践才能逐步掌握。然而，现实中很多家长只负责"提要求"，却不关心孩子是否经过了训练。有些家长的口头禅是："你这么大了，怎么这都不会？"似乎孩子的能力应该随着年龄增长"自然而然"地出现。面对家长的指责，孩子会产生自我怀疑，不仅自信心会受挫，还会压抑不满情绪。

爸爸在做饭。他和9岁的儿子小华说："爸爸很忙，要不你帮爸爸打三个鸡蛋，然后搅成蛋液吧。"

等爸爸从客厅回到厨房，发现三个鸡蛋中，有一个磕破蛋壳后直接流在了台面上，另外两个鸡蛋在碗里被搅得到处都是。

爸爸生气地说："你怎么这么笨，连打个鸡蛋都做不好！"

小华委屈又难过地说："我之前没打过，不知道咋弄呀！"

爸爸反应过来了，重新拿出一颗鸡蛋，对小华说："来，爸

---

① 指人或者动物，在不断受到挫折、打击或失败后，出现绝望、无助，不再努力尝试的消极状态。

爸教你怎么做。"

爸爸从小在农村长大,他在主动帮父母做家务、照顾弟妹以及和一大群孩子的游戏中训练出了很多生活能力。然而,小华在生活中既没有这种需要,也没有这种机会,他的能力从何而来呢?家长花时间训练孩子,既能帮助他学习社会技能,也能帮助他建立信心。

有质量的陪伴

有质量的陪伴指的是,父母放下自己的事情(尤其是手机),全身心地陪伴孩子,以孩子的兴趣为主导,创造快乐体验,享受在一起的时光。这看似不难,却是很多孩子的奢望。

家长陪伴孩子不仅要考虑时长,更要考虑"质量"。咨询工作中我们经常发现,有些孩子已经记不清和父母开心地在一起是什么时候了。因为只要在一起,父母要么电话不断,要么埋头刷手机,这只会让孩子感到有压力和无趣。孩子会觉得,你不是真的喜欢我,你更喜欢你的手机。

家长和孩子一起愉快地玩耍就是有质量的陪伴。此时,你真正靠近了孩子的内心,这会对他产生潜在且深远的影响。真正有质量的陪伴能够让孩子体会到快乐和放松,拉近彼此之间的距离,它是化解亲子冲突的润滑剂,也是孩子安全感的保障。当父母很容易与孩子陷入权力之争时,说明双方心与心之间的距离已经太遥远了。

赢得孩子的合作

与合作相比,家长往往更喜欢下命令。但命令隐含着不尊重、彰显权威和强加想法的意思，这往往会激起孩子的反抗。尼尔森认为，家长应尽量去"赢得"孩子而不是"赢了"孩子。"赢得"孩子的重点在于，赢得他的内心认同和合作。

在以合作为基础的现代社会，家长努力赢得孩子的合作不仅能避免内耗，也是在帮助孩子更好地适应未来。

15岁的小梁从小讨厌去姥姥家。因为姥姥和舅舅在一起住，而舅舅是一个喜欢挑剔的人。小梁好几次从姥姥家回来后，抱怨自己被舅舅挑剔得很尴尬，再也不想去了。

这天爸爸妈妈又要回姥姥家，小梁内心很抗拒。

"妈妈知道你不想回姥姥家，被舅舅挑刺的滋味不好受，是吗？"等小梁坐下来，妈妈坐在一旁说。

"是啊，一想到和舅舅待在一起我就很有压力，不知道他又要挑我什么毛病了。"小梁说。

"你想见姥姥吗？"

"想是想，不过还是觉得去那儿有压力。"

"妈妈很理解你的心情，我小时候也特别害怕被人挑剔。但妈妈觉得，未来的生活中肯定少不了要和挑剔的人打交道。当我们成功学会与这些挑剔的人相处，就会变得更加自信。而且姥姥很想你，你肯定不想因为有压力就一直不见姥姥吧。"妈妈说。

小梁低下头思考着。

"我们一起想想，什么办法可以减少压力，让你更有勇气去面对舅舅呢？"妈妈问。

"嗯，吃饭的时候坐得离他远一点，上次我就是这样做的。"小梁说。

"好主意。还有吗？"妈妈说。

"舅舅说我的时候，你要记得帮我打圆场。"

"嗯，没问题。"妈妈笑着说。

"其实，舅舅每次问的问题也就那几个，我已经知道怎么回答他了！"小梁的脸色明显轻松起来。

妈妈用心让小梁感受到被理解，通过一起探索问题的解决方法，帮助小梁建立了信心，最终赢得了她的合作。然而，咨询工作中，我们见到更多的家长在处理类似问题时，采取的方式是批评、指责，甚至挥舞着"道德大棒"打压孩子，试图让孩子屈服。比如，有的家长会训斥孩子："你怎么这么小心眼，长辈说你几句咋啦！"这种错误方式不仅会激起孩子的叛逆心，同时无异于向孩子坦白了家长内心焦虑却又无计可施的窘境。

为了赢得孩子的合作，最好的方法是家长发自内心的友好和善意。尼尔森等人总结的几个基本步骤可以作为我们的参考：

1. 尊重、理解孩子；
2. 坦诚沟通，了解孩子内心的想法和需要；
3. 表达自己的感受；
4. 协商解决问题的办法。

有限制的选择

孩子陷入负面情绪时，他们可能会拒绝合作。此时家长每提出一个建议，孩子的回答可能都是："不，我不要。"如果你问他们要什么，他会说："我也不知道。"

这种情况下，家长可以给孩子提供有限制的选择。让他能有一定的选择权，感到被尊重，同时也能明确边界和底线，避免互相扯皮、陷入僵局。

小军在路上奔跑的时候突然摔倒了。挂在胸前的水壶重重地磕在了地上，壶盖被磕裂了，水从壶口流了出来。

小军坐在地上大哭起来。

妈妈赶紧走过来安慰他："没事，就是壶摔破了，没事"。

小军大哭着说："不，这是我最喜欢的水壶！"

"那我们回去让爸爸修一下吧。"妈妈建议道。

"不，肯定修不好了，它都裂开了。"小军不相信妈妈的话。

"那妈妈回去给你买一个新的好吗？"妈妈继续建议说。

"不，我就想要这个！"小军不依不饶。

"那你说怎么办？"妈妈很无奈。

"我不知道……"小军继续大哭，周围人都在看他。

"这也不行，那也不行，你要我怎么办？快起来，真丢人！"妈妈显然已经生气了。

实际上，此时妈妈只需要给小军有限制的选择就可以。比如：

"妈妈知道你很喜欢这个水壶，可是它破了，我们下次要小心点，好不好？""你看，我们是回去让爸爸修一下，还是妈妈再给你买一个新的？"

这种有限制的选择让孩子很难拒绝。如果他自己提出另一个选择，妈妈可以考虑是否合理，如果合理可以采纳，如果不合理可以说："我们只有两个选择，这不是选项哦。"然后重复选项，告诉他："考虑好了告诉我。"

有限制的选择能够避免家长被孩子的情绪和想法带偏，同时向孩子表明：妈妈是有底线的，不会无条件地取悦、服务你。

警惕自己的恐惧和心理"包袱"

家长自身在成长过程中会有"未完成的心愿",也会有各种焦虑、恐惧和阴影,它们会对家庭教育施加潜在影响。一旦家长陷入恐惧和焦虑状态,他们的任何决定都可能会无形中被负面情绪扭曲。比如,他们可能在恐惧和焦虑的影响下,盲目地对孩子进行严厉的控制,但在产生内疚和自我怀疑后,又转而对孩子过度娇纵宠溺。

这就是育儿跟着"感觉走"很容易走偏的重要原因。

> 爸爸对滨滨一直百依百顺,导致滨滨上初中后以自我为中心、乱花钱、懒散、缺乏规则意识等问题越来越明显。爸爸在心理咨询师的引导下,反思了自己的教育方式。
>
> 爸爸说:"唉,我小时候家里太穷了,要什么都没有。我觉得现在条件好了,能满足就尽量满足孩子,不想让他再过我小时候那样的苦日子。"

滨滨的成长真的需要爸爸无条件地满足吗?当然不是。滨滨更需要的是规则、责任和底线。爸爸看似在满足滨滨,其实他是在补偿童年的自己而已。如果爸爸不能意识到这一点,他就会一直觉得自己的教育没问题。

孩子是独立有尊严的个体,不应成为家长补偿自己或实现自己理想的工具。然而,现实中不知不觉掉入此陷阱中的家长数不胜数。他们以"为你好"的方式剥夺孩子的选择权,悄悄地试图实现自己的"夙愿"。

家长应经常问自己:我希望培养一个什么样的孩子?这是我的需要还是他的需要?同时,反思自己的成长经历给家庭教育带来的潜在影响,逐步化解内心的"包袱"。只有家长放松了,自信了,从容了,才能培养出一个放松、自信、从容的孩子。

倾听，而不是急于评论和建议

在与学生的交流中，我们常会问："爸妈哪一点让你最不满意？"最常见的回答是："他们不愿意听我说，只想把想法强加给我！""他们太自以为是，但其实根本不了解我！"

父母不倾听，直接打断、评论或者断言，会让孩子感到失望，失去沟通兴趣。而这种情况下，父母给出的建议哪怕再好，也会被孩子拒绝。在与孩子沟通时，父母最需要做的其实是启发和衔接。多问"为什么？""可以怎么做？"来启发孩子，用"嗯""哦"来回应并衔接对话。

> 爸爸接三年级的宸宸回家后，感觉他有点不开心。
> "你在学校有什么不开心的事吗？"爸爸问。
> "我不喜欢我的同桌了。"宸宸说。
> "为什么？"
> "她总喜欢拿我的橡皮，还故意不还给我。"
> "哦？"
> "我问她要，她拿在手里不给，还对我笑。"
> "那怎么办？"
> "所以我假装要告诉老师，吓唬她！"
> "你要怎么做呢？"
> "我说：'老师……'她吓得赶紧还给我了。其实我就是吓唬她而已，哈哈！"宸宸开心地笑起来。

我们可以从爸爸与宸宸的对话中看出，耐心、对孩子的想法真正感兴趣以及尊重孩子自身解决问题能力的重要性。如果爸爸在任何一个环节中开始对宸宸说教，结果都可能会使父子俩不欢而散。

"和"孩子说话，而不是"对"孩子说

德雷克斯特别强调了"和"孩子说话的重要性。但大多数家长习惯了"对"孩子说，最常见的形式是命令、说教或指责。父母说话时居高临下，时刻想要彰显自己的权威、控制力和优越感，这是孩子拒绝他们的重要原因。

"和"孩子说话，意味着家长和孩子双方都是独立有尊严的个体，是平等的沟通。比如，沟通时，父母可以经常采用"我觉得……"的句式表达，避免用"你……"开头，给人一种高高在上的指责感。

> 10岁的小旭回到家以后经常乱扔鞋袜。妈妈批评过他无数次，但小旭要么无动于衷，要么故意拖延对抗，这让妈妈非常头疼。妈妈决定改变自己的沟通方式。
>
> "儿子，妈妈看见客厅中央有一双鞋和几只袜子哦。"妈妈说。
>
> 小旭停下来看着它们，但并没有要动手收拾的意思。
>
> "妈妈不喜欢它们在客厅中央，因为这会影响我走路，还可能会把它们踩坏，我记得这是你很喜欢的一双鞋。你愿意把它们拿回卧室或者放回鞋架吗？"
>
> 虽然小旭没有回应妈妈，但妈妈注意到，过了一会儿后，客厅的鞋子不见了。

妈妈克制住了批评和命令的欲望，采取了客观观察（客厅有鞋和袜子）、表达自己的感受（"我不喜欢……"）、描述自己的困难（"这会影响我走路"）、协商请求帮助（"你愿意把它们……"）的方式和小旭沟通。小旭感受到了尊重，自然就没有反抗的必要了。温暖、尊重和爱的表达可以有效地消解孩子的对抗心理。当孩子没必要反抗时，就更有可能做正确的事情。

在和孩子沟通时，我们可以参考卢森堡博士的"非暴力沟通"技巧，其要点是：

1. 坦诚地说出自己的观察（注意是观察，而不是评论）；
2. 表达自己的感受和需要；
3. 倾听孩子的想法；
4. 协商解决办法。

定期家庭会议

家庭会议对于很多家庭而言并不常见。在我们的传统文化里，商量事情是大人的事，"小孩少插嘴"。但这种观念显然已不符合时代要求。在时代精神的熏陶下，孩子越来越重视自己的权利，把他们排除在外，会引发强烈的不满甚至权力之争。所以，不如把他们纳入家庭会议，让他们学会为自己负责。

其实，家庭会议的好处有很多。比如，让孩子有一个表达自己情绪、想法的平台；家长有机会引导孩子，避免用逆反、报复等不良行为来表达；孩子积极参与规则制订，就更容易遵守约定，同时有效增强孩子的自理能力；家庭会议既是问题解决的平台，也是增强家庭凝聚力的机会等。

家庭会议需定期进行（比如每周一次），使之成为家庭惯例，选择所有家庭成员都方便的时间，家庭成员轮流担任会议召集人，并确保会议期间不被打扰。为了让家庭会议更有效，德雷克斯和尼尔森都认为需要遵守一些固定原则：

1. 致谢。轮流感谢每个家庭成员对自己的贡献和帮助，这可以有效锻炼孩子的感恩心理。

2. 每个人提出希望讨论的议题，逐个讨论。

3. 每个人通过头脑风暴提出解决问题的办法。

4. 每个人针对每个议题轮流进行两次发言。

5. 每个议题的结果只有大家达成一致，才能生效。如果无法达成一致，需要等下次开会继续讨论。没决定的事情可以按照过去的惯例进行，也可以暂时由父母决定。

6. 把会议生效的结果记录下来，贴在门口或者冰箱上，家人之间互相监督，按照规则坚持到底，确保每个人都能遵守。

另外，如果有人在执行中发现有些规则不合理需要调整，应在下次会议上提出。但在会议通过前，还应该先按照上次会议的结果执行，以确保规则的严肃性。与孩子个人相关的事情，应鼓励家庭成员一起通过头脑风暴法来寻找解决方法，在符合一定原则的基础上，让孩子决定哪种方案最适合自己。

不轻易介入争执

不要轻易介入孩子之间的争执，包括同伴以及兄弟姐妹之间。在多子女家庭，孩子之间的竞争是非常正常的。德雷克斯认为，不管孩子之间发生冲突的原因是什么，只要父母介入，就会让冲突变得更加频繁，问题变得更加严重。为什么这么说呢？

孩子之间的冲突，最主要的目的就是吸引父母的关注，想要得到保护，希望父母干预或服务。因此，父母的干预，实际上只会增加孩子通过这种方式来吸引父母过度关注的可能性。

李女士是三个孩子的妈妈。她苦恼地对心理咨询师说："我每天一回到家，就要面对一大堆告状。这个受欺负啦，那个乱拿东西啦，谁也不服谁……愁得我不行，真的，我有时候下班都不想回家！"

咨询师的建议让李女士有些出乎意料：干脆放手不管，可以躲起来。李女士将信将疑，问："那面对孩子们的告状，我该怎么说？"咨询师说："你只需要向孩子们强调，'你们是一个团队，无论怎样都要学会和平相处，妈妈相信你们自己可以解决这些问题！'"李女士不放心，追问道："那他们一定要拉住我帮助他们解决怎么办？"咨询师说："那就重复刚刚这段话，然后设法躲开，比如躲入卫生间或者卧室，直到外面平静下来。"

过了一段时间，李女士反馈说："我发现自从我明确而且反复表示不再介入他们的争执后，孩子们的争吵明显减少了。他们似乎找到了一种解决分歧的办法。比如，看电视时他们会分配时间，互相监督，严格遵守，确保公平。这让作为旁观者的我感到非常有趣。"

孩子之间冲突的过程和原因往往很复杂，父母并不了解。父母凭借自己的权威和喜好来"裁判"，很容易让孩子把自己定位为"弱者、受害者"或"坏孩子"，这些定位只会让孩子的不良行为越来越多。

有的家长会担心：如果我不介入，大的欺负小的怎么办？

首先，如果家长确实发现欺负等伤害行为发生，应该加以制止。其次，如果是孩子"告状"，那么家长应该选择不介入。但不介入并不等于忽略或者漠视，可以温和并且坚定地告诉孩子："妈妈相信你俩可以解决好这个问题！等你们找到解决办法了，告诉我好吗？"

在这个过程中，父母应该尽量调整自己，选择相信孩子，避免过度焦虑和担忧，否则就可能忍不住想要插手孩子之间的纷争。

不妨想想：我们的祖辈几乎都生活在子女众多的大家庭中，父母被养家糊口所累，很多时候精力根本不在孩子身上，孩子之间发生矛盾时往往找不到父母，结果真的很糟糕吗？

孩子需要独立面对和处理人际关系的机会，他们需要从处理这些关系中获得经验和成长。一旦家长选择不介入，孩子就会努力找到适应关系的办法。家长应把孩子当作一个群体，对他们一视同仁。平时可以通过各种共同活动，营造家庭成员互相关爱的氛围，增强孩子的合作意识。

还有家长可能会担心：孩子在学校出现人际关系冲突时，我不介入行吗？难道不会出问题吗？

学校（或同伴）人际关系中的不介入，指的是父母不轻易给孩子"出主意"，而要多倾听。因为很多孩子和父母诉说，并不一定需要父母的"主意"，而是需要有人倾听。而且父母动不动就出主意，可能会让孩子对自己的能力产生怀疑，对家长产生依赖。

家长需要做的是倾听、启发和情感支持。可以问孩子："妈妈非常理解你的心情和想法，那接下来怎么做才能缓和你与同桌的关系呢？"家长会发现，孩子自己的主意其实很多，而且更喜欢用自己的主意。

需要提醒的是，这种同伴关系不包括校园欺凌。一旦孩子向父母报告校园欺凌，家长一定要重视，及时和孩子一起协商可能的解决办法，必要时应寻求学校和老师的帮助。

本章思考：

你觉得教育基本原则中哪一条最基础？

哪一条最重要？

为什么父母需要尊重孩子，同时也应该尊重自己？

不介入孩子之间的争执，为什么反而会对孩子更有帮助？

第3章
"不良"行为目的1：个性化探索与适应行为

孩子很多的"不良行为"，其实是他成长过程中的个性化探索和适应行为，是孩子在试图弄清楚"我是谁"的过程中必然会出现的。

对于孩子而言，这是他们"原本的样子"。

试图改变孩子的天性，这件事情看起来很荒诞，但在现实中却屡见不鲜。而针对孩子天性的打压，要么遭遇失败，要么会使孩子的心理变形。

家长如果分不清哪些是孩子成长过程中的正常行为（即个性化探索与适应行为），哪些是真正的不良行为，仅仅根据自己的情绪和喜好来定义孩子，可能会把孩子推向真正的不良行为一端。

上初一的小雪因为情绪长期低落,妈妈带她来见心理咨询师。来到咨询室后,小雪跟在妈妈身后显得非常拘谨,心理咨询师让妈妈回避一下,自己与小雪单独详谈。

"有什么事情让你不开心吗?"咨询师关切地问小雪。

"我讨厌我妈妈。"小雪说。

"为什么呢?"

"她做事太过分了。"小雪脸上露出明显的恨意。

"能举几个例子吗?"

"比如昨天早上因为我不吃香菜,她就一直骂我,说我挑食、不懂感恩,还拿筷子打我的手背。上周……"小雪突然停了下来。

"上周怎么了?能详细说说吗?"咨询师问。

"上周我在写作业,书桌旁边放着一个我特别喜欢的头饰,她看见了就想要拿走,说我不好好学习,天天就想着这些。我反驳了几句,她就把头饰掰成两半,从窗户扔了出去。"

"这一定会让你非常委屈和生气。"咨询师说。

"最让我生气的还是上学期的事情!"小雪的语气激动起来。

"上学期发生了什么?"

"她嫌我头发太长,我就去理发店剪了。但剪完后她还是嫌太长,拉着我又去剪了一次。她跟理发师说头发不能超过耳朵,结果理完后实在太难看了。我就不想去班里,我妈硬把我拉到班级门口,还当众骂我'妖'……很多人都在看,他们的表情我一辈子都忘不了……"

当心理咨询师和妈妈核对这些信息时,妈妈委屈地说:"我这不是为她好吗？从小就想着挑食，光知道爱美，不认真学习，那将来怎么办？"

显然，案例中真正亟须帮助的不是小雪，而是妈妈。妈妈希望通过严厉控制孩子来缓解焦虑，彰显自己的权力和优越感。在遭到小雪本能的反抗后，妈妈用暴力羞辱揭示了自己的脆弱无助。

小雪在妈妈眼里并不是一个独立有尊严的个体。而小雪的拘谨、封闭和情绪长期低落，既是心理创伤的表现，也是对妈妈严厉控制的被动反抗。如果妈妈不深刻反思自己，放弃错误的教育方式，重新接纳并赢得孩子的信任，那小雪的未来是让人担忧的。

让人惊讶的是，妈妈竟然觉得自己这么做是在修正孩子的不良行为。显然她并不了解什么是孩子的不良行为。对于进入青春期的小雪来说，对食物有偏好、爱美，其实是青春期阶段再正常不过的事情了。但妈妈并不喜欢这些行为，觉得与自己的期望不符或带来了麻烦，因此给它们贴上了"不良行为"的标签。

本章所描述的"不良行为"是打引号的。这些所谓的"不良行为"，其实是孩子成长过程中自然出现的个性化探索和适应行为。它们是孩子在试图弄清楚"我是谁"的过程中必然会出现的正常行为。对于孩子而言，这是他们原本的样子。

在小区里，我经常看到年轻的妈妈在训斥自己年幼的孩子："是不是告诉过你，不要乱摸？""哎，别跑！""再不听话就要打屁股了！""哭什么呀，不许哭！"……

试图改变孩子的天性，这件事情看起来很荒诞，但在现实中却屡见不鲜。殊不知这样做要么注定遭遇失败，要么会使孩子的心理变形。

父母分不清哪些是孩子成长过程中的正常行为（即个性化探索与适

应行为），哪些是真正的不良行为，仅仅根据自己的情绪和喜好来定义孩子，可能会把孩子推向真正的不良行为一端。

然而，父母为什么会急着给孩子的正常行为贴标签呢？

家长爱贴"不良行为"标签的原因

孩子的个性化探索和适应行为是不同年龄阶段成长的自然结果，以及他们对自身成长环境变化的本能反应。它们之所以被视为"不良行为"，与家长本身息息相关。

◎ 家长缺乏与孩子成长相关的科学心理知识

当家长对孩子不同年龄段相适应的个性化发展行为缺乏了解时，就可能会下意识地根据自己的感觉和喜好来解读孩子的行为。这种情况下，孩子的行为一旦与家长预想的不符或者让人感到烦恼时，就可能被定义为"不良行为"。

◎ 家长并未接纳孩子的真实个性

每个孩子都有自己独特的个性特征，比如，有些孩子天生比较敏感，有些孩子相对更加活跃，有些孩子想法比较多……如果家长只是简单套用脑海中的"模板"，那孩子真实的个性表现反而会被贴上"不良行为"的标签。

◎ 家长本身存在不合理期待

有些家长对孩子成长过程的复杂性缺乏理性认知。在他们的脑海中，孩子"应该"理解父母的需要、懂事、配合、愿意沟通、说话算话、出类拔萃……这些期待平时隐藏在下意识中很难察觉到，只有当孩子的"不足"之处暴露出来，父母才会感受到期待落空带来的愤怒和失望。

这些不合理期待，也与每个父母自身独特的成长经历、个性特征等有关。

◎ 家长无法应对生活的挫败感，为宣泄情绪寻找理由

孩子"不听话"时，家长有时会无意识地将自己压抑的负面情绪宣泄出来。为了维护自己的面子和权威，家长会"合理化"自己的行为，把责任推给孩子。如"刚刚你做错了，爸爸才生气""你要是不那样，妈妈是不会生气的"。

个性化探索与适应性行为的表现

下列表格列出了各个年龄段孩子可能出现的典型个性化探索和适应行为的表现，以及家长如果引导（教育）不当可能会引发的后果。

婴幼儿时期（0~6岁）		儿童时期（6~12岁）		青春期（10~19岁）	
个性化探索与适应行为	家长引导不当易引发的不良行为	个性化探索与适应行为	家长引导不当易引发的不良行为	个性化探索与适应行为	家长引导不当易引发的不良行为
哭闹	撒泼、情绪操控	晚睡	权力之争、拖延	反驳、顶嘴	逆反、叛逆、权力之争

续表

婴幼儿时期（0~6岁）		儿童时期（6~12岁）		青春期（10~19岁）	
个性化探索与适应行为	家长引导不当易引发的不良行为	个性化探索与适应行为	家长引导不当易引发的不良行为	个性化探索与适应行为	家长引导不当易引发的不良行为
生气	发脾气、情绪压抑	不喜欢输	输不起	拒绝（喜欢说"不"）	叛逆、顺从、讨好
拒绝（喜欢说"不"）	习惯对抗、不听话	没有恒心	自卑、逃避、自暴自弃	生气、愤怒	脾气暴躁、情绪压抑
喜欢触碰（摸）	退缩、自卑、故意乱碰	不喜欢分享	自私、自我中心、讨好	情绪波动大	压抑、暴躁、偏激
咬（人/东西）	习惯性咬人	编造，偶尔撒谎	习惯性撒谎	喜欢电子产品	逆反、依赖、成瘾
帮倒忙	被动、自卑	同胞竞争	同胞伤害	饮食问题	自卑、肥胖、饮食障碍
乱跑	退缩、自卑、不听话	挑食	肥胖、健康问题	在乎隐私	叛逆、疏离、自我封闭
分离不适	严重分离焦虑	害羞	孤僻、自闭、社交恐惧	攀比、花钱无计划	嫉妒、物质主义
捣乱	故意捣乱	拖延、被动	自卑、叛逆报复、消极	在乎他人（同伴）看法	叛逆、讨好、自我封闭
害怕	恐惧、创伤	言行不雅	脏话连篇	对学习态度分化	厌学、过度学习
		无聊	空虚、依赖	疏远父母，不易靠近	亲子对抗、关系疏离
				性探索	自卑、压抑、性心理偏差
				脏乱	习惯不良
				个性化打扮	权力之争、逆反、偏激
				追求公平	抱怨、报复

孩子的个性化探索行为会给家庭秩序带来很大挑战。值得注意的是，虽然有些行为贯穿了整个未成年时期，但每个阶段的孩子的心理特征并不一样，因此父母的引导方式也应该灵活变化。

理解孩子的个性化探索与适应行为

针对个性化探索和适应行为，家长只有深入理解并最终接纳孩子，才能避免产生"改造"孩子的冲动。

◎ 婴幼儿时期（0～6岁）

1. 哭闹

对于婴幼儿来说，他们的语言表达能力很有限，哭闹其实是他们表达自己情绪和内心需要的重要（甚至是唯一）方式。

2. 生气

在婴幼儿时期，孩子希望父母能"天然"理解自己的需要，当被忽略或被误解时，他们就会用生气表达自己的不满。孩子还会通过观察父母的情绪反应，来调整自己的反应。

> 妈妈抱怨一岁半的果果特别爱哭，哄也哄不好。在咨询时，咨询师发现只要果果一哭，妈妈就会立刻放下一切去安慰果果。

果果发现只要自己哭闹，就能得到妈妈的关注和安慰，他就会重复这个行为。当然，家长同样需要小心，如果长期忽略孩子的情感需要，孩子就可能因不安全感出现退缩行为。

3. 拒绝（喜欢说"不"）

3~6岁是儿童心理发展的"第一逆反期"（青春期是第二逆反期）。在逆反期，孩子的独立自主意识会急剧增长，而拒绝是他们表达自主性的一种方式。他们希望家长能够尊重自己的想法和选择。

有些孩子喜欢说"不"，是因为他们觉得很好玩，他们喜欢看到家长被拒绝后的样子。有时拒绝还能够得到家长更多的关注。如果家长平时把拒绝的话挂在嘴边，婴幼儿也会模仿。

4. 喜欢触碰（摸）

触觉是孩子最重要的探索世界的方式之一。喜欢触碰代表着他们对这个未知世界充满好奇。虽然家长早已见惯不怪，但对孩子而言一切都是新鲜的。家长应该尊重并保护孩子的这种探索欲。只要把危险的东西藏起来，保护孩子不受伤害即可。

5. 咬（人/东西）

在孩子的成长过程中，他们希望尝尝各种东西的味道。味觉也是孩子探索这个世界的重要方式。嘴是他们依赖的探索工具之一。还有一个原因是，孩子如果正在长牙，他们可能会因为不舒服去咬人或咬东西。

6. 帮倒忙

孩子其实真的很想帮忙，他们希望以此获取关注，证明自我价值。只是他们能力有限，因此常常帮了"倒忙"。家长应保持耐心和鼓励，让他们从帮忙中学习更多技能，获得自信和勇气。

> 妈妈刚把餐桌上的水杯洗干净放在窗台通风处，一转眼水杯又到了水池里，京京正在水池边用力地搅着水杯。
>
> "京京你在干什么？"妈妈问。
>
> "我在帮妈妈洗水杯呀！"京京回过头骄傲地说。
>
> 看到京京的眼神，妈妈的心柔软了下来。她蹲下来拥抱了京京，然后说："谢谢你帮助妈妈，下次你想洗的时候记得先告诉

妈妈好吗?"

"嗯!"京京用力点点头。

妈妈没有因为京京捣乱而生气地斥责他,这一点很重要,否则很容易让京京感到气馁。如果妈妈主动邀请京京帮忙,让他做一些既安全又力所能及的事情,这样不仅会让京京有成就感,更自信,还能成为母子俩的快乐时光。

7. 乱跑

对于孩子来说,这个世界如此新奇、刺激,奔跑起来才能更快乐,满足好奇心。他们还会通过游戏、运动宣泄过剩的精力,同时这也是促进婴幼儿身心健康成长的最主要方式。家长需要做的是保证孩子在奔跑中的安全。

8. 分离不适

在成长过程中,有相对固定的依恋对象,会让孩子感到安全和放松。对抚养者产生依恋后,分离时孩子就会产生不适,但一般很快就会恢复。随着心理发展,孩子建立信心和客体恒常性[①]后,分离不适就会逐步降低。

有些严重的分离不适可能与不安全型依恋、孩子接触的人较少有关。

> 两岁半的韦韦对妈妈特别依恋,只要和妈妈分开就会焦虑不安。原来韦韦平时主要由妈妈照顾,妈妈不喜欢人多的地方,因此韦韦接触的人很少,玩伴和户外活动非常有限。
>
> 在咨询师的建议下,妈妈带韦韦主动接触小区的同龄小朋友,慢慢地,韦韦变得活泼起来,对妈妈也没那么依赖了。

---

① 客体恒常性:指的是孩子在一岁半后,逐步发展成熟的一种认知能力:意识到照料者对自己而言是一个满怀关爱的存在,但同样也是可以离开自己的独立个体。即使没看到、触摸到照料者,照料者依然是存在的。

家长一定要多鼓励孩子发展同伴关系。只有与同伴在一起，孩子才能学会人际交往的基本规则，同时发展出交往信心和更多兴趣点。

9. 捣乱

实际上，某个行为是否属于"捣乱"是家长定义的。对于孩子来说，这些行为都是在玩游戏而已，与其他行为没什么区别。但孩子会观察哪些行为能够吸引父母的关注，如果父母引导不当，孩子可能会通过故意"捣乱"来寻求过度关注。

10. 害怕

孩子对未知的事物感到害怕是正常的，这是人类的本能。他们可能会害怕小虫子、黑暗、某种动物等。这可能与人类的进化有关。不同气质类型的孩子害怕的程度也不一样。

有时候，孩子害怕可能还与安全感被破坏有关，尤其是当父母表现出害怕时，孩子可能会因为观察父母的情绪而产生害怕。

◎ 儿童时期（6~12岁）

1. 晚睡

想要探索未知的世界是孩子的天性。他们可能会对睡着之后的世界感到好奇。还有一种情况是，父母并未帮助孩子形成睡眠惯例。孩子可能会想要探索家长的"底线"在哪里。

2. 不喜欢输

孩子倾向于通过"赢"来展现自己的力量，证明自己的价值。还有的家长平时过分强调成功和结果，孩子希望通过好的结果来取悦父母，内心可能会认为，没有好结果就意味着失败。

　　8岁的东东喜欢轮滑课，但是他的心情起伏让妈妈很头疼。
　　得到教练夸奖后，东东会特别高兴，经常跟妈妈炫耀说自己今天又超过了谁，妈妈也会高兴地夸奖他"真厉害"。

但只要东东不高兴了，妈妈就能猜出来他准是被人超过了。

有次教练组织了一次小型比赛，不知什么原因东东起步明显比其他小朋友更慢些。看到其他人滑远了，东东非常着急，最后直接坐在地上大哭起来。这让一旁观赛的妈妈非常尴尬。

东东的表现让妈妈感到尴尬，但妈妈更需要认真反思自己的教育方式。妈妈平时盲目的夸奖让东东认为自己的价值就是获得别人认可（如赢得比赛）。如果没有他人认可，东东就会陷入无价值感的恐慌和危机中。妈妈平时应更多地肯定东东克服困难的勇气，鼓励他体会团队合作以及努力本身带来的快乐，而不是仅仅关注结果。

3. 没有恒心（无法坚持）

家长不应以成年人的标准来衡量孩子。孩子专注的时间有限，他们很容易被外界刺激吸引。孩子的恒心也与个性、后天训练和家长的鼓励有关。

另外，孩子尚未能够客观合理地评估自己。他们有时候会高估自己的能力，低估现实的困难。当他们发现现实比自己预计得要更难时，就很容易沮丧、放弃或者产生自我怀疑。

4. 不喜欢分享

孩子拒绝分享常常让家长感到尴尬，但这只是家长的面子观而已。实际上，保护自己的物品是人的天性。学会分享，需要经过孩子后天的经验观察和家长的训练。强迫孩子分享或者给孩子贴标签，会给孩子带来负面心理影响。孩子可能会反抗、怀疑自己，或者刻意讨好他人。

5. 编造（偶尔撒谎）

孩子对事情的认识角度与成年人并不一样。他们容易沉迷于自己的想象，还喜欢编各种故事。因此，他们并不一定是故意撒谎，有时候他们真的认为是这样。

孩子还可能会因为害怕惩罚或面临不利后果而撒谎。他们有时会通过夸大来取悦家长，彰显自己的能力，吸引他人关注等。这些需要家长客观看待，不要急于贴标签。

6. 同胞竞争

多子女家庭中，每个孩子都需要与兄弟姐妹竞争父母的关注和认可。父母的认同与他们的自我价值感相关。他们会嫉妒后出生的孩子夺走了本该属于自己的关注。在优秀的兄弟姐妹面前，他们也会产生压力、焦虑和危机感。

> 妈妈出院后，6岁的小威看到刚出生的小妹妹也很开心。他经常好奇地想要凑上去看个明白，但奶奶总是不让。小威在家里玩玩具时，妈妈会说："安静点，小威，你吵到妹妹了！"奶奶有时候会训斥他："你咋这么讨厌，看，把妹妹都吵醒了！"
>
> 小威难过地对视频里的姥姥说："妈妈都不爱我了，她只抱小妹妹，从来不抱我！"

妹妹出生后，小威感觉自己过去"小皇帝"的位置被"废黜"了，内心的失落可想而知。如果家长没有察觉这一点，反而对小威比过去更苛责，那么小威的失落就可能转化为对妹妹、对家长的敌意和怨恨，最终导致层出不穷的不良行为。此时，家长应该理解小威的心理变化，增加对小威的专门陪伴，还可以经常请小威帮忙，激发他的成就感。妈妈还可以跟小威强调，他和妹妹并不一样，但都是妈妈最爱的人，以减少小威的失落和不安全感。

7. 挑食

每个人对食物都会有偏好。对于孩子而言，他们一般讨厌平淡或者有苦味的食品，更喜欢味道好的"垃圾"食品，因为这些食品更接近人的欲望和需要。另外，如果家长管得太多，孩子可能会通过故意挑食来反抗。

8. 害羞

害羞可能与孩子的先天气质有关，相对于胆汁质和多血质，黏液质和抑郁质的孩子会更敏感。害羞也与孩子日常生活中的交际氛围有关，大家庭中的孩子会有更多的机会锻炼社交，社交技巧更加熟练，因此不容易害羞。

另外，家长的喜好、鼓励与管控程度，也可能会影响孩子的害羞程度。

9. 拖延、被动

每个人都有回避痛苦和压力的本能。有时家长期望太高，孩子的实际行动能力达不到预期就可能会被认为是拖延。如果家长平时教育方式不当，比如常常催促唠叨，孩子会逐步失去主动性。父母过度包办和保护，孩子缺乏解决问题的能力和自信，也会导致拖延、回避等问题。

> 10岁的小瑶上四年级。妈妈逢人便诉说自己的痛苦："我每天就像催命似的，起床要催四五遍，她才慢慢爬起来眯着眼穿衣服，穿衣服也要20分钟。早晨紧赶慢赶才勉强没有迟到。做作业要催无数遍，好不容易坐下了，她一会儿要喝水，一会儿要上厕所……反正不到10点完不成作业！"

拖延、被动是每个人性格中潜在的"生长点"。小瑶妈妈的教育方式无疑给小瑶拖延被动的习惯提供了最好的土壤：无须遵守任何规则，无须承担任何后果，一切都有妈妈包办。小瑶想要吸引妈妈的关注，她只要被动拖延就好；小瑶想要惩罚报复妈妈，她同样只要被动拖延就好。

咨询师告诉妈妈：只有坚定的规则和承担行为的自然后果才会让小瑶"醒过来"。但问题是，妈妈能放手吗？

10. 言行不雅

很多时候，孩子的言语来自对身边环境的模仿。他们并不一定理解所说脏话的真实含义。有些儿童在游戏中喜欢用电影、电视中的脏话来增加趣味性，他们觉得很好玩。另外，当儿童说出某句脏话时，家长的应对方式恰好对其进行了强化，他会用重复这句脏话来吸引关注。

11. 无聊空虚

一定的孤独无聊感是每个年龄段必然会发生的，重要的是如何去应对。

有些孩子的生活环境过分单调，这与孩子需要丰富环境的天性不相符。有些家长管控太严，包办太多，压制了孩子的天性，这些都可能让孩子产生无聊感。

电子产品带来的刺激对孩子而言非常强烈。如果过度依赖电子产品，孩子回到现实后就会觉得枯燥无聊。过度依赖电子产品还会剥夺孩子自娱自乐的能力和兴趣。

◎ 青春期（11~19岁）

青春期是人一生中生理、心理变化剧烈且伴有强烈探索欲望的特殊时期。这个阶段，孩子的个性化探索和适应行为会显著增加，给家长教育带来不小的挑战。

1. 反驳、顶嘴

随着青春期自我意识高涨，青少年迫切希望被人重视和尊重。而反驳、顶嘴是他们彰显自己力量、表达自己想法、追求独立自主的表现。他们对别人的误解特别敏感，不再逆来顺受。

2. 拒绝，喜欢说"不"

进入青春期后，未成年人会对自己的权利、空间和隐私非常重视。他们很难再忍受别人强加给自己的想法，想要通过个性化选择表达自己的与众不同。

> "妈，你是不是又进我房间啦？"15岁的小慧放学后刚走进房间就意识到了不对。
>
> "我是想着给你房间通通风。"妈妈说。
>
> "我说过了，不要没经我允许就进我房间！我自己会通风的！"小慧怒气冲冲地说。
>
> 虽然妈妈通完风后已经小心翼翼地恢复原状了，但小慧还是一进门就感觉出来了。

对于正处于青春期的小慧而言，自己的房间是承载安全感和个性化发展的私人空间。如果父母不能意识到并尊重这一点，它很可能会演变为亲子冲突的爆发点。

3. 生气、愤怒

青春期被称为人生的"暴风骤雨"时期。这个阶段身心快速成长，但大脑前额皮层发育尚未成熟，因此情绪控制能力不足。他们的心理尚不成熟但面临的外在环境却越来越复杂，容易产生不安和困惑。他们会变得特别敏感，对社会中的不公平现象和他人的误解很容易感到愤怒。

4. 情绪波动大

情绪波动大是青春期情绪两极化的重要表现。他们可能刚刚还很高兴，但突然变得消极，陷入无缘由的伤感情绪中。他们有时候乐观有时候悲观，有时候细腻有时候粗心，有时候很愿意为别人着想，有时又特别以自我为中心。这可能会让身边人感觉难以捉摸。

> 15岁的小悦主动来见心理老师。
>
> 她忐忑地说："老师，我感觉自己的情绪很多变，有时候本来很开心，但想到一些事情就突然难过起来，可是过一会儿又好了。对待朋友也是这样，有时候她刺激到我了，我会特别生气，连声音都是颤抖的，但转脸又和人家和好了……您觉得我正常吗？"

"这就是青春期的常见表现呀。你需要做的是接纳它们,并且学会与它们相处。"心理老师说。

工作中面对内心复杂的青少年,咨询师的一个重要任务就是缓解他们的自我怀疑和不必要的焦虑。

5. 喜欢电子产品

喜欢新鲜和刺激是青春期的重要心理特征。单调的现实常让他们感到空虚无聊,而电子产品(如手机和游戏)恰好满足了他们的需要。另外,电子产品附带有社交功能,孩子不仅能从中找到刺激和快乐,还能体验亲密社交的乐趣,增强他们内在的归属感。

6. 饮食问题

青春期未成年人身心发展迅速,运动量相对较大,能量需求高。因此,他们对高热量的食物有着强烈渴望。但也有一部分青少年受到社会文化和外界压力的影响,过度关注自己的身材而选择节食。当家长控制欲很强时,孩子也可能会通过不吃饭来表达内心的不满,争夺主导权。

7. 举止神秘、在乎隐私

举止变得神秘是孩子进入青春期的征兆之一。孩子进入青春期后,想法会变多,情感会变得细腻复杂,自我意识增强,他们开始注重自己的隐私。他们觉得父母不那么懂自己了,对家长的信任感会逐步减少。他们渴望被人了解,但又有很强的防卫心。

8. 攀比、花钱无计划

彰显自己的个性,需要外在的"包装"。青春期未成年人会通过与他人比较来获得自我定位,彰显自我价值,他们还希望通过外在的个性化打扮来吸引关注。这些都会增加他们对金钱的渴望。他们开始过分关注家庭条件,并因此感到自卑或自傲。

小云是一个高二女生,家里条件一般,因为住校,父母每个月给她一千元生活费。按理说在小县城消费水平较低，一千元生活费应该是够用的。但因为班里的同学们互相攀比，小云会在月初刚领取生活费后就花掉一大半。

小云也常因为买了很多没用的东西感到后悔、内疚，认为自己太不节省，觉得对不起父母。月底的时候，她会下决心从下月起要好好"省钱"。然而一到月初，同样的情形总是不断上演。

青春期的小云非常在意周围人的看法和评价，而追求物质、攀比和自我包装，其实是她信心不足的补偿。当下崇尚消费的社会潮流也是影响未成年人攀比心理的重要因素，家长应积极引导孩子把对自我价值的追求转向内在品质和努力成果。

9. 寻找同伴、在乎他人评论

寻找同伴是青春期的主要任务之一。通过同伴关系，未成年人会解决很多发展中的困扰：归属感、自我定位、价值感和安全感等。因此，他们有时甚至会把同伴看得比家庭成员更重要。

10. 学习态度产生分化

青少年的学习态度会在青春期出现明显的分化。有的人开始通过努力学习证明自己的价值，他们会有明确的目标和定位，学习更加积极主动。但有些人在学习中受挫后感到无望，因而产生厌学情绪、怀疑或否定自己，或希望通过其他方式来证明自己。

11. 疏远父母、不易靠近

进入青春期后，未成年人会有意识地疏远父母。如果离父母太近，他们的独立自我很难真正发展。他们有时担心自我被父母"遮盖"，有时却又不得不依赖父母，这是他们内心矛盾的重要原因。

12. 性探索

青春期性探索是身心发展的必然结果。其中比较常见的有过度关注自己的性特征、自慰、渴望了解性知识、对异性产生强烈兴趣等。性心理急速发展会给青少年带来压力和困惑,因此,适当的性教育非常重要。

13. 脏乱

青春期未成年人生活的房间与他们的衣着一样,是展现个性、喜好的重要场所。但他们的个性化展示常常被家长误解为懒散、脏乱。实际上,他们对于干净的理解和需要与父母并不一样,父母强行干预往往会引来孩子激烈的反抗。

"天啊,你这个房间怎么这么乱!你是一个女孩子啊。"妈妈每次整理房间的时候都忍不住要感叹一次。

"哪儿乱了,我就是喜欢这些小摆件啊。我觉得这才舒服呢!"14岁的小婧满不在乎地说。

实际上,只要父母不强行干预,尊重孩子的个性表达,小婧和绝大多数青少年一样,个人"品位"最终都会慢慢回到正轨。

14. 个性化打扮(非主流)

个性化装扮是青少年彰显个性的重要方式。他们希望被人"看见"并赞赏。有时他们也希望通过个性化装扮吸引同伴的关注,或模仿某个群体来获得群体认同和归属感。

15. 追求公平、在乎尊重

青少年迫切希望他人尊重自己作为独立个体的权利和需要。他们会仔细观察家长或者周围人是否意识到这一点。他们会对不公平、忽略和误解感到愤怒,因为这与他的尊严和价值感有关。

个性化探索与适应性行为的判断方法

我们该如何判断孩子的行为是不良行为还是属于个性化探索过程中的

正常行为？

◎ 根据未成年人各年龄段科学心理发展知识判断

家长应提前了解孩子各年龄段成长发展过程中相关科学知识，对常见的行为表现和问题有充分的心理准备。面对教育挑战和困惑时，冷静下来问自己：这是孩子成长过程中必然会出现的吗？这种情况在该年龄段是否普遍？我小时候是否出现过类似的情况？

◎ 根据家长的感受和行为判断

孩子的个性化探索行为会给家长带来挑战。当孩子不断试探环境是否安全、家长的底线在哪儿、自己的真实需求是什么……家长的心态也很矛盾：他们有时候会因孩子的"不听话"感到生气，有时会后悔自己"小题大做"，有时也会怀疑自己是不是管得太多了……

家长对孩子个性化探索行为的"定义"常受情绪状态的影响：烦躁焦虑时觉得孩子"有毛病"，心情冷静时觉得孩子"也还好"。

◎ 根据孩子下意识的行动和变化判断

虽然家长不喜欢某些个性化探索行为，但大多数孩子还是会设法绕过障碍继续做出各种尝试。如果家长想要强行"叫停"孩子的个性化探索和适应行为，其结果却是越想"修正"往往问题越多，长期后果也越严重。

由于正常发展行为遭遇强行阻断，孩子只能脱离常态选择"变形"：有的选择反抗，与父母陷入权力之争或报复循环；有的选择顺从父母，逐步失去真实自我。

合理应对个性化探索与适应行为

孩子的个性化探索行为不仅会给家长的管教带来挑战，同时也面临着诸多不确定风险。如果听之任之，孩子可能在探索中迷失方向甚至误入歧途。倘若家长在引导时缺乏科学方法，则可能把孩子推向真正的不良行为一端。

家长如何帮助孩子将个性化探索行为转变为更具建设性的适应行为呢？

◎ 婴幼儿时期（0~6岁）

1. 哭闹

哭闹是孩子表达情绪和需要的方式。如果孩子因需要未被满足而哭闹，父母应先认可孩子的感受，了解他未被满足的需要是什么。然后通过提问，引导启发孩子解决问题，或者和孩子一起协商问题的解决办法。

当孩子不愿配合时，给孩子有限制的选择，避免被他的情绪操控或形成"拉锯战"。

3岁的晗晗平时主要由妈妈照顾。妈妈比较宠溺他，晗晗想要东西时只要哭闹妈妈一般都会满足。这天，刚从外地出差回来的爸爸和母子俩一起出去购物，晗晗在一家玩具店指着一把玩具水枪让妈妈买。

"宝贝，你忘了咱们家已经有两把水枪了！"妈妈知道晗晗的脾气，想赶紧拉着他往前走。没想到，晗晗双腿一软，就势倒在地上开始哭闹耍赖。在人来人往的地方发生这样的事情，妈妈既尴尬又不知所措。正准备去店里拿水枪时，爸爸拦住了她。

"让我来处理吧，我最近正在看育儿的书籍，我觉得可以试一试。"爸爸说完，妈妈退到了一旁。

"爸爸知道你很想要买这个水枪，不过我们今天肯定不会买的，你要是想哭就先哭一会儿吧。"爸爸对晗晗说。

晗晗边哭边找妈妈，但妈妈躲在爸爸身后不看他。爸爸开始与妈妈聊去哪儿吃午餐的计划，似乎根本不在意晗晗的哭喊。晗晗故意加大了音量，但爸爸妈妈还是没反应。

过了几分钟，晗晗哭声明显小了。

"我和妈妈商量好了，我们中午去吃自助餐，有冰激凌哦。妈妈先去订餐，爸爸陪你。你是和妈妈一起去，还是在这哭一会儿？"

"我要和妈妈一起去。"晗晗擦擦眼泪，爬起来就走。

这是一个典型的情绪化操纵"未遂"的案例。妈妈对晗晗的娇纵引发了他以自己的情绪为工具，操纵妈妈达到自己目标的倾向。情绪化操纵的过程中，观众越富有同情心，表演者越起劲。但爸爸的温和坚定以及对表演者情绪的忽略，很快让晗晗失去了表演的欲望。

2. 生气

如果孩子因为生气无法沟通，家长可以冷静地告诉他："我觉得你现在的状态不适合沟通，等你冷静下来我们再谈。"家长要做的，是认可孩子的感受，了解生气原因："你现在很生气，可以告诉我是因为什么事情吗？"

如果孩子拒绝沟通，可以采取"猜测"的方式。猜测并不一定要准确、合理。荒唐的猜测可以激发孩子的表达欲望（他会想要纠正你）。比如："你生气是因为早上妈妈吃了你的蛋挞吗？"孩子很可能会着急地说："不是！是因为……"

了解生气的原因后和孩子协商解决办法。如果孩子希望通过生气来达到目的（比如买不合理的东西），那么家长应该明确拒绝："抱歉，妈妈已经决定了，我们今天不买！"或者给孩子提供有限制的选择。

3. 拒绝（喜欢说"不"）

我们都喜欢听话、懂得合作的孩子。然而，如果我们希望孩子最终成为一个独立、有思想的个体，那我们应该为他勇敢说"不"感到高兴。因为懂得拒绝是孩子发展真实自我的前提。

如果孩子不分情况，就喜欢说"不"，那么家长需要有意忽略，坚持做自己该做的事情。比如提醒孩子："吃饭前要洗手哦！"孩子拒绝时只需要拉着他一起去做就行。

阐述规则，比如不洗手就不能上餐桌，并且坚持到底。提供有限制的选择，让孩子无法说"不"。

> 妈妈问4岁的彤彤："你是待在家里呢？还是选择和妈妈一起去阿姨家？"
>
> "不！"彤彤又把自己的口头禅扔给了妈妈。
>
> "抱歉，这不是选项，考虑好了告诉我。"妈妈说。

虽然咨询师教给了妈妈应对方法，但能否有效地解决问题，最终取决于妈妈是否坚定。只有妈妈足够坚定，彤彤才会减少争夺权力和支配妈妈的欲望，更愿意遵守秩序。当然，如果孩子习惯说"不"，家长也应反思自己的教育方式，允许孩子拥有一定的自主选择空间。

4. 喜欢触碰（摸）

孩子乱碰时要温和地提醒他："宝贝，这是不能碰的。"一旦形成原则就要坚持到底。如果规则不明确，孩子有时能碰有时不能碰，那么在他看来这就是"碰运气"了。如果孩子坚持要触碰，家长除了告诉他规则外，还可以把他带离现场。

孩子逐步长大时，家长可以告诉他不能碰的理由是什么。知道理由后，孩子的印象会更深刻。如果因为触碰导致了不良后果，家长要和孩子一起处理，避免家长代替或包办。对于一些易碎的物件，或存在安全隐患的情况，家长应该提前做好安全防护。

5. 咬（人/东西）

偶尔出现咬（人/东西）的行为对婴幼儿而言是正常的，随着心理发展它会逐步消失。家长可以先忽略，避免小题大做造成强化。或拿出代替的东西，比如磨牙棒。告诉孩子："你可以咬这个。"

如果孩子多次尝试咬人，家长可以明确表达自己的真实感受："你这样做，妈妈会感到很疼！"明确拒绝："妈妈不喜欢这样，如果你咬人，妈妈会选择离开一会儿，等你不这么做了再过来找我吧。"也可以询问原因："你咬是因为喜欢这样做吗？"

家长要反思孩子在生活中是否存在过度情绪压力和不安全感，通过咬的方式来宣泄情绪或者防卫。

6. 帮倒忙

想要帮忙是孩子自我探索、展现力量和价值的尝试。父母应感谢孩子做出的贡献，赞赏他努力克服困难的勇气，而不是批评或者贴负面标签（如"你这个捣蛋鬼！"）。

不要拿自己的标准来衡量孩子，孩子需要不断训练才能熟练掌握技能。应允许孩子自主做事，如果留下烂摊子，等他做完了家长再进行收尾即可。

如果孩子的"帮忙"影响到了家长的正常工作，可以通过请求帮助的方式转移他的注意力。"地已经扫得很干净了，你能帮妈妈剥几个蒜瓣吗？"

7. 乱跑

孩子在婴幼儿时期精力很旺盛，对世界充满好奇。家长应该在保证安全的前提下，给予孩子自由奔跑的空间，允许他们充分游戏，满足他们探索世界的需要。

提前告诉孩子规则，然后确保他们在安全范围内。如果孩子出现危险，先解除危险，再和孩子协商规则。如果孩子不能遵守规则，可以给他们有限制的选择。他们愿意遵守规则时，再尝试一次。

"你希望在这块草地上玩一会儿，还是先回家？"如果孩子乱跑，那就先带他回家，得到承诺后，再试一次，直到孩子明确规则。但家长依然需要随时关注，以确保孩子安全。

8. 分离不适

理解孩子的感受，坦然接受分离不适。可以鼓励孩子："妈妈下午来接你，我相信你在幼儿园可以和大家玩得很开心的！"家长应保持耐心和冷静，不要因为孩子产生分离不适而厌烦，也不要因为内疚而过度包办或迁就。

平时要帮助孩子多接触陌生环境，鼓励他多与同伴交往，拓展性格。如果孩子生活圈子狭窄，整天围着妈妈转，当然会产生分离焦虑。

提前进行分离训练十分有必要。比如玩"时间游戏"。

3岁半的叮当对妈妈非常依恋，只要妈妈不在身边就会十分焦虑。妈妈担心叮当上不了幼儿园，因此请教心理咨询师。咨询师建议她通过玩"时间游戏"来减少分离焦虑。

妈妈先从"躲猫猫"游戏开始，逐步拉长叮当找不到自己的时间。

"叮当，现在的长指针指到几啦？"妈妈指着墙上的挂钟问。

"指到3。"叮当说。

"你能在阳台等妈妈吗？指针指到5妈妈会准时出现的。"说完妈妈躲进了卧室。当指针指到5，妈妈果然出现时，叮当很开心。妈妈及时进行了鼓励强化："叮当真勇敢，遵守了我们的约定，来，一起'击掌'庆祝。"

"叮当，妈妈要下楼取个快递，你和奶奶在家，指针指到7妈妈就会回来。"

"叮当，妈妈下楼去买菜，指针指到12妈妈就回来啦，你先和爸爸一起玩吧。"

……

当类似的"游戏"越来越常见时,叮当开始对妈妈出门习以为常,甚至妈妈一上午不在家,叮当也不再哭闹了。

叮当的分离焦虑来自妈妈的过度保护。妈妈不希望叮当因为分离感到痛苦难过,她对叮当的能力信心不足,这也会让叮当对自己的能力产生怀疑。因此,叮当逐步学会通过依赖、恐惧把妈妈留在自己身边。

我们都不希望孩子痛苦难过,但作为父母,我们必须为孩子的未来考虑,逐步培养他适应这个世界的能力和信心。叮当妈妈通过"时间游戏"让叮当逐步增强了应对分离的信心。

如果不得不与孩子长时间分离,家长应提前告知孩子自己的计划,让孩子心中有数。不要突然消失,否则会让孩子产生不安全感。要表达对孩子的信心,一旦孩子做到了,就要给出鼓励或强化。

9. 捣乱

孩子"捣乱"有时候其实是在做游戏。因此,父母需要帮助孩子建立合理的游戏规则。比如,妈妈在厨房时,不许来厨房;妈妈打电话时,要保持安静等。

如果孩子的行为影响了家长,可以向孩子寻求帮助,分配一些任务给他。这不仅可以锻炼孩子的能力,还能提升其价值感和自信。比如:"妈妈需要你的帮助,你能帮妈妈打几颗鸡蛋并搅成蛋液吗?"

孩子捣乱有时是为了吸引父母的关注。家长除了适当忽略外,还需要思考平时对孩子的陪伴是否足够。可以安排定时且有质量的陪伴,比如,每周几次全身心的陪伴会让孩子减少吸引关注的需要。父母也可以告诉孩子:"我们周三晚上再一起玩这个游戏好吗?"

10. 害怕

当孩子感到害怕时,家长首先要保持冷静,不应过度反应或可怜孩子，以免强化孩子的害怕心理或用这种方式来吸引家长关注。要表达对孩子的信心："一会儿就不疼了，你可以的。"

理解并认可孩子的感受。家长可以耐心倾听孩子的感受，表达理解和支持。"每个人都会有害怕的时候。不过没关系，妈妈相信你会越来越勇敢的。"或者启发孩子："你过去是怎么成功的？我们可以做点什么让自己感觉好一些？"

鼓励孩子多尝试，通过战胜困难建立勇气和信心。"哇，刚刚有一条狗狗从你身边经过，你表现得真勇敢！"和孩子一起阅读有关战胜困难的书籍，寻找勇气。孩子可能会通过积极想象为未来积蓄能量。

◎ 儿童时期（6～12岁）

1. 晚睡

不少家长因为孩子的睡觉问题而烦恼。通过催促、哄骗、唠叨、发脾气等方式，好不容易才把孩子弄上床，没想到孩子"幺蛾子"不断：要喝水、尿尿、身上痒……这让父母怒不可遏，又无可奈何。

睡前陪伴可以很好地解决这一冲突。睡前10分钟，家长应该放下其他事情，让这段时间变成愉快的亲子时光。躺在床上讲个故事、问问孩子今天的心情怎么样、谈谈学校有趣的事情……养成习惯后，孩子会期待这段时间，而不是极力反抗。

睡眠要"定点"并形成惯例，这有助于减少亲子摩擦。家长和孩子应提前协商好睡眠时间并据此安排作业和游戏时间。通过鼓励、计时、自我奖励等方式提高孩子的专注力和写作业效率，避免拖延睡眠时间。家长要及时提醒并坚持到底。如果轻易妥协，孩子就可能不断探索家长的底线，"看今晚能拖到什么时间再睡！"。

2. 不喜欢输

"赢"意味着得到认可，孩子都喜欢赢。但如果孩子过度追求"赢"，就需要家长重视并合理引导。家长需要反思，在教育中是否太强调竞争和结果，而忽略了努力和过程的重要性。比如，家长应强调运动的真正目的是锻炼、健康、开心，而不仅仅是为了"赢"。

在比赛中，家长不应过度迁就孩子故意让他赢，这种过度保护会让孩子变得脆弱。鼓励孩子坦然接受失败，把失败和挫折当成学习成长的机会，同时看到积极方面，一起探讨如何在下次做得更好。

> 爸爸刚开始和10岁的洛洛下棋时，会故意让着他，每走对一步洛洛都会兴高采烈，赢了更是开心不已。但偶尔走错或者输了就会很不开心，有时甚至还会发脾气。
>
> 爸爸意识到洛洛太在乎输赢了，决定不再迁就他。
>
> 洛洛输了棋很不开心。爸爸说："洛洛，爸爸知道你很想赢，但是我们下棋的目标并不是赢而是玩得开心呀。爸爸觉得你其实已经下得很棒了，只要你不断学习，总结经验，等你到爸爸的年龄时一定会很厉害的！"
>
> 有一次，洛洛和比自己大两岁的邻居哥哥打羽毛球，不断输球的洛洛边打边说："开心最重要，没准儿两年后我比你打得还好呢！"

虽然故意让孩子赢有时能够让亲子双方感到愉快，但这种脱离实际的成就感很容易让孩子建立"虚假自尊"。一旦孩子的虚假自尊在现实中被打破，他首先想到的不是坦然接受或者努力改变，而是抱怨生活的"不公"。

因此，爸爸及时改变做法，对洛洛的长远发展更有益。家长在面对现实打击和失败时，也应努力保持理性和勇气，给孩子树立良好榜样。

3. 没有恒心（无法坚持）

孩子的恒心、坚持与延迟满足能力有关。而延迟满足能力的培养离不开后天训练。如果家长平时包办过多,不给孩子锻炼的机会,孩子就可能会养成依赖、脆弱和回避压力的习惯。另外,家长需要反思:我的期待是否合理?是否批评过多,打击了孩子的自信?

孩子在喜欢的事情上更能坚持。家长可以和孩子一起发现事情有趣的一面,激发孩子的兴趣。平时鼓励孩子生活自立,多参与家务活动,让他意识到权利和责任二者不可分离,在克服困难中获取信心。

孩子会高估自己的能力,低估困难的程度。因此,家长可以和孩子提前了解困难程度并制订应对计划。鼓励孩子先自我尝试,确定后再坚定支持,避免孩子出现"三分钟热度",让双方都受挫。

妈妈在培养汐汐的兴趣方面不遗余力,先后给她报过绘画、书法、钢琴、演讲等很多兴趣班,但汐汐都没有能够坚持下来。有的甚至刚交了一个学期的学费,汐汐上了几节课就不感兴趣了,这让妈妈很生气也很失望。

这天汐汐放学回家后,兴奋地对妈妈宣布自己对击剑感兴趣了。

"你为什么对击剑感兴趣呢?"妈妈问。

"因为我在学校看了一场击剑比赛,女生击剑好好看啊,以后还能防身。还有我的好朋友也想学击剑,我们都商量好了。"汐汐兴奋地说。

"你之前学了那么多课外班但都半途而废了。妈妈觉得这样下去反而会让你做事越来越没有恒心。这样吧,你要是想学击剑,你得先去了解,尝试几节课,确定自己感兴趣能坚持,然后我们再决定。"

妈妈接着说:"我会和教练说好,每月月底根据你实际练习的次数给你交费。这样你要是不想学了,妈妈还能省点钱。"

没想到,汐汐这一次真的找到了兴趣,一练就是好几年,而且参加了很多比赛。做事变得更主动,也越来越自律。

之前报的兴趣班汐汐为什么都无法坚持?一是因为那是妈妈的安排,二是即使半途而废她也不用承担任何后果,有利无弊。所以她更关注的是自己的心情。真正的坚持需要有克服困难的动力,妈妈后来采取的方法有利于激发这一点。

4. 不喜欢分享

保护自己的所有物是人的天性。德雷克斯和尼尔森等人认为,孩子的分享行为是后天训练的结果。家庭平时可以鼓励分享行为,让孩子感受到分享的乐趣。家长应树立分享榜样,在接受分享时表达感谢和快乐:"谢谢你分享给我苹果,我很开心。"

不要强迫孩子分享,有些东西家长不在意,却是孩子珍视的。因此要让孩子自己决定哪些可以分享,哪些不可以,要避免给孩子贴标签(比如说孩子"自私")或进行道德绑架,以免让孩子形成讨好型性格。

8岁的洋洋家里有很多葫芦娃玩具。一天,妈妈的朋友带着7岁的威威来家里做客,威威很喜欢葫芦娃玩具,临走的时候还攥在手里不肯放下。妈妈看出了威威的心思。

"洋洋,你愿意把这个葫芦娃送给威威吗?"妈妈问。

"不,这是我的!"洋洋拒绝了。

"你不是还有很多吗?"妈妈说。

"这是我好不容易集齐的。"洋洋再次不高兴地拒绝了。

妈妈觉得很尴尬,但还是对威威说:"抱歉啊,威威,这是洋洋的,阿姨没办法送给你。"

等威威走了,洋洋对妈妈说:"妈妈,下次威威过来,我可以把这个送给他,这个葫芦娃我有两个一样的。刚刚那个我只有一个。"

"嗯，下次威威过来你可以主动把这个送给他，威威一定会很开心的。"妈妈说。

妈妈尊重了洋洋的选择，这非常重要。假如妈妈不经过洋洋的同意直接把东西送出去，或者给洋洋贴一个"小气"的标签，不仅会让洋洋生气，也会失去了解洋洋真实想法的机会，洋洋以后可能会对分享更加抗拒。

5. 编造（偶尔撒谎）

偶尔撒谎其实是人类的常见行为，你见过哪个成年人从不撒谎吗？因为某一次"没说实话"就给孩子贴上"撒谎者"的标签，可能会严重伤害孩子。负面标签带来的消极暗示会打击他们的自信。

偶尔撒谎，家长应该忽略而不是小题大做。有些孩子喜欢幻想，爱好编造，这些与撒谎有本质区别，家长可以接纳孩子的独特个性，理解孩子的需要，多倾听，慢慢引出事情真相。

家长在教育过程中，应关注问题的解决而不是寻找过错方。过度追责会让孩子因为害怕后果而撒谎。还要注重保持亲子关系的亲密，以免孩子因为逆反、权力之争、报复心理而撒谎。

另外，家长平时应该尊重孩子的隐私，给予孩子足够空间，否则孩子可能会为了保护隐私而撒谎。家长还应留意自己平时是否坦诚。当家长过度关注面子，为了掩盖不足而说谎时，就会树立不良榜样。

6. 同胞竞争

在多子女家庭，家长应接纳孩子的独特个性。赞扬孩子的独特品质，鼓励孩子做不一样的自己，而不是通过"比较"来让他们产生危机感。

当新的孩子出生，原来的孩子会产生自己拥有的关注被抢走、权力地位被剥夺的感觉。因此，家长需要提前做好安抚，倾听孩子的想法，理解孩子的真实感受，确保给孩子传达了无条件的爱。

家长平时应鼓励孩子通过合作解决问题。当孩子之间出现矛盾时，家长不要充当裁判,而应鼓励他们自己解决,避免孩子为了吸引关注发展出"受害者""坏孩子"等角色。可以温和地说:"你们自己可以通过什么办法解决呢?解决了请告诉我哦。"

7. 挑食

孩子喜欢零食、垃圾食品,让不少家长感到担忧。但批评、责骂并不能消除孩子的欲望,只会让孩子的行为变得更隐秘,家长将更加难以控制。如果孩子习惯用垃圾食品来缓解情绪和压力,那么家长需要考虑孩子情绪压力的来源,协助孩子用更合理的方式疏导情绪,减少压力。

有些孩子挑食是对家长过度控制的回应。家长应减少对孩子吃饭的过度关注和控制,避免孩子因为逆反或吸引关注而挑食。如果孩子吃饭习惯很不好,家长可以通过家庭会议等方式和孩子协商建立新规则。让孩子知道,在什么情况下才能买垃圾食品,其他情况是不允许的。

和孩子一起了解食物。比如,什么样的食物营养又健康,为什么垃圾食品不利于健康等。还可以和孩子一起做饭,让孩子体会制作食物的美好。

8. 害羞

家长应尊重孩子的个性和气质。每个孩子都不一样,接纳孩子真实的样子,对孩子而言就是最大的支持和鼓励。孩子是否愿意交流,应该充分尊重他本人的意愿。

鼓励孩子参与各种社交活动,在孩子进行人际交往时,肯定他的勇气和表现。同时,积极帮助孩子创造人际交往的机会。如果害羞造成了社交困难,要和孩子坦诚沟通交流原因,一起协商解决的办法。

9. 拖延、被动

孩子的效率和家长不一样,但家长经常容易忘记这一点。调整不合理期待很重要,尊重孩子的行动节奏,才能避免孩子因为压力、恐惧和不自信陷入拖延或逃避中。

有些拖延是因为孩子技能不够。因此,家长应该花时间提前教孩子技能。比如，怎样用洗衣机，怎么叠被子、洗碗，什么东西应该及时扔到垃圾桶里等。在训练过程中要保持耐心，鼓励孩子通过克服困难来获得自信。

  妈妈走进9岁男孩冠冠的卧室，整个房间凌乱的样子，让平时爱整洁的她顿时焦虑感飙升。
  "冠冠，一会儿妈妈的朋友张阿姨要来咱们家，你赶紧把房间整理一下！"妈妈着急地说。
  "赶紧动起来呀，把玩具都收起来，快，全部收起来。"
  "哎呀，快把这些没用的垃圾都赶紧扔了！还有这些！"
  "快快快，赶紧把不要的垃圾都扔了吧！"
  ……
  在妈妈的连番轰炸之下，冠冠紧张地站在一旁，显得不知所措。

冠冠并不知道妈妈嘴里的"垃圾"到底是什么，在他眼里这些都是他的玩具。他也不知道该如何下手，妈妈的焦虑和催促只会让他感到无所适从。因此，家长应尽量减少催促、唠叨，先做好自己的事情，为孩子树立榜样。平时可以鼓励孩子通过计时、自我奖励等方式提高效率。

使用惯例和规则，并坚持到底。比如，"刷完牙才能吃饭哦""洗完衣服才能看电视呢"。家长平时需要放手让孩子承担行为后果，了解行为后果，他们会更主动。

10. 言行不雅

儿童言行不雅，大部分来自对环境的模仿。因此，家长需要仔细思考自己的言行是否起了"坏榜样"，并做出适当的调整。有些孩子的脏话是从同伴那儿学的，他可能并不确切了解脏话的含义。家长可以告诉孩子脏话代表的意思，以及可能给周围人带来的感受或伤害。

家长可以明确表达自己的不喜欢。比如，"我不喜欢你这么说。如果你要说，那么请不要当着我的面说，或者我会选择离开"。建议孩子换一个词代替自己的口头禅。在他说脏话时故意忽略或者用一个严肃的表情来提醒他。

11. 无聊空虚

当儿童无聊时可能会唉声叹气，或者向父母寻求帮助。家长可以进行启发式提问："你前几天做了什么让你很开心？还有什么事情没来得及做完吗？"

如果孩子经常抱怨无聊，家长可以提前和孩子通过头脑风暴，协商无聊的时候可以做的事情，并把结果记录下来，下一次无聊的时候提醒他尝试。家长还需要思考，是否给予了孩子足够的，有质量的陪伴。

拓展孩子的兴趣，避免手机依赖。如果孩子一感到无聊，家长就给他手机玩，这是很危险的。强烈刺激会让孩子失去对日常生活的敏感性，依赖手机也会让孩子失去"自娱自乐"的能力。家长平时应该努力帮助孩子拓展兴趣，严格限制孩子使用手机的时长，避免他一旦离开手机就不知所措。

◎ 青春期（11~19岁）

1. 反驳、顶嘴

当青春期的孩子情绪激动地反驳、顶嘴时，通常说明双方已经陷入了权力之争中，此时再沟通就是无效的。因此，家长应该先退出冲突："你现在情绪很激动，不适合讨论，等我们双方冷静下来了再讨论吧。"

冷静下来后，通过一对一讨论或者家庭会议的方式，鼓励孩子表达自己的想法，及时澄清问题，一起协商解决问题的办法（见第2章中"赢得孩子的合作"有关内容）。协商过程中，家长应尊重孩子，态度要温和并坚持规则和底线。

2. 拒绝，喜欢说"不"

青春期的孩子迫切需要自己的空间和自由，家长应允许孩子拥有一定的自主权。沟通时，应首先认可孩子的感受和需要，尽量采用非暴力沟通技巧（见第2章中"'和'孩子说话，而不是'对'孩子说"有关内容）。

无法协商一致时，可以给予孩子有限制的选择（见第2章中"有限制的选择"有关内容）。通过家庭会议讨论问题，协商制订日常生活的规则、原则和底线。平时坚持惯例，让惯例说话，而不是家长强加自己的想法。多让孩子参与活动，锻炼其责任感，为自己的行为负责。

3. 生气、愤怒

当孩子处于生气或愤怒状态时，家长要保持镇定，对他的情绪不要过度反应，应暂停交流，退出争执，避免出现情绪化行为或陷入权力之争，等双方冷静下来再沟通。

认可孩子的感受，了解他的想法和需要："你刚刚很生气，需要一起谈谈吗？"借助家庭会议，鼓励孩子提出想法，表达自己的感受。然后大家一起通过头脑风暴解决问题，或者制订新的规则。

"你今天在学校怎么样啊？"妈妈回到家，边换衣服边问坐在沙发上13岁的姣姣。

"不怎么样，别管我！"姣姣突然生气地说。

"你这孩子怎么跟你妈说话的呢？真是没大没小！"爸爸在一旁教训道。

"我就这样了，你管不着！"姣姣大声吼起来。

"你……"爸爸气得直哆嗦。妈妈示意爸爸先不要说了。

晚饭的时候，妈妈主动来到姣姣房间。"你看起来很生气，能告诉妈妈发生了什么事情吗？"

"没事。"姣姣也冷静下来了。

"应该有事情让你不开心了吧？"妈妈问。

"就是我爸，我刚回来就唠叨我，进我房间不敲门，还乱动我东西！"姣姣说。

"对不起，这可能是妈妈做错了，我有份资料在你房间里，我让你爸替我取一下，估计他没太注意。"妈妈继续说："你长大了应该有自己的隐私，是爸妈疏忽了。这样吧，咱们今天晚上开个会，讨论一下规则。比如，进入你的房间先敲门，经过你同意，你看怎么样？以后爸妈的东西尽量不放在你的房间。"

"嗯！"姣姣脸上的阴云散去了。

"我们先吃饭吧，吃完饭开会。"妈妈说。

有效沟通的前提是孩子准备好倾听。当姣姣大声吼的时候，其实双方已经变成了权力之争。因此，妈妈果断退出，等姣姣冷静下来再沟通是非常明智的。孩子发脾气的时候，让他自己待一会儿，是纠正情绪操控倾向的重要方法。

4. 情绪波动大

情绪波动大是青春期最重要的特征之一。孩子想法很多，自我意识极强，很容易怀疑自己，也容易受到外界影响。家长要对孩子正常的情绪波动有足够的心理预期，不要大惊小怪，也不要轻易插手，保持适当的距离。

如果感到担心可以和孩子坦诚沟通。"我感觉你心情不好，有什么事情让你烦恼吗？""你愿意跟爸爸谈谈吗？"如果孩子不愿谈，那就给孩子调整情绪的空间和时间。对孩子的情绪波动保持耐心，不要追求完美。

如果孩子情绪波动过大或者情绪低落时间过长（如超过两周），就应增加关心和支持，必要时建议孩子寻求好朋友、心理老师的帮助。

5. 喜欢电子产品

孩子需要学会与各种电子产品相处。如今社会已不可能彻底屏蔽手机等电子产品。如果父母完全不允许，那么孩子可能会偷偷想办法（比如借同学的），或者双方会因此陷入权力之争。

家长应了解孩子喜欢电子产品的原因，并且提前协商好使用规则。比如，可以做什么，使用时长，什么情况下家长可以停机、断网等。并且将规则写下来贴在冰箱门上，家长要进行监督并坚持到底。

孩子很容易忘记原则甚至形成依赖，家长必须要做好一次次提醒并坚持规则的准备。只有一开始就坚持到底并最终形成惯例，才能避免无休止的权力之争。

家长要做好榜样。如果家长自己平时就沉迷于电子产品，那制订的规则就会失去说服力。在有些情况下（比如吃饭、家庭会议），所有家庭成员都应该放下手机。当孩子过度使用手机时，家长应及时表达自己的担忧。

孩子平时要承担一定的家务活动。这不仅可以转移注意力，还能培养孩子的责任心和自律能力。鼓励孩子多参加户外活动，避免情绪压抑，以增强对使用手机的掌控能力。

6. 饮食问题

青春期的饮食问题包括：喜欢垃圾食品、暴饮暴食、过度节食、挑食等。家长应尽量少干预孩子正常的一日三餐，以免孩子通过饮食来表达逆反或争夺自主权。家庭的一日三餐应该保持规律，用餐时间和菜品选择上不应过度迁就孩子。维护好干净、和谐的用餐环境即可。

17岁的小蓉看起来有些弱不禁风。爸爸特别在意小蓉的日常饮食，经常跟小蓉唠叨："多吃点""不要挑食""看你瘦的""再不吃点可怎么办呀"……可爸爸越这么催她，小蓉越吃不下去。

"我现在一到吃饭时就发愁，我爸每天做一大堆，我又吃不下去，只要他在那儿盯着看，我就根本没胃口。"小蓉对心理咨询师说。

心理咨询师建议爸爸停止对小蓉吃饭的关注，让她自己决定吃饭的事情。一年以后，小蓉的体重明显增长了，胃口也好了不少。

小蓉吃饭困难与爸爸的过度关注有关。爸爸对小蓉吃饭感到焦虑，试图强迫她多吃些，但这实际上扰乱了小蓉正常的生理本能。吃饭变成了小蓉的任务，爸爸的需要。小蓉可能会因为讨厌爸爸的强迫和唠叨而讨厌吃饭，也可能通过拒绝吃饭表达自己的反抗和不满。

家长平时可以鼓励孩子参与到食材选择和食物制作中，以锻炼其自理能力。严格控制垃圾食品的购买和消费，通过家庭会议协商相关规则。还可以和孩子一起了解食品营养学相关知识，引导孩子健康饮食。

对于过度节食的孩子，家长需要帮助他理性看待以"瘦"为美的社会文化。通过坦诚讨论，引导孩子更多地关注内在美，鼓励孩子建立自信，减少外在影响。对于那些习惯通过暴饮暴食来缓解情绪的孩子，家长应把重点放在化解孩子的情绪压力上，让孩子感受到力量和支持。

7. 变得神秘、在乎隐私

孩子进入青春期后会特别注重自己的隐私保护。家长一定要表示充分的尊重，避免侵犯孩子的隐私空间。一旦孩子感觉到隐私空间被侵犯，就可能会疏远父母甚至把自己的内心封闭起来。

接纳孩子的真实个性，尊重他的想法和选择，建立平等协作和相互尊重的家庭氛围。遇到问题时，家长可以通过私下或者家庭会议，坦诚表达自己的担忧，多倾听且不强求。孩子的行为和想法可能会暂时偏离，但家长要保持耐心，相信他会慢慢回归家庭主流。

有质量的陪伴可以拉近彼此的关系。只有亲子关系近了，家长才有机会真正影响孩子，在需要时帮助到孩子。

8. 攀比、花钱无计划

孩子常常通过与人比较来获得自我认知和价值感。对于青春期的孩子而言，他们的比较更加广泛，包括外在形象、成绩分数、物质消费以及家境等。家长平时应通过言传身教，给孩子传达正确的价值观，引导孩子理性看待金钱和消费，既不忽略物质的重要性，也不盲目崇拜或迷信物质。强调人的内在品质（如努力奋斗）的价值，让孩子建立起内在自信。

定期给孩子零花钱，并根据年龄和需要逐步增加。教孩子与钱有关的基本技能：如何做预算和购买合适的商品、如何攒钱、如何处理与他人的金钱往来等。如果孩子想要购买大件物品，可以通过家庭会议讨论，一致同意后，父母可以先将钱借给孩子，让孩子在保证需要的情况下分期归还。

鼓励孩子在适当年龄参与志愿服务，培养感恩和服务精神，做一些力所能及的兼职工作体验真实生活，获取工资并获得成就感。如果孩子确实遇到经济方面的困难，家长可以与其一起协商解决，但平时不要轻易"解救"孩子。

9. 寻找同伴、在乎他人评论

孩子在青春期积极寻找同伴是心理发展的必然需要。家长应理解并尊重孩子的需要，给予他一定的自主空间。通过协商沟通或家庭会议，让孩子清晰了解人际交往的原则和底线。比如，人际交往中如何保护自己、哪些活动不适合参加、哪些人可能存在危险、回家的最晚时间和必要告知等。

孩子偶尔可能会突破底线，家长需要及时和孩子讨论并寻找解决办法，既要灵活处理，对于原则底线也应坚持到底。平时要鼓励孩子表达自己在人际交往中的困惑，这样家长才能有机会了解他的真实想法并加以引导。

接纳孩子的真实个性。孩子对他人评论很在乎时，家长要给予理解，鼓励孩子接纳真实的自己，多肯定他的内在品质和优点，遇到困难时一起协商解决。支持孩子扩展人际交往，避免被某一个人过度影响。

10. 学习态度产生分化

孩子进入青春期后，学习的态度可能会变得矛盾起来。家长应及时了解孩子的真实想法，疏导其内心的不安和困扰。如果孩子排斥学习，家长要和他一起寻找原因并协商解决问题的办法，如改善与老师、同学的关系。

坦诚表达自己的担忧，让孩子知道你对学习很重视，并说明原因。如果家长存在不合理的期望或者对孩子控制过度，应及时调整。尊重孩子的兴趣和发展方向，不要强加自己的想法，避免引起孩子的逆反心理。

接到14岁瀚瀚班主任打来的电话时，爸爸才意识到自己因为忙于工作好久没有真正了解瀚瀚的内心了。班主任说瀚瀚最近状态很不好，上课走神，作业不怎么交，还和同学在班上起了几次语言上的冲突。爸爸决定找机会和瀚瀚好好聊一聊。

在餐厅里，父子两人略显尴尬。尤其是瀚瀚，神色显得有些拘谨不安。

"爸爸过去一段时间很忙，咱俩好久没坐在一起聊聊天了。"爸爸主动说。

"聊什么？"瀚瀚不安地问。

"随便聊呗，比如你最近的学习怎么样？"

"还行吧，就那样呗。"瀚瀚一副"就知道你想聊这个"的表情。

"爸爸知道你有些排斥这个话题，你可能也猜到了班主任给我打过电话了，但我其实并不是特别在意其他人的意见和看法，我想知道你是怎么想的。你已经长大了，爸爸会尊重你的想法。你告诉爸爸，你喜欢学习吗？"

"不喜欢，我觉得没什么用，还不如早点出去打工。"瀚瀚坦率地说。

"你现在去打工谁敢要你？你能做什么呢？在爸爸看来，学习不仅仅是为了将来有份好工作，还在于你需要持续不断地学习，才能找到真正属于自己的未来。我知道你过去有过很多梦想，难道你真的放弃了吗？"

"唉，边走边看吧，反正我不太想去学校。感觉努力也没什么用。"瀚瀚叹口气说。

"爸爸也觉得你确实努力了，但我不明白哪里出了问题，是学习方法不对吗？"

"我也不知道，明明努力了，但成绩就是上不去，还被人笑话。"

"他们笑话你什么？"爸爸关心地问。

"说我假装很努力。"瀚瀚沮丧地低下头。

"爸爸相信你真的尽力了。有时候我们努力了，不一定立刻就会有结果。这种情况在我的工作中很常见。但从长远来看，努力了一定会比不努力好。而且你过去努力了，但现在选择放弃，岂不是让那些笑话你的人真的看不起？"爸爸说。

"我们一起来找找原因，爸爸相信咱俩一定可以解决这个问题。只要你需要，爸爸一定会帮助你的，咱们努力把这口气挣回来。"爸爸接着坚定地说。

瀚瀚点点头，答应试试。

为了让瀚瀚重新点燃自信，爸爸不仅私下请老师多加关注和鼓励，还和瀚瀚一起重温了初中的课程，辅导瀚瀚的同时，父子俩经常一起讨论学习方法。经过一个学期的努力，瀚瀚不仅成绩进步很快，也变得更加自信和开朗了。

如果不是耐心地与瀚瀚沟通，爸爸很难发现瀚瀚逃避学习的真相。瀚瀚的内心非常在意学习，渴望通过学习获得大家的认可，但由于努力没有达到预期结果，反而被同学嘲笑，因此瀚瀚产生了深深的挫败感和自我怀疑。爸爸的鼓励和帮助最终让他重新找回了自信。有些家长面对孩子类似的困境时，采取的方法却是打击、斥责和质疑，想象一下，这会带来什么后果呢？

家长平时要避免包办和过度保护，让孩子多参与家务和集体活动，多了解现实并在此基础上找到真实自我。注重对孩子进行目标引导，孩子有了契合内心的人生方向和目标，就会感受到持续且强大的内在动力。

在孩子迷茫时，家长应保持耐心，有时候孩子转过弯来需要一定的时间。

11. 疏远父母、不易靠近

青春期孩子疏远父母是其个性化探索的正常表现。当孩子变得不易靠近时，很多家长心里都会发慌。家长要理解孩子并对此有充分的心理准备。尊重孩子，才能避免双方陷入无意义的内耗中。当孩子明显疏远父母时，家长应反思自己的教育和沟通方式是否让孩子反感、排斥。

如果家长有做错的地方，可以向孩子道歉并达成和解。停止溺爱包办，让孩子承担行为后果，帮助他把错误当成学习成长的机会。尊重孩子隐私和个人空间，通过规则和日常惯例维持家庭运行，努力减少不必要的催促和摩擦。

通过家庭会议或一对一的方式鼓励孩子表达自己的真实想法。家长应认真倾听孩子的想法，并尊重其选择。沟通时多一些启发式提问，少讲大道理。暂时很难达成一致时，可以给孩子有限制的选择，家长坚持做自己的事情。

12. 性探索

充分理解孩子，避免大惊小怪。孩子有一定的性探索行为是青春期身心发展的必然，家长可以观察孩子准备接受性教育的线索，及时提供正确有效的性知识。如果家长缺乏技巧和自信，可以推荐孩子看一些与青春期性教育相关的科普书籍。

和男孩重点谈谈在性方面的尊重问题。比如，在公共场合表达对女性的尊重，与女性交往过程中尊重自己和对方的意愿等。和女孩重点谈谈自我保护的重要性。如果孩子过分在乎自己的外形和第二性征，家长要及时给予正确引导，让孩子了解内在品质对人生的重要性。

家长应该尊重孩子的隐私。引导孩子正确看待自慰问题，避免因为自慰而出现内疚自责和过度紧张。鼓励他通过体育运动、与异性正常交往等转移注意力，建立自信。

13. 脏乱

青春期时，孩子对脏乱的看法可能与父母很不一样。父母觉得脏乱，但他们可能会觉得这就是自己喜欢的样子。父母应尽量理解和包容，不要强加自己的标准和看法，以免引发孩子的逆反心理。比如："我就要这样，看你能怎么样！"

表达自己的真实感受，让孩子意识到你的担忧。通过家庭会议提前就卫生标准进行讨论，协商好打扫的时间和频次，并且严格遵守约定。不要轻易窥探孩子的隐私，避免他产生警惕心理，离你更远。如果确实需要，可以给孩子有限制的选择，而不是强迫。

妈妈是一个特别爱干净的人，但上初二的小勇房间经常很乱，让妈妈难以忍受。每次推开小勇的房间，妈妈就感到震惊、无语：衣服、裤子、鞋帽散落在地板上，书桌上堆得乱七八糟，有时候写作业都在床上……

因为房间脏乱，妈妈和小勇发生了好几次激烈冲突。现在小勇对妈妈进房间很敏感，经常抗议妈妈侵犯自己的隐私。这天，一家人吃完饭后坐在餐桌旁开一个临时家庭会议。

"儿子，妈妈真的不想和你因为整理房间而争吵，但你的房间太乱了，又不让我去收拾，我真担心卫生太差影响你的身体和学习。"妈妈担忧地说。

"不是我不想让你打扫卫生，是你老是乱动我东西。那些东西你觉得乱，可我觉得很方便啊，比如我要翻的书，随手就能拿到。"小勇说。

"我尽量不动你的东西了呀！"妈妈辩解道。

"比如，你上次把我堆在书桌上的东西一股脑塞进纸箱里，那些东西都是我排列好，专门那么放的，你一碰全毁了。你就考虑你自己的喜好。"小勇说着，还明显带着情绪。

"我觉得你们说得都有道理，你看这样行不行，"爸爸说，"妈妈每周给你整理打扫一次房间，包括换床单，其他时间就不要管了。小勇在打扫房间那一天把有用的东西放起来，以免妈妈乱碰。"

"嗯，这我同意。"小勇点头说。

"每周五晚上行不行？"妈妈问。

"行，那就每周五我把东西整理一下你再进来。"小勇说。

进入青春期后，孩子会非常注重自己的隐私，喜欢彰显个性，特别在意是否得到了尊重和被公平对待。如果家长试图用权威让孩子屈服，那么双方很快就会陷入权力之争，最终两败俱伤。妈妈巧妙地用家庭会议讨论的方式，很好地规避了权力之争，赢得了小勇的配合。

14. 个性化打扮（非主流）

理解孩子，保持淡定。个性化穿着是青春期阶段孩子心理发展的正常表现，家长应保持足够的耐心。通过启发式提问，让孩子理解其他人对个性化穿着的看法以及可能产生的影响。比如，"身边的同学会怎么看待你的着装，老师们会怎么看呢？"表达自己的担忧："这种暴露的衣服是否会引发安全问题？"

通过分享自己年轻时候的经历，坦诚表达对穿衣的看法。尊重孩子对衣服的选择，但对孩子买衣服时的花费要有一定的限制和引导。

15. 追求公平、在乎尊重

孩子很在乎公平，尤其是对自己是否公平。因为公平意味着自己被尊重、被关注，自己的价值被他人认可。青春期孩子共情意识急剧增强，他们对社会的不公平现象也会很敏感。

鼓励孩子表达自己的真实情绪，家长要多倾听并理解他们的想法。同时，表达自己的观点，扩展孩子看问题的角度。告诉孩子："世界上没有绝对的公平，有时候公平并不代表着要完全一样。比如，"10张1元的纸币和1张10元的纸币虽然很不一样，但却是等值的。"

面对孩子的困惑，家长可以和他一起了解问题背后的深层次原因。通过启发式提问，引导孩子换位思考，必要时一起探索问题解决的办法。

 本章思考：

婴幼儿时期，孩子的哪些行为表现最容易被家长视为"不良行为"？

面对儿童时期孩子的被动拖延问题，家长的哪些做法实际上加剧了这一点？

面对青春期孩子的情绪波动问题，你认为父母最重要的应对方法是什么？

第4章
不良行为目的2：
寻求过度关注

寻求关注是孩子的本能，也是他们行为背后最大的动力来源之一。当孩子把寻求关注作为自己归属感和价值感的唯一来源，并因此发展出种种不良行为时，表明他们索取的关注已经过度了。

虽然孩子知道自己需要（渴望）什么，但为了达到目标，他们采取的方法可能十分离谱。因此，家长需要学会通过观察孩子各种奇怪的不良行为，准确猜测他们的真实意图。

通过了解孩子寻求过度关注的原因、表现和背后的信念，家长就能尝试引导孩子树立正确的价值观。

爸爸正在客厅接听电话。

5岁的儿子明明走过来说："爸爸……"

爸爸转过身，对着孩子把食指放在嘴边，示意自己在打电话，让他等等。

明明失望地走开了。

过了几分钟，明明又走过来："爸爸，我想跟你说……"

爸爸用手捂住电话，压低声音告诉小明："我在打电话，你等会儿再说！"

"可是……"明明还想说什么，爸爸瞪了他一眼，明明只得快快地走开了。

过了几分钟，爸爸听到厨房哗啦啦的响声，赶紧冲进厨房，发现明明打开了橱柜的门，里面的碗筷、洗菜盆、电磁炉、擀面杖等散落一地。

爸爸挂了电话，朝着明明大吼起来："你在干什么？爸爸打个电话，就不能安静点吗？爸爸平时没教你什么叫礼貌吗？！"

明明站在那儿，一脸惶恐和委屈。

明明在干什么呢？他自己真的不一定能说清楚。但是他没有得到爸爸的关注和回应，这让他心里很不舒服。在明明看来，只有你一直关注我，我才有归属感和价值感。因此，他不断通过各种方式试图寻求爸爸的关注。明明不理会爸爸的多次提醒，他一心只想要爸爸关注自己，甚至不惜通过捣乱的方式。这说明，明明对关注的寻求有些"过度"了。

虽然捣乱可能会惹怒爸爸，但是这好过被忽略带来的痛苦不安。实际上，爸爸的生气对明明来说也是一种关注，虽然结果不是很愉快，但最终爸爸还是把注意力转移到了自己身上。在寻求过度关注的孩子看来，挨打好过被无视。

德雷克斯说，寻求关注是大多数孩子（尤其是婴幼儿和低龄儿童）最直接最强大的动力源。然而，孩子虽然知道自己需要（渴望）什么，却并不一定知道如何才能正确地达到目标。他们的目的很明确，但有时采取的方法可能会很离谱。

> 7岁的小洋最近一直把自己关在屋子里。父母和他沟通，他很抵触，也说不清自己为什么不高兴。由于小洋3岁的弟弟最近一直在感冒发烧，爸爸妈妈都在全身心地照顾弟弟，对小洋的行为也就没太在意。
>
> 妈妈偶然发现小洋睡觉时光着身子，问他："你怎么不穿睡衣也不盖被子啊，不冷吗？"
>
> 小洋回答说："我也想生病。"

妈妈终于明白小洋为什么不高兴了，因为他觉得爸爸妈妈的关注点都在小弟弟身上，自己被忽略了。他把自己锁在屋里，是希望得到父母的关注。可是这招似乎不管用，他就想："或许我和弟弟一样生病了，爸爸妈妈就会关注我了！"可见，小洋宁愿承受生病的痛苦，也不愿意失去爸爸妈妈的关注。

孩子为了得到家长的关注所采取的方法，可能会让家长难以理解。这是因为，孩子的表达、解释能力很有限，所以他们的行为看起来常与真实的目标不相符，甚至背道而驰。因此，家长必须能够通过孩子各种奇怪的行为，去猜测其背后的真实意图。

那为什么孩子会出现寻求过度关注的行为呢？

孩子寻求过度关注的原因

寻求关注是孩子的本能。在孩子出生的头一年，他们无法用言语表达自己内心的想法和需要，家长（照料者）的关注是他们生存的唯一希望。随着年龄的增长，他们的各项能力会逐步提升，但只有伴随家长的关注，孩子才会觉得自己所处的环境是安全的，才能消除他们内心的紧张。家长的关注也是孩子获得归属感和价值感的主要来源，但需要适度。

◎ 三种不同的关注

1. 正常关注

正常关注指的是孩子为了满足自己所需的安全感和归属感，主动寻求家长适度关注、关心的现象。也指家长根据孩子正常所需，给予孩子适度关注。

正常的关注意味着孩子所需（或家长给予）的关注是符合孩子心理发展需要的。比如，孩子需要父母有质量的陪伴，相信父母对自己的爱是无条件的，感到害怕时，在家长的鼓励下能重新放松……随着年龄增长，孩子会逐步减少对父母关注的需要。

2. 关注不足

当家长忽略或者拒绝孩子正常的关注需要，就会造成关注不足，孩子可能会内心受挫，产生自我怀疑。长期结果是孩子会逐渐变得害羞、自卑和自我封闭，严重时甚至会导致其心理发育迟滞。因为关注不足，有的孩子可能还会转向寻求过度关注。

> 小强是个6岁的留守儿童，从小在农村和爷爷奶奶一起生活。因为爸爸妈妈需要去城里打工，每年只能在过年的时间才能见到爸爸妈妈。

爷爷奶奶在农村家务活很多，小强从幼儿园放学回家，经常一个人在家无聊地看着爷爷奶奶忙来忙去。这时候他通常会要求爷爷奶奶打开电视，爷爷奶奶为了避免他"闹腾"，也会满足他。

有时候，爷爷奶奶下地干农活的时候也会带上他，他一个人在田埂上玩抓小虫子的游戏，玩得非常入迷。

小强有时候兴奋地想和爷爷奶奶谈论电视里或者幼儿园里的事情，爷爷奶奶一般都只会说"不要老看电视""在学校要乖点哦"类似的话。小强感觉和爷爷奶奶说话很没意思。

回家过年的爸爸妈妈发现小强很不活跃，对人也没什么热情，很难融入其他小朋友，更喜欢自己一个人玩，脾气还特别"倔"，这让他们感到非常担心。

小强父母的担心是很有道理的。爷爷奶奶平时很忙，对孩子的心理需要并不是太了解，对小强的关注也明显不足。小强得不到正常关注，只能逐步沉浸在自己的世界中"自娱自乐"。一旦养成习惯，他会逐步减少对外界关注的需要。这种情况对他的身心发展十分不利。

3. 过度关注

过度关注指的是孩子所要求的关注超出了心理发展的正常需要。孩子把父母的关注当成衡量自身价值的标准，因此他们把吸引父母的关注当成自己行为活动的唯一目标。他们希望家长时时刻刻关注自己，觉得只有父母围着自己转，自己才是有价值的。对关注的过度追求导致孩子的很多行为显得很"无理"，他们甚至会通过各种方式操纵父母时刻为自己忙活。

孩子把太多注意力放在寻求关注上，这不仅会让家长感到烦恼，也会影响孩子正常的个性化探索进程。他们会变得脆弱，需要被人关注和照顾，长大后也可能会通过迁就、讨好、表演等方式来吸引别人的关注和认可。因此，孩子寻求过度关注最终会体现在各种不良行为上。

◎ 三种不同的情况

第一种情况：不安全感。经常被家长忽略或遭受心理创伤等可能会让孩子产生强烈的不安全感。他们会特别渴望寻求依恋对象（比如妈妈）的关注。

5岁的蒙蒙今天由放假在家的爸爸照顾。妈妈早上走的时候，蒙蒙就一直抱着妈妈不让走，显得很焦虑。妈妈安慰她："没事，宝贝，爸爸好不容易放假，你今天和爸爸在家玩吧，一定会很开心的，妈妈下午就回来了。"

下午妈妈回到家，发现蒙蒙双眼含着泪花，她见到妈妈后，赶紧抱住妈妈的腿不肯放手。妈妈上洗手间，她也要站在门口等着妈妈，一会儿跟妈妈说句话，似乎在确认妈妈"还在"。

妈妈心里很困惑：为什么自己出去一天，小姑娘就变得这么黏人呢？

妈妈回看了客厅的摄像，才解开了心中的疑惑：

从早上吃完早饭开始，好不容易放假的爸爸就一直抱着手机在沙发上玩手机游戏。蒙蒙一直在旁边自己玩。后来实在无聊了，她就打开了电视。

11点半左右，蒙蒙对爸爸说："爸爸，我有点饿了，我们中午吃什么呀？"

爸爸放下手机说："宝贝，你先等一会儿，爸爸马上就开始做饭了。"

蒙蒙噘着嘴不高兴，但爸爸似乎没看见，又投入手机游戏中。

12点10分，蒙蒙走过来对爸爸说："爸爸，我肚子饿了"。

爸爸说："爸爸马上好了，你再看一会儿电视吧，爸爸一会儿给你做好吃的。"

蒙蒙沮丧地走开了。爸爸又继续打起了游戏。

过了几分钟，画面中的蒙蒙嘴里含着东西，发出了"咳咳"的声音。这时候爸爸才发现情况不对。他扔掉手机，冲向蒙蒙，并且传来了着急的怒吼声："你怎么能乱吃东西呢？卡住了怎么办？也不小心点！"

可以看出来，蒙蒙爸爸名义上是在照顾孩子，实际上并没有和孩子产生真正意义上的交流。蒙蒙一直处于被忽略的状态。这种被忽略的状态，会让蒙蒙产生严重的不安全感，因此她对妈妈的依赖更为强烈。

第二种情况：家长的教育方式不当。如果家长过度宠溺，孩子就会慢慢习惯被过度关注。对他们而言，时刻被关注就像空气一样自然，如果空气开始稀薄，他们当然会很不舒服。

家长的过度保护，还会让孩子不敢或没机会走出去。他们平时被限定在一个狭小的圈子里，生活中只有父母，缺乏与其他人交往的技能和信心。因此，吸引家长关注变成了他们唯一能做的事情。

7岁的思思从小身体比较弱。妈妈对他吃饭这件事一直非常关注。

为了让思思能够多吃一点，妈妈每天挖空心思，变着法儿给他做好吃的。但思思就是对食物不感兴趣。

吃饭的时候，妈妈随时关注着思思的一举一动。

当思思不想吃的时候，妈妈就会说："思思，好宝贝，你再多吃一点哦，多吃一点身体才能强壮呢。"

思思看了看妈妈，又吃了几口。

当思思开始盯着碗里的东西不动的时候，妈妈就会凑过去："看，你碗里还有好多肉呢，再吃一口吧，妈妈喂你，乖。"

于是思思张开嘴，迎着妈妈勺子里的饭，又慢慢吃起来。

妈妈看到思思在自己的努力下开始吃饭，感到很满意。但基本上就顾不上自己吃饭了。

思思其实吃的不是饭，而是妈妈无微不至的服务。妈妈的过度关注，对于思思而言已经变成一种比吃饭更有价值的东西。他知道妈妈很在意自己吃饭，因此会通过不吃饭的方式来获得妈妈的服务。在咨询工作中我们发现，孩子出现吃饭问题，背后往往有家长过度干预的影子。如果妈妈不能深刻领悟这一点，放弃对思思吃饭的过度关注，那么情况可能会变得越来越严重。实际上，思思不吃东西时，妈妈只需要撤走食物，并且两餐中间不增加其他食物供应，让思思的生理本能充分发挥作用即可。被宠溺包办的孩子不仅会寻求过度关注，还容易形成依赖、脆弱、不自信、空虚等性格特征。

第三种情况：在某些特殊的年龄阶段，孩子可能会出现寻求过度关注的现象。比如青春期自我意识增强，孩子会特别渴望同伴的关注。过度追求同伴的关注和认同，会导致很多让家长头疼的不良行为。这一点我们会在第7章详细介绍。

寻求过度关注的表现

孩子寻求过度关注时，他们的行为在大人眼里会变得无理或奇怪。比如，他们会无理由地烦人、不懂起码的礼貌、停不下来等。这些常让家长感到困惑、烦躁却又无可奈何。

他们对家长的关注似乎永不知足，希望父母一直围着自己转，享受被关注带来的安全感和归属感。被家长关注时，孩子恼人的行为就会收敛或者停下来。但家长一旦不关注他们了，这些行为就"又来了"。

虽然孩子对自己行为的目标（寻求关注）通常很明确，但怎样达到这一目标他们并不清楚。于是，这些行为最终变成了让家长头疼的不良行为。比如：

1. 追着你说话，给你表演各种节目。
2. 故意捣乱。因为只有捣乱，周围人才会关注自己。
3. 赌气，故意不理你。坐等家长着急了去主动关注他们。
4. 羞怯依赖。这不仅能让他们逃避现实压力，还能获得额外关注。
5. 惹家长生气。虽然有受惩罚的风险，但他们知道家长一般不会真生气。就算真的生气了，"挨顿打也比被忽略强"。

大一点后，孩子寻求过度关注的方式会变得更隐晦。比如有的孩子会表现出不舒服，如肚子疼、头疼等身体症状，一旦被家长的关注强化，这种毛病会越来越多。

> 7岁的小波上一年级了。妈妈让他单独在书桌旁完成老师布置的作业。妈妈在一旁陪4岁的妹妹做幼儿园布置的亲子互动作业。
>
> "妈妈，这个我不会。"小波喊妈妈过来帮忙。
>
> "这个昨天你不是已经很好地完成了吗？今天怎么就不会啦？"妈妈显得有些困惑，但还是耐心地重新教了一遍。
>
> "妈妈，我今天的作业快写完了，我棒不棒？"过了一会儿，小波大声喊起来。
>
> "你很棒呢，宝贝。"妈妈回应着，继续陪女儿做手工。
>
> "妈妈，你看我这个积木搭的恐龙像不像？"小波拿着一个玩具在妈妈眼前晃着。
>
> 妈妈抬起头："嗯，真的很像哦。妈妈陪妹妹做任务呢，你自己玩一会儿吧，不要打扰我们。"
>
> "妈妈，这个手工我也会，我来教妹妹！"小波没等妈妈反应过来就把手工作品抢了过来。

小波明显在寻求妈妈的过度关注。妈妈的注意力全在妹妹身上，他没办法忍受自己被忽略。因此他要制造各种理由吸引妈妈的关注，最终发现都不奏效，于是干脆选择捣乱。

值得注意的是，孩子同一行为也可能表达多种不同目的。比如上述案例中，除了寻求过度关注外，小波抢夺妹妹手工作品的行为也可能是为了"报复"妈妈不理自己。如果小波喜欢教妹妹，那么他的行为也可能是和妈妈在争夺教妹妹的权力。

因此，家长并不能根据孩子某一行为的表现，轻易推断其背后的目的，需要结合其他线索才能真正读懂孩子。

寻求过度关注背后的观念及判断方法

对于寻求过度关注的孩子而言，他们内心的错误观念（信念）是：只有你每时每刻都关注我，我才是重要的、有价值的，我的处境才是安全的，我才能有所归属。

除了常见的行为表现外，还有哪些线索能够帮助我们判断，孩子不良行为背后的真实意图其实是寻求过度关注呢？

◎ 孩子的行为是否有正当理由

德雷克斯说，当我们发现孩子其实没有什么正当理由，只想让家长为他们忙碌时，就要考虑他们是否正在寻求过度关注。

> 6岁的小泽经常喜欢在妈妈忙碌的时候问问题。
> "妈妈，现在还有恐龙吗？"妈妈晾衣服的时候，小泽歪着脑袋问。

"没有啦，恐龙在很久之前就灭绝啦。"妈妈回答，"你先去玩吧，等妈妈晾完衣服。"

"妈妈，什么是灭绝？"小泽似乎没听见。

"就是恐龙都死了，我们只能去博物馆看它们的化石……"

"为什么，妈妈？"

"这一点科学家们还在研究哦，好像是跟陨石有关"。妈妈不得不停下来。

"陨石是什么？"

"陨石是天上掉下来的石头。"

"为什么，妈妈？"小泽紧追不舍。

"哎呀，宝贝，妈妈正在忙呢，你能不能先去玩，我忙完了你再问。"

"不行，我就想现在问！"

小泽真的对问题感兴趣吗？他故意忽略妈妈的要求，重复提问，一个问题还没解释完，就提出了下一个问题。说明他对答案并不是真正感兴趣，只享受这种一问一答的形式，喜欢妈妈关注自己的感觉。

◎ 从家长自身的感受来判断

德雷克斯和尼尔森都认为，在判断孩子行为的真实目的时，家长要学会察觉自己的真实感受。

不同的感受可以给我们提供丰富的信息。人的感受往往比想法更真实可靠，但前提是家长要学会区分它们。有些家长会说："孩子的不良行为带给我的感受都差不多啊，烦躁、生气而已！"但实际上只要平时多观察，细细体会和区分，就能发现孩子不同的行为目的，带给家长的感受也不一样。

如果孩子行为的目的是寻求过度关注,家长会觉得:

1. 心烦。如:"熊孩子好烦人啊,能不能让我清静一会儿!""你为什么老打扰我,就不能自己玩一会儿吗?"

> 4岁的贝贝有夜哭的习惯。她经常半夜突然大哭起来,边哭边蹬被子,搅得爸爸妈妈睡不着觉,心烦意乱。
>
> 一开始贝贝哭着醒来,妈妈都会尽力安抚她,抱着她走走,贝贝会逐渐安静下来,慢慢睡过去。但有时妈妈一旦把安静下来的贝贝放到床上,贝贝就又会大哭不止。
>
> 这种情况让爸爸妈妈烦恼不已,精疲力竭。
>
> 后来爸爸生气了,贝贝哭的时候就把她放到地板上。但贝贝总能哭到让妈妈忍不住去安抚她,或者自己爬回床上继续哭。
>
> 爸爸觉得贝贝夜哭可能与寻求安慰和关注有关,和妈妈商量决定等贝贝哭泣的时候,两人不做出任何反应。
>
> 虽然贝贝哭的时候让爸爸妈妈心里难受又烦躁,但最终还是忍住了没做出任何反应。贝贝哭累了,自己就趴着睡着了。
>
> 时间久了,贝贝夜哭的频率明显减少了。

贝贝寻求过度关注的不良行为应该加以忽略。但爸妈平时应考虑增加有质量的陪伴时间,增强贝贝的安全感。

2. 着急。如:"唉,这孩子最近咋啦,说话爱答不理的。""这孩子怎么这么不懂事!"

3. 内疚。如:"最近孩子总生病(头疼、肚子疼),是我对她关注太少了。""他一直想跟我说话,我没理他是不是伤害他了?"

孩子希望家长时刻关注自己,为自己忙碌,但家长的精力毕竟有限。就算家长再有耐心,也终究会感到力不从心。

因为不懂孩子,家长要么会对孩子感到失望,"这孩子也太不懂事了"；要么不惜采取打骂等方式强行"中断"孩子的不良行为；要么因为自己无法满足孩子而感到内疚自责，产生自我怀疑。

◎ 当被要求停止不良行为时，孩子是否停止

为了从孩子寻求过度关注的内耗中解脱出来，家长会叫停孩子的不良行为。德雷克斯提醒说，如果不良行为背后的错误目标是寻求过度关注，那么当家长"叫停"时，孩子一般会停止，因为他的目的已经达到了。

"咚，咚……"6岁的赫赫在妈妈专心刷手机时，用手里的勺子敲着桌子。

"赫赫，别敲了！"妈妈抬起头命令道。

赫赫看着妈妈，调皮地笑着。妈妈也笑了，然后低下头继续看手机。

"咚，咚……"赫赫又开始敲起来，边敲边观察着妈妈的反应。

"我说了，不能再敲了哦。"妈妈抬起头跟赫赫说。

"我不敲了。"赫赫假装害怕，把勺子放下了，但脸上还带着调皮的笑。

"咚，咚……"当妈妈低下头，响声又来了。

赫赫在玩一个有趣的游戏：训练妈妈关注自己。只要妈妈关注自己，赫赫就会停止敲打。妈妈的反应实际上强化了赫赫的行为。如果妈妈想要停止这种不良行为，只需要把他手中的勺子拿走即可。

一旦家长不再关注，孩子的不良行为又会重新出现。这时候家长不得不再次提醒或者叫停。这种情况周而复始。德雷克斯把家长这种不断制止

孩子错误的行为称为"拍苍蝇"。但如果不了解"苍蝇"产生的原因，哪能拍得完呢？何况家长不断"拍苍蝇"，对孩子而言本身就是一种关注（强化）。这也是为什么家长的催促唠叨不会起作用。

◎ 使用猜测式提问

猜测式提问，可以让家长在不确定孩子行为目的的情况下，通过提问验证自己的猜想。猜测式提问要真正奏效，必须遵守几个前提：

1. 双方已经真正冷静下来，做好了沟通的准备。

2. 家长的态度温和、坦诚。温和、坦诚的态度会减少孩子的防御心理，同时表明家长是发自内心的好奇，而不是别有用心，或设下某个"套路"。

3. 提问不能太直接，更不能下结论，避免孩子产生被"看穿"的感觉。孩子希望被理解但并不希望被"看穿"。另外，家长一旦出现误判，会让孩子产生家长太"自以为是"的想法，反而增加了沟通阻碍。

4. 得到肯定的答案后，要和孩子一起协商解决问题的办法。这里的"肯定"，不仅包括孩子给予了肯定回答，有时候孩子不说话但露出了"你猜对了"的表情，或孩子感觉被理解，神情明显放松下来，也可以将其视为"肯定"。

> 妈妈正在加班，7岁的欢欢一会儿提个问题，一会儿让妈妈帮忙找东西，一会儿靠过来要和妈妈抱抱，让妈妈很难专心做事。
>
> "宝贝，你是希望妈妈一直陪着你，是吗？"妈妈采用了猜测式提问。
>
> "我一个人很无聊。"欢欢说。
>
> "妈妈需要一个小时来专心工作哦，这样才能在9点半陪你讲

故事。你能找到可以一个人玩而且有趣的事情吗？"

"嗯，那我去玩我的陀螺吧。"欢欢说。

"好，9点半我们一起讲故事哦，你看着时间，到时候提醒我。"妈妈说。

妈妈提醒欢欢，9点半是他们的"专属时间"。这让欢欢有所期待，减少了他寻求过度关注的可能。家长通过猜测式提问，真正读懂孩子内心的想法后，就能减少不必要的烦躁和焦虑，更好地处理教育中遇到的问题。

应对寻求过度关注的方法

当孩子把自身价值和归属感完全寄托于父母的关注，会下意识地把寻求过度关注当成自己的目标。这个错误目标引发的不良行为，不仅会让家长烦恼，还会让孩子看不到自身的价值，阻碍其独立、自信和勇敢等品质的培养。有些孩子因为从小无法摆脱自卑和依赖心理，逐步形成了讨好型、表演型人格。

如果家长发现孩子不良行为背后的原因是寻求过度关注，该怎么办呢？

◎ 反思教育方式

德雷克斯说：孩子行为不良，其实就是失去信心的表现。家长需要反思自己的教育方式是否正在剥夺孩子的信心和勇气。比如：

你给孩子的爱是无条件的吗？如果你给的爱是有"附加条件"的，那么孩子就会产生不安全感，他会担心因为"不够好"而失去你的爱。他会努力展现你希望的行为以获得肯定，甚至把自己的价值感寄托于你。

你是否正在过度保护孩子？过度保护会让孩子觉得自己"很脆弱""没

能力""离不开妈妈的保护"等。如果遇到困难时总有妈妈保护，而且妈妈总比自己做得更好，那对孩子而言，自我怀疑、自卑和依赖就悄然而至。

9岁的曼儿自从上了小学之后，变得非常胆怯害羞，与不熟悉的人见面时甚至都说不出话来。但和熟悉的人说话曼儿就完全没问题，而且非常活跃。

当曼儿在陌生的场合说话越来越困难的时候，妈妈感到非常担心，带她过来见心理咨询师。

咨询师详细了解情况后，和曼儿妈妈说："我觉得曼儿不需要心理咨询，真正需要咨询的应该是你。"

"我？"曼儿妈妈大惑不解。

"是啊，她爸爸常年不在家，你平时工作也很忙，但再忙你也会给孩子安排好一切。你喜欢三个人在一起的时光，喜欢整洁，孩子很少出门和陌生人玩。曼儿和哥哥平时都非常依赖你，是吗？"

"是啊，不过这个和曼儿害羞有什么关系呢？"妈妈追问道。

"曼儿和哥哥平时与陌生人接触比较少，都喜欢待在家里等你回来。对他们来说，什么是最重要的呢？"咨询师接着说。

"是我吗？"妈妈好像有点明白了。

"没错，对于孩子而言，你的关注是最重要的。而对于曼儿来说，她需要和哥哥争夺你的关注。害羞一开始可能是他们与外人打交道的正常反应，可是当曼儿发现自己害羞、不愿意与陌生人说话的时候，她反而得到了最想要的东西。"咨询师慢慢地说。

"是啊，他们去超市买东西时经常躲在我后面，一点小事都让我去帮助。"妈妈回忆了一些细节。

"因为害羞不愿意与陌生人说话，曼儿免除了很多不愿意做的事情。不仅如此，你给了她比哥哥更多的关注，为了帮助她开口,你还会专门抽时间陪她一起去兴趣班,参加各种活动,包括来见咨询师,这些单独的陪伴和关注不都是她最想要的吗?"咨询师说。

"原来是这样,那我越着急,她岂不是越不肯说话了!"妈妈惊得捂住了嘴。

曼儿的羞怯不仅能够让她免于社交压力,还能得到妈妈的持续关注和服务。然而,这严重妨碍了她的社会适应能力和兴趣的发展。如果妈妈平时能够减少包办,肯定曼儿独立自主的能力,鼓励她多与陌生人交往,曼儿的自信和自理能力建立起来了,所需要的关注自然会减少。

◎ 给孩子分配一些任务

孩子错误地把家长的关注当成目标,那家长可以运用自己的关注,让他们感受到自身的力量和价值。比如在厨房做饭时孩子凑过来了,妈妈不妨说:"宝贝,你能帮妈妈把菜择干净吗?"

一开始家长不要太在意孩子做事的效果如何,要肯定他做得好的地方,顺便教他如何才能做得更好。这既分散了孩子的注意力,又能有效锻炼他的自理能力,还能让孩子感受到自信和自我价值,一举多得。

爸爸在做饭的时候,小轩总在旁边蹭来蹭去。爸爸很担心会不小心伤到他。

"小轩,你能帮爸爸一个忙吗?"爸爸问。

"什么忙?"小轩一下子来了精神,眼睛亮亮地盯着爸爸。

"你帮我把这根黄瓜削一下皮吗?爸爸忙不过来了。"

"好嘞。"小轩兴奋地拿起削皮刀,开始认真地削起来。但很快发现自己削得不像爸爸平时那样轻松。他费了很大的力气,而且黄瓜表面被他削得坑坑洼洼的，一点也不好看。

爸爸看出了小轩的沮丧，鼓励他说："很棒呀，尤其是这根黄瓜的上半段比下半段削得更好。你是怎么做到的呢？"

"是吗？"小轩内心的沮丧一扫而空，"我削上半段时用的力气更小，原来不需要用太大的力气啊。下次我还要削黄瓜，肯定比今天削得更好！"

爸爸通过给小轩分配任务，实现了双方共赢。爸爸的鼓励对小轩建立自信和勇气也非常重要。

◎ 安排专门的陪伴时间

安排专门的陪伴时间是为了让陪伴更有质量。家长可以和孩子提前协商好专门陪伴的时间和活动。时间最好每周都固定，活动应该是孩子真正感兴趣的。在专门的陪伴时间里，家长应全身心投入，以保证陪伴的质量。

孩子更在意的是家长陪伴的"质量"而不仅仅是时长。有些家长陪伴孩子的时候习惯全程埋头看手机，很少与孩子互动和交流，这种陪伴再多也没有意义，反而会增加孩子内心的不满和自我怀疑，如"爸妈更喜欢手机而不是我"。

在一次班级演讲中，上初二的小淇说：

"我过去很羡慕那些能够有家长陪读的同学。但后来我发现，很多由父母全程陪读的同学其实并不开心。有同学曾告诉我，自己和爸妈在一起时经常吵架，甚至不想和他们一起出门……

"虽然我爸妈平时工作都特别忙，但我们每周都会有一个固定时间全家人一起活动，哪怕只是一起去菜市场，也都会特别开心。

虽然他们陪伴我的时间不多，但我们每年都会有很多愉快的回忆。"

小淇用自己的体验证明，父母的陪伴在于质量而非数量。高质量陪伴形成惯例后，能让孩子有所期待。这不仅会增加孩子内心的安全感，也能让家长在其余时间获得解放。当孩子寻求关注时你可以说："我很期待周六下午一起出去玩的时间。你先计划一下然后告诉我，好吗？"

◎ 忽略不良行为，增加身体和眼神接触

孩子因寻求过度关注出现不良行为时，家长应适当忽略。但孩子很可能不会轻易放弃。此时家长就需要一些既不强化其不良行为，又能够传达爱和关注的方式让孩子知道家长已经"收到信息"。

一旦孩子知道家长理解了自己的需要，安全感增强，就会减少不良行为。家长可以适当增加肢体接触（摸摸头，拥抱）、眼神交流，或带着孩子一起做点事情等。这些比单纯的应付更有用，孩子希望"被看见"。

◎ 锻炼孩子的表达能力

孩子通过不良行为来寻求关注，往往是因为他们不习惯或者很难用语言表达自己的内心需要。语言相对于行为来说更直接，更不容易产生误解。但孩子的语言表达能力需要家长用心鼓励和训练。

> 5岁的关关脾气很大。妈妈越责骂，关关的脾气越见长，越来越不听话了。
>
> 妈妈从咨询师那里了解到孩子可能在寻求过度关注的信息后，决定下次采取不一样的方式。当关关发脾气时，妈妈忍住了自己的情绪，没有做出任何反应。只是站在旁边温和地说："关

关你生气啦？你愿意告诉妈妈你生气的原因吗？"

关关没说话，只是气呼呼地踹着旁边的椅子。

妈妈蹲下来告诉他："妈妈知道你很生气，可是生气解决不了问题。等你冷静下来了，过来告诉我发生了什么，好吗？"然后妈妈转身走了。

过了一会儿，关关情绪平复了一些，走到妈妈身后。

妈妈转身问他："你准备好告诉我了吗？为什么生气？"

"妈妈，我不想吃那些青菜，我跟你说了，你非要倒我碗里！"关关气呼呼地说。

"哦，对不起，妈妈没提前征求你的意见。你可以把那些青菜先给我，下次不想要的时候要提前告诉我，可以吗？"

"嗯！"关关点了点头。

关关习惯通过发脾气表达内心需要。当妈妈不再关注他的情绪，选择走开，关关发脾气就失去了意义。如果家长平时能够多鼓励孩子口头表达自己的需要，就能有效减少他们通过捣乱、生气、磨蹭、抱怨、身体不适等不良行为吸引家长关注的可能。

本章思考：

如何区分孩子寻求关注是否属于过度？

孩子寻求过度关注背后常见的原因是什么？

父母如何引导孩子把寻求过度关注引发的不良行为，转变为建设性行为？

第5章
不良行为目的3：追求权力和支配

孩子不听话是家长在教育中最头疼事情，而不听话背后最常见的原因是亲子之间的权力之争。孩子通过逆反行为来追求自己的权力和支配地位。

然而，孩子为什么要固执地追求权力？家长该如何跳出权力之争的陷阱，避免家庭内耗？这些问题却鲜有家长认真思考。因为更多时候，家长在不知不觉中被迫卷入了权力之争，他们有时还会故意挑起权力之争，希望以此彰显自己的权威，或让孩子屈服。

让家长始料未及的是，在权力之争中自己常常会落败。除了孩子能敏锐察觉出父母的软肋外，还在于他们的方法灵活，全力以赴又不计后果。如果父母强力"镇压"，就可能将孩子逼入逆反和报复的恶性循环中，代价更加惨重。

上初二的小燕放暑假以来很少出门，就喜欢躺在床上看手机。

近期这种情况变得越来越严重，她几乎整天待在卧室，窗帘紧闭，吃饭、睡觉都很不规律。妈妈很担心，就给长期在外地工作的小燕爸爸打电话，商量怎么办。

爸爸听到情况很严重，立刻赶了回来。劝说无效后，爸爸给断了网。小燕发现没网了，非常生气，吵闹着让爸妈给续上，要不自己就不吃饭。

妈妈独自外出工作时心情非常忐忑，中午像往常一样，匆忙赶回家给小燕做饭，发现小燕没吃早饭，急得直掉眼泪。晚上回家后小燕的饭还没吃，但是家里的零食少了一些。

妈妈和爸爸商量："要不把网给续上吧，这样下去孩子身体怎么受得了？"但小燕爸爸坚决不同意。

过了几天，小燕似乎改变了主意。她向妈妈保证，只要让她上网，她就开始好好学习，并且做出了一个"完美"计划。妈妈看了很赞同，又和爸爸商量："孩子都把话说到那个份上了，咱们就相信她一次吧！"这次爸爸勉强同意了。

但新制订的学习计划坚持了没几天，小燕开始动摇了，最后又把自己锁在屋里不出来。妈妈只得又断了网。但过几天经不住小燕的劝说和保证，又给续上了。

这样反复了好几次之后，新学期开始了。

妈妈说："你总这样说话不算话，我不会再轻易相信你了"。

然而小燕表示："你不给我续上网，我是不会去上学的！"

最终妈妈只得妥协了。妈妈和爸爸说："她不去上学，我该以什么理由给她请假呀，如果老师和同学知道了她现在是这种情况，会怎么看她！"

小燕在和父母争夺用手机上网的权力，她希望完全掌控手机支配权，自己想怎么样就怎么样。所以她一次次尝试突破底线，而家长一步步败退，最终完全"投降"了。

在双方的权力之争中，小燕敏锐地抓住了父母的两个致命软肋。首先，爸妈心疼她的身体，非常关注她的吃饭问题。其次，爸妈很重视她在老师和同学心目中的形象，这往往也涉及家长自己的脸面。小燕抓住了这两点，父母设下的防线就变得不堪一击。

一旦挑起权力之争，家长常常会落败。除了孩子能敏锐察觉出父母的软肋外，还在于他们的方法灵活，全力以赴又不计后果。如果父母强力"镇压"，就可能将孩子逼入逆反和报复的恶性循环中，代价更加惨重。而案例中的权力之争与爸妈平时对小燕的娇纵宠溺密不可分。爸妈的娇纵给了小燕为所欲为但无需负任何责任的幻想。因此，想要摆脱困境，除了退出权力之争，爸妈还需转变教育方式，学会坚守原则，最终让自然后果发挥作用。

权力让人体会到价值感和归属感。然而，如果孩子错误地将追求权力当成实现自我价值感的唯一手段，就会出现大量的不良行为。有哪些原因会导致儿童过度追求权力和支配呢？

孩子追求权力和支配的原因

◎ 时代和家庭背景

权力之争在亲子关系中越来越常见，这里面有着深刻的时代背景。社会文化越来越强调孩子的平等权利，但不少家长还沉浸在传统的教育思维中，希望强迫孩子服从自己，孩子会想："凭啥？"

有些孩子从小被宠溺娇惯，享受着各种特权。比如，吃饭习惯挑最好吃的、玩具只要看上就能得到。对他们而言，突破各种"限制"早已成为下意识的习惯。

◎ 家庭环境不良示范

有些家庭缺乏合作氛围，甚至"谁强势，谁就有理"。这种成长环境会给孩子带来潜移默化的影响，让他形成错误信念：谁有权力就得听谁的，谁"强大"谁就更有价值。

> 小虎平常看手机被妈妈严格限制。有一次，爸爸喝醉回家，躺在沙发上看手机，妈妈催他赶紧放下手机去洗澡睡觉了。爸爸大吼一声："别管我，你烦不烦人！"妈妈吓得不敢再吭声。
>
> 几天后，妈妈催促小虎放下手机去写作业。小虎也大吼一声："别管我，你烦不烦人！"妈妈委屈地掉眼泪："这孩子咋变成这样了？"

爸爸发脾气让妈妈害怕并妥协了。对此印象深刻的小虎也希望通过发脾气来弥补自己在家里地位不高、信心不足的短板。

◎ 父母控制欲强、爱面子

父母控制欲强、爱面子就会习惯把自己的意志强加给孩子。虽然他们经常打着"为你好"的旗号，但实际上是为了宣示自己的权力，维护自己的权威和面子。有控制就会有反控制，这就是权力之争。

商场里，6岁的飞飞因为要买一个玩具妈妈不同意，就赖在地上不肯起来。妈妈很生气，大声呵斥："你不要觉得你赖在地上不起来，我就会给你买，没门儿！"

"你不是答应我了吗？"飞飞边哭边说。

"我是答应了，但没说今天！就你这样，我以后也不会给你买。看你能把我咋样！"

"你说话不算数！"飞飞大叫。

"你再不起来，看我不打你！"妈妈拎起飞飞就往外拖，边走边说，"我还治不了你！"

可能有人觉得飞飞太不懂事，就不应该惯着他。但问题是，妈妈并不是在教飞飞守规矩，而是在和他争夺权力，看"到底谁说了算"。飞飞在众目睽睽下耍赖让妈妈很"没面子"，这是他被训斥的重要原因。

小菲到了初三成绩直线下降，被妈妈带到心理咨询室。

妈妈生气地说："再有几个月就中考了。为了她考一个好高中，我每天陪她学习到十一二点。家务活不让她操一点心。她拿我手机说是查单词，但我最近发现她竟然每天晚上都躲在被窝里玩手机。让她把手机还给我，她死活不肯，还说再逼她，她就不念了！我不知道她怎么这么不懂事！"

"你都快把我逼疯了！"小菲脸朝另一边，恨恨地说。

"小菲过去的成绩都还不错，您为什么会这么焦虑呢？"咨询师问妈妈。

"我就这么一个女儿，当然希望她好了。我以前不懂事错过了考大学的机会，到现在后悔一辈子。我不希望她走我的老路，这难道错了吗？"

"你说是为我好，但其实都是为了你的面子！"小菲尖叫着哭出声来。

妈妈相信自己是"为了孩子好",然而她不懂小菲内心的需要。在巨大的中考压力下,小菲渴望通过手机来获得短暂的放松。此时小菲最需要的是妈妈的安慰和鼓励。然而妈妈不断逼迫她"把所有精力都用在学习上",这让小菲怀疑妈妈是不是真的关心自己。

妈妈把自己没考上大学的经历挂在嘴边,本意是想提醒小菲。但在小菲看来,妈妈不过是想"让我去完成她没实现的愿望"而已。所以小菲要向妈妈证明:你控制不了我,我不是你的工具!

小菲与妈妈权力之争的结果是,小菲一怒之下,在中考时拒绝进入考场。她用这种方式赢得了权力之争,却付出了沉重的代价。

◎ 父母的态度和语气不合适

德雷克斯说,不论什么时候,只要家长命令或者强迫孩子做事情,就会导致权力之争。一旦双方陷入权力之争,教育效果自然就无从谈起。面对命令和强迫,孩子的第一反应是:你凭什么对我发号施令?你制服不了我!

"今天天气很热,你穿那么多不热吗?去把衣服脱了!"妈妈命令小东。

但小东似乎没听见。

"听见没有,快去把衣服脱了!"妈妈重复大声说。

"噢。"小东口里答应着,走到沙发旁。妈妈转身进了厨房。

"你怎么还没脱!"妈妈走出厨房时,发现小东竟然还穿着厚衣服。

"我不热。"小东回答。

"你非得出汗吗？快脱了！"妈妈又命令道。

小东走进卧室，关上门。

等妈妈摆好餐桌，小东的衣服还是没脱。

实际上，小东就是要用行动告诉妈妈：我穿衣服我做主，你强迫不了我。小东宁愿热着，也不愿"服输"。如果妈妈采用提醒的语气，并且坦然接受小东的选择，那他忍受热还有什么意义呢？

◎ 父母容易妥协退让

在成长过程中，孩子会不断试探家长的底线。家长坚守原则，孩子最终才会尊重规则。

"我们之前不是商量好了，你每天晚上回来的时间不能晚于9点吗？"小兰回家的时候，妈妈生气地问她。

"哎呀，今天我们有个同学生日，大家都没回，我怎么好意思提前走。"小兰委屈地嘟囔道。

"那你记得下次出现这种情况要先给我打电话。"妈妈说。

"知道啦"。

但第二天小兰又晚回了半小时。

第三天，小兰还是这样。

最终，原来约定的时间被改为9点半。妈妈只能默认了。

小兰用不断突破原则的方式来向妈妈证明：我回来的时间由我做主。如果家长轻易妥协，就会增加孩子不断试探底线的欲望，权力之争自然也会兴起。

追求权力和支配的表现

当孩子追求权力和支配时,会有哪些具体表现呢?

◎ 逆反

父母的过度控制会让孩子产生权力被剥夺后的无能感。通过逆反对抗父母,他们的控制感会得到提升,可以弥补心中的无能感。为了维持力量和控制感,他们有时不惜升级"战争",甚至采取极端方式。

案例一

小荣从高二开始变得叛逆起来,妈妈说什么都听不进去。

下午小荣因为违反校规将手机带入教室,老师让他回家反省。

妈妈刚批评他几句,准备和他谈谈,没想到小荣突然大发脾气,不耐烦地推开妈妈,躲进了自己的房间,不再出来。

案例二

悠悠和爸爸在车上发生争执,爸爸一气之下,命令悠悠下车。本来爸爸只是希望悠悠妥协而已,没想到悠悠真的下了车,并且死活不肯再上车,硬是自己走回了家。

小荣和悠悠都在用自己的行动告诉父母:你们休想控制我!家长要做的不是剥夺孩子的"权力",而是引导他们从自我管理中获取力量。

◎ 被动拖延(不合作)

对孩子来说,和父母对着干有时代价太大,但他们的内心又很不情愿，于是，被动拖延就成了很好的选择。

📄 案例一

小琪正在大口吃饭。妈妈突然把盘子里的西蓝花一股脑倒进了小琪的碗里。对小琪说："宝贝，多吃点蔬菜，春天容易上火。"

小琪抬起头看了妈妈一眼，眼里闪过不高兴的神色，但什么也没说，埋头继续吃饭。

妈妈收拾碗筷的时候，发现小琪碗里的西蓝花一点儿也没动。

📄 案例二

暑假第一天，上初一的小轩告诉妈妈自己准备和同学出去玩几天再写作业，但妈妈不同意，坚持让他先补落下的数学。

小轩在家唉声叹气，磨磨蹭蹭，几天过去了，就是没有行动。

妈妈没经过小琪的同意就把西蓝花倒进她的碗里，小琪要是表达不满，不仅无效，还会迎来妈妈一顿数落或一番大道理。不如什么也不说但"我就是不吃"。小轩知道自己斗不过妈妈，但他的不开心怎么办呢？他采取了被动拖延的方式——你让我在家，那我什么也不做，看你能怎么办！

◎ 要赖

要赖是年龄较小的孩子争取权力最常用的办法。往地上一躺、大吵大闹、号哭是他们常用的方式，这会让父母不胜其烦，最终满足孩子的要求。

5岁的维维在公园玩的时候想要去"捞鱼"。

"你上次捞鱼的时候把衣服全弄湿了，你忘了吗？"妈妈提醒维维，希望他放弃这个想法。

"哇……"维维坐在地上开始大声哭起来。

"你这孩子怎么能这样？不满足就要哭吗？"维维刺耳的哭声让妈妈烦躁又无奈。

"哇……我要捞鱼……"维维边哭边说。

"行行行，你去捞吧，弄湿衣服可别怪我！"妈妈恨恨地说。

维维成功地用耍赖达到了自己的目的。至于妈妈的恐吓，对于维维而言根本不重要，因为每次弄湿衣服，妈妈总是会帮他处理好。值得注意的是，如果孩子每次耍赖都会成功，最终他们可能会习惯通过情绪来操控家长。孩子的情绪也会越来越大，因为在他们看来："我没得到，可能是因为我的情绪还不够激烈。"

◎ 威胁

随着年龄增长，尤其是进入青春期后，"耍赖"已经不太体面，他们会敏锐地观察并抓住父母的软肋（比如爱面子），迫使父母做出妥协和让步。

商场里，14岁的小美想要买一件带有"爱心"图案的衣服。

"我记得这种衣服你已经有好几件了。"妈妈不太同意。

"哪有好几件，每件都不一样，好吗？"小美明显提高了音调。

"嘘，你小点声，就喜欢在商场里跟我大吼大叫，就不能好好说吗？"妈妈压低声音说。

"不，我就要这件……"小美大声吼了起来。

"行行行，买吧买吧，没见过这种不讲理的孩子。"妈妈小声嘟囔道。

妈妈比较爱面子，害怕在人多的地方发生争吵，小美早就察觉出了这一点并了然于心。所以小美才会故意在商场里"情绪激动"，因为只要"大吵大闹"，妈妈很快就妥协了。只是妈妈心里纳闷："为什么小美就喜欢在商场里跟我大吼大叫？"

孩子非常善于观察并发现家长的软肋。家长越是在意的"点"，恰恰可能就是孩子拿来威胁的"点"。

初二的小军周末一直宅在家里打网络游戏。妈妈好几次想让他出门，都被他拒绝了。爸爸回来批评了小军，但小军依然无动于衷。

爸爸一怒之下抢过手机，小军突然变得歇斯底里，站在窗户旁威胁说："你要是不把手机还给我，我就从这儿跳下去！"妈妈吓得赶紧把手机还给了小军。

威胁和耍赖一样都会形成情绪操控，对孩子的成长极为不利。要摆脱这种不断升级的威胁，家长首先要让亲子关系从权力之争中脱离出来。

孩子争夺权力时所持观念及判断方法

孩子在追求权力和支配时，他的信念是：只有由我支配/安排，或大家听从我，我才有价值和归属。

权力之争是孩子不良行为输出"大户"。当孩子出现不良行为，从哪些线索中可以看出他是在追求权力和支配呢？

◎ 亲子之争是客观需要还是"家长需要"?

有些家长常常以"为你好"为由来命令或强迫孩子服从自己。但实际上孩子能够敏锐察觉到,爸妈这么做只是在宣示权力,维护权威,增加控制而已。孩子内心不信服,权力之争的种子就会萌芽。

放学后,上初二的小梅跟爸爸说学校有事要晚回。爸爸问什么事,小梅没细说,匆匆挂断了电话。爸爸不放心,开车在学校周围观察,发现小梅和几个同学有说有笑进了一家饭店的包厢。

"真是长大了翅膀硬了,竟然敢骗我!"小梅爸爸嘟囔着走进饭店包厢。

看着爸爸一脸阴沉走进来,小梅顿时慌了神。

"爸,我们同学过生日……"小梅想要解释。

"跟我回家!"爸爸根本不想听。

"爸,等我一会儿行吗?"小梅恳求道。

"你眼里还有我这个爸吗?为什么要骗我!"爸爸怒气更大了。

"我就不回去,我跟同学吃个饭不行吗?"小梅也嚷了起来。

"啪!"爸爸顺手给了小梅一个耳光:"你还敢顶嘴!"

"我没有你这样的爸爸!"小梅捂着脸哭着跑出去了,剩下小梅的同学一脸震惊。

小梅为什么不说实话,爸爸完全可以等她聚餐结束后再沟通,而不是强行让她回家。爸爸即使能找出一大堆为小梅好的理由,也掩盖不了他其实是为了维护自己的面子和权威。家长作为亲子关系的主导者,往往也是权力之争的制造者。

当争执发生时,家长需要冷静下来思考:我这么做真的有必要吗?站在孩子的角度上来看，是否有道理？

◎ 观察自己的态度和语气

谁都不喜欢被强迫，孩子也一样。如果家长缺乏足够尊重，态度粗暴，语气是命令式、强迫式的，那么孩子就可能下意识地想要和你展开一场权力之争：你凭什么命令我？

> 16岁的小唐因为玩手机睡得很晚，爸爸和他发生了激烈的争执。
>
> 心理咨询师建议爸爸试着和小唐一起协商睡觉的时间点，达成一致后，只要提醒他就可以。爸爸和小唐协商，最后两人定好晚上11点半熄灯睡觉。
>
> 到了11点半了，爸爸看到小唐还在玩，就说："你咋还不睡？"
>
> "噢，马上。"小唐说。
>
> "马上是啥意思，你怎么就说话不算话呢！赶紧睡！"爸爸很着急。
>
> "你烦不烦人，天天就知道催催催……"
>
> 父子间新一轮"大战"又开始了。

小唐其实已经准备遵守承诺了，但爸爸责备的语气让双方又陷入了权力之争。爸爸可以提前10分钟提醒小唐，让他有缓冲的时间。哪怕小唐晚了一会儿，爸爸应该冷静下来和他再协商，而不是用命令和强迫的方式来火上浇油。

◎ 从家长的情绪、感受和下意识行为反应来判断

当孩子想要追求权力和支配时，家长会感觉到：

1. 权威被挑战。因此想要迎战："好啊，看来你翅膀硬了。那我们就来切磋切磋，看谁说了算！"
2. 被孩子激怒。家长会下意识地想要"教训"孩子。
3. 受到了威胁。觉得应该想办法让孩子"服气"才行。
4. 被"打败"了。家长可能想要放弃："唉，你想怎么样就怎么样吧，我不管你了。"

妈妈说："自从上了初中，小冯越来越不听话，我说什么他都不听。我说他头发长了应该理一理，他却把头发染黄了。我骂了他几句，他抓住我的衣领还想要打我……唉，我想管但管不了啊，他爱怎么样就怎么样吧。"

妈妈因为不了解青春期心理和教育方法，毫无准备地陷入了与小冯的权力之争中。经历了被挑战的愤怒后，她的情绪逐步转变为被击败的沮丧。

◎ 从孩子的下意识行为来判断

孩子在追求权力和支配时，如果被家长要求"停止"，他可能会：

1. 对着干，顶撞、逆反甚至变本加厉，以证明"你休想制服我！"。
2. 表面服从，被动攻击，如故意拖延、不合作。
3. 不理家长，我行我素，亲子关系出现冷战。

◎ 使用猜测式提问

猜测式提问法可以从侧面验证孩子行为的真实目的，需要遵循一定的前提（见第4章中"使用猜测式提问"有关内容）。

> 17岁的小于马上要去外地上大学了，因为小事和爸爸发生了激烈的争吵。父子"大战"结束后，妈妈耐心地等小于冷静下来后，来到他的卧室。
> "妈妈知道你很生气。你是觉得爸爸不够尊重你的选择，是吗？"妈妈问。
> "是啊，我都快上大学了，他还什么都想管！"

妈妈通过猜测式提问，确定小于与爸爸争吵是在捍卫自己的"权力"。

亲子之间陷入权力之争，家长怎么做？

如果确定孩子的行为目的是追求权力和支配，那家长接下来该如何应对呢？

◎ 暂停和退出

陷入权力之争就意味着偏离了问题的解决。尼尔森认为，一旦家长察觉到自己和孩子陷入了权力之争，应承认这一点，选择暂停并退出"战场"。这对解决权力之争至关重要。

> 9岁的小蓉坐在沙发上专心地玩着妈妈的手机。

"不要总是玩手机，小蓉，你的眼睛会受伤的！"妈妈走过来说。

"你比我看得更多啊！"小蓉不服气地说。

"妈妈用手机是在忙工作。"妈妈给了一个连自己也不太相信的理由。

"我明明看到你经常在网上买东西。"小蓉果然不信。

"妈妈这是为你好！"妈妈又抛出了一个看似强大实则苍白的理由。

"我们学校上网课不是用手机吗？大家都在用啊！"小蓉不甘示弱。

妈妈终于醒悟过来：她正在和小蓉开展一场没有胜算的"权力之争"。

妈妈深呼一口气，温和平静地对小蓉说：

"抱歉小蓉，我觉得我们在抬杠，这种方式解决不了咱们要讨论的问题。我觉得咱俩还是先冷静下来，然后再商量怎么解决吧。现在妈妈要去吃饭了，你要过来吗？"

妈妈说完，平静地离开了。小蓉犹豫了一会儿，放下手机，来到了餐桌。

妈妈察觉出了自己和小蓉的权力之争。她选择了暂停，并及时退出了"战场"。妈妈退出了战场，小蓉就没有了对手，继续"战争"也就没有意义了。家长可以等双方都冷静下来时再进行协商和讨论，这种处理方式也为孩子理性解决问题树立了榜样。

◎ 思考：孩子到底在争什么

家长和孩子陷入权力之争，都想让对方先妥协以满足自己的需要。家长不妨冷静下来思考：孩子到底在争什么？他内心有哪些需要没有被满足？它们是否合理？怎么做才能让双方的需要都得到一定的满足？

> 小韩在私立学校上高一，他在学校品学兼优，成绩名列前茅，这一点让妈妈感到很自豪。让妈妈烦恼的是，小韩只要一回到家就抱着手机不放，作业也不写。当妈妈催他写作业、睡觉时，小韩显得很不耐烦，两人经常发生激烈争执。
>
> "唉，小韩一回到家就管不住自己了，作业也不写，睡得也晚，就想看手机，我说一句他就很不耐烦。你说这咋办呀！"妈妈忧心忡忡地对心理咨询师说。
>
> "小韩的学校平时管理特别严格，除了吃饭睡觉几乎都在学习，每周只放一天假，你觉得他每周休息这一天最渴望的是什么？"心理咨询师问。
>
> "你的意思是他回家这样做是正常的？"妈妈疑惑不解地问。
>
> "他成绩那么优秀，真的需要你操心他的作业吗？如果你每周努力工作6天回到家里，难道不希望好好放松一下吗？何况是青春期的孩子呢？"心理咨询师说。

小韩回家后希望好好放松一下，但妈妈忽略了他的需要，只想让他像个好学生一样"好好做作业"，当然会引起小韩强烈的不满。

◎ 反思：家长的教育方式、态度和语气是否有问题？

家长控制欲太强、教育方式落后、态度粗暴强硬、命令式语气等都是致使双方陷入权力之争的常见因素。家长需要观察和反思自己，及时进行调整。

上高二的小董离家出走后，父母才意识到问题的严重性。

上午，小董的数学成绩出来了，下滑得很厉害，爸爸妈妈的轮番批评终于让小董爆发了："你们天天就知道批评，就不能说点正能量的话？鼓励一下我就那么难吗！"

"你学成这样，爸妈批评一下不行吗？你作为一个晚辈有什么资格教训我们？"爸爸在一旁生气地数落着。

下午小董离家出走了，留下一张字条："从小只要我成绩不好，你们就骂我打我。在你们的眼里，我就是个学习机器。但你们不要忘了，我是个有血有肉有思想的人！"

幸运的是，小董被及时找到。而这次冲突也让爸妈重新审视自己错误的教育方式。

确实，爸妈可能忘了小董其实是一个"有血有肉有思想的人"了。错误的教育方式背后是家长缺乏对孩子个性的尊重和接纳。只有真正接纳和尊重孩子，才能避免亲子关系卷入权力之争。

◎ 借助家庭会议协商解决问题

家庭会议可以让大家在尊重、坦诚、合作的氛围中充分讨论问题。这是避免权力之争的好办法。家庭会议需遵循一定的规则（见第2章中"定期家庭会议"有关内容）。

"我觉得有必要讨论一下小萧为什么大冷天坚持要开窗的问题。"在家庭会议上，妈妈提议说，"因为这事我们发生过好几次争执了，我觉得开窗后家里很冷，可她不听。"

"因为我不喜欢烟味，但只要爸爸在家，他总是在客厅抽烟。"小萧说。

"我觉得爸爸抽烟的时候可以去洗手间,打开排风扇。"妹妹说。

"可是就算在洗手间我也能闻见,而且我也要用洗手间呀。"小萧说。

"以前爸爸抽烟,你一直也没反对啊。"爸爸有点疑惑地说。

"可能是最近身体不好,我一闻到烟味就想吐。"小萧说出了原因。

"好吧,我觉得在家里我可以忍一忍,实在不行我去楼道里抽吧。"爸爸最终做出了妥协。

妈妈和小萧关于是否开窗户的问题产生了权力之争。但通过家庭会议,大家不仅了解了真实原因,还找到了最佳解决办法。

◎ 运用规则和惯例

每个人都在依靠规则和日常惯例生活。如果家长能够有效运用日常惯例,让孩子按惯例做事,形成自我管理,就能避免权力之争,家长也会更省心。此时,家长的身份就不再是一个"命令者",而是一个"提醒者"。

每到晚上9点,妈妈就会微笑着指指挂在墙上的钟表,温和地对豆豆说:"儿子,现在我们该做什么啦?"
"我知道该刷牙啦妈妈,稍等一下,我马上就好!"豆豆说。
"好的,等你刷完牙,妈妈就和你一起读故事哦。"

值得注意的是,制订规则时孩子应该参与并同意,以免感觉被强迫。家长需要做的是:坚守规则,直到它们成为日常惯例。

◎ 有限制的选择

当孩子试图通过耍赖或抬杠来追求权力时，有限制的选择既能给他一定的选择权，避免被强迫，又能让父母坚持底线。

> 中午很热，妈妈和11岁的小雷在餐馆里好不容易排上一个座位，准备点餐。
>
> 妈妈看了一眼小雷，发现他的脸热得红扑扑的，还有汗珠不断往下流，一脸的不耐烦。
>
> "宝贝，我们今天吃鱼，怎么样？"妈妈问。
>
> "我不想吃鱼。"小雷有气无力地回答。
>
> "那我们吃排骨，怎么样？"妈妈边看菜单边给出另一个选择。
>
> "咱们昨天不是刚吃了排骨吗？"小雷一脸不高兴。
>
> "那我们点一个鱼香肉丝吧，我记得你之前喜欢吃。"妈妈在努力克制自己的情绪。
>
> "哎呀，那是以前喜欢！"小雷不耐烦地嚷起来了。
>
> "这也不吃，那也不吃，你到底想怎么样？早知道今天就不该带你出来！"妈妈终于忍不住了。

小雷通过不断拒绝妈妈的各种提议来彰显自己的权力。小雷处于不耐烦的状态，妈妈要取悦他是很难的，还会让他把烦躁情绪宣泄到妈妈身上。此时如果妈妈给出的是有限制的选择，情况很可能会是这样：

> "宝贝我们今天是吃鱼、排骨还是鱼香肉丝呢？你选择一个。"妈妈问。
>
> "这些我都不想吃！"小雷不耐烦地回答。

"抱歉，这不是三个选项中的一个。鱼、排骨和鱼香肉丝，你选择哪一个呢？"妈妈回答。

"好吧，那我选鱼香肉丝吧。"小雷做出了选择。

◎ 赢得孩子的合作

家长在教育过程中应尽量减少包办，平时让孩子多参与家务，承担责任，培养合作意识。遇到问题时，家长可以通过赢得孩子的合作（见第2章中"赢得孩子的合作"有关内容）来避免权力之争。

> 9岁的小侠从小被父母溺爱，平时很不守规矩，还特别喜欢争夺权力。
>
> 针对这个特点，老师改变了教育方式，不再轻易批评他。老师让小侠当上了体育委员和纪律委员，平时维持班级纪律，在体育课上教大家各种游戏规则。一个学期后，小侠有了明显的积极变化。

孩子喜欢追求权力并不一定是坏事。当家长引导孩子把权力用在更好的地方，就可能将其转变为成长的动力。

◎ 坚持做自己的事情

"大道理"对于追求权力的孩子来说是毫无意义的。孩子只会用更多的不良行动告诉家长：你说什么都没用，别想制服我！家长应管住自己的嘴，忍住即将爆发的语言洪流。家长应坚持做自己该做的事情，及时退出权力之争，孩子"没仗可打"，才会回归正轨。

莫莫12岁时脾气突然变得非常暴躁，不仅不受管束，还经常为了一点点小事闹得家里不得安宁。无论家长怎么安抚、讲道理都没有用，他反而越来越过分。心理咨询师告诉莫莫父母："你们什么也不用做，不要太在意他的无理取闹，坚持做好自己的事情。"

被父母"冷落"半年后，莫莫的行为明显有了改善。

◎ 修复亲子关系

如果家长和孩子关系良好，孩子能够感受到无条件的爱，那他为什么还要采取极端方式来争夺权力呢？孩子过度追求权力往往说明亲子关系已出现裂痕。家长平时要注意及时修复亲子关系，"心"近了，问题解决才会更容易。

◎ 请孩子帮助，而非命令

当家长请求孩子帮助时，往往意味着平等和尊重。双方没有权力差异，自然就不容易激起权力之争。

下大雪了，爸爸的车被一层厚厚的雪覆盖着。

"小涵，把小雪铲给我，我要清理车上的积雪！"爸爸边穿衣服边喊。

"不行，我还要玩，你不是答应把它送给我了吗？"小涵把雪铲紧紧抱在胸前。

看到小涵的反应，爸爸意识到了自己说话方式的问题。他没再说话，只是穿好衣服，戴上手套，准备出门。出门前，他准备再试一次，但做好了被拒绝的准备。

"小涵,外面雪很大,爸爸可以暂时用一下你的小雪铲吗?"

小涵犹豫了一下,把雪铲递给爸爸:"给你,用完记得还给我哦。"

"好的,我保证!"爸爸说完拿起小雪铲往外走去。

"爸爸,等等我,我也要一起去!"小涵欢快地喊叫起来。

小涵并不"小气",他只是想要保护自己喜欢的东西。当爸爸理解了他,退出了权力之争,改为请求帮助时,他就通情达理了。

 本章思考:

孩子争夺权力的根本原因是什么?

有哪些常见原因会加剧亲子之间的权力之争?

当亲子关系陷入权力争夺时,家长首先该怎么做?

第6章
不良行为目的4：报复

当孩子的不良行为以报复为目的，父母很容易从自己的感受中识别出来。但此时通常表明亲子关系已经出现了不容忽视的深层次问题。

孩子采取报复行为，说明他已经认定自己很难通过正常途径获得认可或找到内心归属感。他感觉自己被深深伤害了，同时感到气馁、无助和愤怒，觉得"反正没有人爱我，所以我也要让伤害我的人感到痛苦"。

报复让孩子感受到一丝力量和"公平"，给他受挫的心灵带来补偿感，也让积压的负面情绪得到一定的释放。然而，因为报复他也早已忘记了真实的自己。

16岁的小夏正在上高一。自从5年前弟弟出生后,小夏的情绪就变得很不稳定。对弟弟的态度也很一般,这让爸爸妈妈感到失望,常常因此批评她。

中午回家看到被弟弟翻乱的文具盒,小夏生气了,顺手在弟弟的脑袋上拍打了一下,厉声说:"以后不许翻我的文具盒,听见没!"

"哇"的一声,弟弟哭了起来。

正在厨房的爸爸正好看到了这一切。立刻冲了出来:"你是不是手痒难受,为什么要打你弟弟?"

"哇……"看到爸爸帮忙,弟弟哭得更大声了。

"谁让他乱翻我的东西!"小夏不服气地说。

"翻一下东西咋啦,又不会少块肉!谁让你自己不放好……你要是再欺负你弟弟看我怎么收拾你!"爸爸扬着手里的炒菜勺警告她说。

"你打呀!有本事打死我呀!"小夏也不甘示弱。

"你……"爸爸急了,上手给了小夏一记耳光:"让你犟!"

小夏捂着脸跑开了,不一会儿从书房传出"啪"的一声,爸爸急忙跑进书房,发现自己最喜欢的一个紫砂壶已经被小夏摔得粉碎。

爸爸气得浑身发抖,边咒骂着边去找小夏算账。

找到客厅,爸爸发现小夏站在窗户边恨恨地说:"我早就不想活了,就让你们后悔一辈子!"

爸爸赶紧往前冲,但转眼小夏已经跳了下去。

幸运的是,小夏家住在二楼,楼下是花丛,小夏只是受了轻伤，并没有什么大碍。

已经冷静下来的爸爸对前来看望的亲戚懊悔地说："我也知道我的教育有问题，但我真想不通，她咋就变成这样了，小时候她不是这样的啊！"

弟弟出生后，小夏在家中的地位一落千丈。以前爸妈无微不至的照顾和关注没有了，因为他们几乎把所有的注意力都放在了年幼的儿子身上。爸妈觉得小夏已经长大了，应该懂得替父母着想。

然而爸妈的期望有些过分理想化了。小夏因为自己被忽略了，她很容易把内心的失落归咎于弟弟。如果爸妈此时苛责小夏而偏袒弟弟，那小夏的内心就会感受到强烈的不公、挫败和怨恨。

爸爸对弟弟的保护，点燃了小夏内心长期压抑的愤怒，进而发展成不可遏制的报复心理。她激怒爸爸，摔碎爸爸最心爱的物件，最终通过伤害自己这种极端方式来报复（或惩罚）他们。

德雷克斯说，行为不良的孩子其实就是一个感到气馁的孩子。对小夏而言，她对现实已不抱希望，觉得"反正我也没有价值，这个家没人在意我，那我就要报复，让爸妈也尝尝被伤害的感觉"。

报复让小夏感受到力量和"公平"，给她受挫的心灵带来补偿感，也让积压的负面情绪得到释放。然而，也因为报复小夏早已忘记了真实的自己。

有哪些原因会导致孩子产生报复心理呢？

孩子产生报复心理的原因

孩子产生报复心理最直接原因是感觉自己受到了伤害。生活中有很多原因会让孩子产生这种感觉。

◎ 觉得自己受到不公正的对待

追求公平是人的天性。公平代表着被尊重，代表价值被他人"看见"。孩子从小就对身边的"公平"有敏锐的观察力。

> 帅帅是一个8岁的小男孩。妈妈惊讶地发现，帅帅这么小已经有如此强烈的"公平"意识。当妈妈批评他时，帅帅会暗暗记下来，然后耐心等待下一次妈妈犯同样的错误时"还回去"。
>
> "妈妈，不要老抱着手机，这样会伤害眼睛哦！"当妈妈躺在床头看手机的时候，帅帅会站在旁边叉着腰一本正经地说。他的语气、神态和动作像极了妈妈。
>
> "妈妈，你为什么不能把东西放好呢？"当妈妈急着找东西的时候，帅帅会慢悠悠来一句，让妈妈气得直瞪眼。
>
> "妈妈，你吃饭那么快干吗？这样对胃不好！"着急上班的妈妈正在狼吞虎咽地吃早餐，帅帅又把妈妈曾经对自己说的话搬了出来。

帅帅在被妈妈数落和说教的时候其实是生气的，但又找不到反驳妈妈的理由。帅帅敏锐地观察到，妈妈说的很多东西她自己也做不到，这让帅帅感到了不公平。帅帅以其人之道还治其人之身，既获得了公平感，也彰显了自己的权力和力量。

◎ 父母不守承诺

父母许下承诺却不遵守，不仅会让孩子逐步失去对父母的信任，还可能会让他产生报复心理。

小学三年级的玲玲去妈妈办公室玩，同办公室的王阿姨给女儿买了一个很大的芭比娃娃作为生日礼物。只见娃娃穿着漂亮的连衣裙，身上闪着亮光，还会唱生日歌，很多人都夸这个娃娃真漂亮。

玲玲更是喜欢得不得了。妈妈看出来了，问玲玲："你喜欢阿姨买的这个娃娃吗？"

"嗯！"玲玲使劲点头。

"那过几天妈妈也给你买一个吧。"妈妈笑着说。

但一个星期过去了，妈妈没再提买娃娃的事。

"玲玲，你不是答应妈妈看完电视去写作业吗？"吃完晚饭后妈妈问。

"哼，你不是也答应了给我买娃娃吗？"没想到玲玲反问道。

◎ 父母过度控制

父母过度控制会让孩子感觉自己的自由、尊严和选择没有得到应有的尊重。"压迫"式教育会让不愿意妥协的孩子觉得被父母深深伤害了。因而产生了强烈的报复心理。

小丁高考结束后感觉自己终于松了一口气。他觉得高中很难熬，尤其是与父母的"战争"让他感觉疲惫不堪。好在高考成绩还不错，小丁觉得自己的努力也终于有了回报，开始设想上大学以后，远离父母的幸福生活。

然而很快，小丁的设想就遭到"一记重锤"。小丁想要报考自己最喜欢的计算机专业，但爸爸不同意。爸爸觉得现在计算机专业"不吃香"了，报考建筑学专业未来会更有出路，况且自己在建筑领域"有人脉"，未来就业能够帮得上忙。

父子俩就这样僵持了一段时间。最终小丁没拗过爸爸，选择了建筑学专业。

上大学后没多久，小丁就开始把大量注意力放在了社团活动上。期末结束后，小丁因为主要课程几乎都没及格，被学校警告。

当爸爸想要和小丁谈谈时，小丁大吼道："谁让你们逼我学建筑学的！"

小丁在用自己的方式反抗父母，报复他们对自己的控制。当爸妈以"为你好"为由控制孩子时，不要忘了孩子是有独特个性的人。

◎ 父母粗暴的教育方式

当父母采取挑剔、责骂、嘲讽、人格侮辱等错误的教育方式时，孩子的报复心理就可能被激发。

早晨，小叶在洗手间洗脸，妈妈等在门外有些不耐烦。

"小叶，能不能不要一直开着水龙头，你不懂得节约用水吗？亏你还是个班干部！"

小叶没有回应，只是一直开着水龙头，哪怕她不需要用水了，她还是站在那儿等了几分钟才打开洗手间的门。

有些家长很喜欢拿孩子与别人家的孩子比。父母以为这是在为孩子树立榜样，但实际上这种比较不仅会挫伤孩子的自尊心，还会让孩子觉得爸妈不喜欢真实的自己。因而产生强烈的不满和报复心理。

小钟和妈妈说，他收到邀请晚上去参加同学的生日会。

"你作业做完了吗?"妈妈一脸不高兴地问。

"我回来就做。"

"你不要去了,这种聚会有啥意思?不要老惦记着出门耍,你看隔壁小汪,人家成绩那么好,什么时候参加过这种聚会!"

"不去就不去!你要是喜欢小汪,就让他做你儿子吧!"小钟把门重重地一关,躲在卧室不再出来。

有些父母以"教育"的名义发泄自己的不满情绪,可能会给孩子带来创伤以及长久的怨恨。

初三女生小邹已经在抑郁情绪中挣扎了半年,在谈到父亲的暴脾气带给自己的伤害时,她说:

"他说他在教育我,但我知道并不是……只要他不高兴了或者喝点酒回家,就会对我和我妈大吼大叫,甚至有时候还会动手……经常是挨了一顿骂,但我其实不知道到底因为什么惹了他。"

父亲的打骂不仅让小邹感到愤怒和怨恨,也让她对自己产生了怀疑。有时人的抑郁等负面情绪也可能是对环境、对自身的一种"报复"。

◎ 父母溺爱、包办产生的长期后果

父母溺爱、包办会让孩子从小习惯被人服侍。他会觉得"爱"就是要"无条件满足我所有的需要,并对我的情绪和处境负责"。父母的过度取悦也会让孩子产生虚幻的力量感和虚假的自尊心,导致他无法理性地面对现实中的挫折。当他发现其他人不像父母那样取悦他时,内心就可能产生强烈的失望、愤怒和报复心理。

6岁的梦梦正在上幼儿园大班，一直是家里的小公主，所有人都把她捧在手心。

梦梦3岁的时候，不小心摔倒碰到了椅子，便开始哇哇大哭。奶奶会跑过来安慰她："哎哟，宝贝，你摔疼了吧，都怪这把坏椅子，来，我们一起打它！"

奶奶假装和梦梦一起打椅子，梦梦伸出脚，狠狠地踢了一下椅子，终于不哭了。

梦梦上了幼儿园以后，妈妈很快发现了问题。幼儿园的老师和妈妈说，梦梦经常招惹其他同学。

比如，幼儿园老师请同学们帮忙摆小凳子，有个同学抢了先，梦梦很不高兴，踢球的时候故意踢到别人身上。幼儿园老师表扬了一个跳舞跳得很好的小朋友，梦梦悄悄地把颜料涂到小朋友的裙子上。大家排队上洗手间的时候，身边的小朋友没让她插队，她就咬了人家一口……

家长的过度宠溺和取悦，让梦梦无法坦然面对自己的失败和不足，她选择通过报复来维护自己虚假的"自尊心"。

◎ 群体影响

同伴群体中的创伤体验（比如被嘲笑、讽刺、欺负的经历）是孩子产生报复心理的重要原因。

妈妈在刚上初一的小方书包里发现了一把水果刀，连忙把小方叫过来问是怎么回事。小方和妈妈说有个同学在英语课上嘲笑自己，他对那个同学很生气，已经做好了一个报复计划。

群体模仿也是孩子出现报复行为的常见原因。尤其是进入青春期后，处于个性化探索关键期的孩子会下意识地模仿身边那些自己喜欢或崇拜的人，可能因此习得报复行为。

孩子报复时的行为表现

孩子的报复心理会通过多种行为表现出来。

◎ 逆反与攻击行为

孩子报复父母，最常见的就是"唱反调"。你让我干啥，我偏不干。你不让我干啥，我偏要做。

"该洗脚睡觉了，把电视关了！"小石正津津有味地看电视，妈妈端着洗脚盆放到他脚下。

"等会儿关，看完这一集。"小石恳求道。

"不行！"妈妈很坚决。

"我边看边洗行吗？"小石再一次恳求道。

"不行，洗脚不专心，你会像上一次那样把水洒得到处都是。我才墩完地！"妈妈再次拒绝了他。

小石只得不情愿地关了电视。

等妈妈收拾完，发现小石的洗脚水又洒了一地，比上次洒得还要多。

小石为了报复妈妈，故意把洗脚水洒了一地。孩子是敏锐的观察家，父母在意什么他很容易觉察出来。报复时他会选择攻击父母的软肋，尽可能让父母感受到伤害，以便与自己受伤的感觉扯平。

有时孩子的报复行为不仅会针对父母或伤害自己的人，他们还可能会把这种情绪宣泄到无关的人身上，或者表现出强烈的攻击性或破坏性。

跟妈妈一起逛商场的民民一直嚷嚷着要吃汉堡。

"不行，医生说你太胖了，不能再吃这些垃圾食品了。"妈妈蹲下来耐心地对着民民那张圆圆的脸蛋说。

"不嘛，我就要吃，就要吃！"民民不依不饶。

"你再等等，中午妈妈和你一起去吃别的好吃的，可以吗？"妈妈建议道。

"不行，我不想吃别的，就要吃汉堡！"民民往地上一坐，气呼呼地说。

看起来妈妈不答应他，他就不走了。

妈妈没办法，灵机一动说："要不，妈妈带你去电影院看电影吧。"

民民勉强答应了。

然而电影看了一半，民民觉得没意思就要走，妈妈没同意。

民民竟然跑到银幕前，对着电影银幕狠狠地踢了一脚。

等妈妈和工作人员反应过来，银幕已经损坏了。

民民的攻击行为与妈妈一直以来的软弱娇纵有关。妈妈对民民的情绪无计可施，她不想让民民痛苦，因此试图通过"贿赂"来让民民配合，但这实际上加剧了民民对规则的蔑视。民民把所有的不满足都视为对自己的不公，而电影院银幕成了他愤怒情绪的宣泄对象。

◎ 言语攻击

孩子的报复不仅仅有行为上的，还包括言语攻击。言语攻击经常以咒骂、阴阳怪气、嘲讽挖苦、幸灾乐祸以及威胁等形式表现出来。

> 爸爸妈妈离婚后，小紫就对爸爸很抵触。
> 有一次爸爸约好时间来看望小紫，但迟到了半小时爸爸才到。
> "对不起，我来晚了，路上车被人追尾了！"爸爸道歉说。
> "叔叔您没事吧？"小紫旁边站着的同学关心地问。
> "活该！谁让你那样对我妈！"小紫恨恨地说。

当孩子出现言语攻击时，家长往往会感觉很心寒。然而，家长真正需要思考的是：孩子产生言语攻击背后的深层次原因是什么？

◎ 被动攻击

被动攻击本质上也是一种攻击行为，但它的形式更加隐蔽。被动攻击者常以消极被动的方式（比如装作没听见、故意不合作）来攻击他人或者宣泄不满。他们不与人正面冲突，但结果可能更加恶劣。

📄 案例一

> "小熊，别看电视了，帮我去取一下东西，妈妈把它放在单元楼门口了。"妈妈进门后气喘吁吁地说。
> 小熊假装没听见，继续看他的电视。
> "听见没有！快点去，我等着用呢！一天天只想着看电视，改天看我不把电视机砸了！"妈妈提高了嗓门，大声吼了起来。
> 小熊不情愿地关了电视，出了门。

但妈妈左等右等，就是没看到小熊把东西搬上来。

📄 案例二

小渊的父母都很爱面子，对小渊从小严格控制，期望很高。

小渊从重点大学毕业后没找到好工作。他拉黑了父母所有的联系方式，消失了十几年，直到因为在城市流浪被警察发现，协助其再次联系上了父母。

小熊和小渊心里都对父母有着强烈不满情绪，但他们并没有表达出来，也没有选择直接攻击，而是选择了更为隐蔽的攻击方式——被动攻击。

◎ 伤害自己

孩子通过伤害自己来报复父母的新闻屡见不鲜。压抑的怨恨和强烈的愤怒让他们一心只想着如何去报复而忽略了自己。实际上，通过伤害自己报复父母不仅包括自残、自杀等极端情形，还包括故意失业、考试失败、不婚不育等。

📄 案例一

咨询室，女孩小谢在谈到自己的原生家庭带来的伤害时说："那时候我真的恨他们，想着干脆一死了之，让他们后悔一辈子！"

📄 案例二

小罗在父母的严格管控下长大，33岁了还没有谈对象的打算。她和朋友说：

"爸妈给我介绍对象我一个也不见。现在好不容易喘口气，他们别想再拴住我！哼，他们着急，活该！"

当一个孩子沉浸在对父母的愤怒和怨恨中,他可能就会忘记"我到底是谁?""什么才是我真正需要的?"。

报复行为背后的观念及判断方法

为了摆脱被伤害后的软弱无力感,孩子内心的观念(信念)是:没有人真正爱我,反正我没有归属感和价值感,受到伤害就要报复,也让你尝尝受伤害的滋味。

孩子不一定能够意识到自己行为的真正目的。那么,家长该如何判断孩子不良行为背后的目的是不是报复心理呢?

◎ 攻击的目的:伤害

与权力之争的目的不同,孩子在报复行为中展现的攻击性,其目的就是为了伤害他人或者让对方体会到被伤害的感觉。

> 13岁的小郭脾气异常暴躁。因为玩手机被妈妈说了几句,他就开始摔打家里的东西,甚至威胁说要打妈妈,这让妈妈非常痛苦但又无可奈何。
>
> 在咨询室,小郭恨恨地说:"她(妈妈)说为了我好,爱我,其实我知道这些都是假的……我从小被她虐待,一二年级的时候,因为不听话,写不完作业她就把我绑在椅子上打,还拿针扎我!动不动因为一些小事打我,衣架都打坏了好几个!"
>
> 妈妈惭愧地说:"和他爸离婚之后,我一个人抚养孩子很苦,那时候不知道怎么了,脾气就是控制不住。等他上了四年级以后,我开始意识到这个问题。我想对他好,来弥补过去对他的

伤害，但不知道为什么，孩子变成了这个样子……"

小郭在报复妈妈曾经带给自己的伤害。他对妈妈不再信任，只想把自己受到的伤害"找补"回来。而妈妈因为内疚自责，对小郭行为的纵容实际上加剧了他的不良行为。妈妈越卑微，小郭就越会觉得自己的行为"有理"。

◎ 从父母的感受和下意识行为判断

当孩子行为的目的是报复时，父母会感受到明显的敌对和恶意。这种恶意常让父母感到震惊和心寒："他怎么能这样对我？"接下来，父母还会对孩子的行为产生强烈的失望、愤怒和厌恶感。

小帆正在上三年级，为了保证小帆的安全，爸爸每天都尽力调整工作时间，准时接送他上下学。

"爸爸，你能在这里等我半小时吗？我和同学约好了，放学先在操场打一会儿篮球。"小帆上了车后和爸爸商量。

"今天不行，儿子，爸爸把你送回家还要赶紧去办公室处理事情。"爸爸关上车门说。

"爸爸，求你了，我们已经约好了，那10分钟吧，10分钟也行！"小帆再次恳求道。

"真的不行，爸爸为了来接你，把工作放下过来的，我得赶紧回去！"爸爸已经有点没耐心了。

"爸爸……"小帆还想要争取。

"别说了，爸爸很忙的，赶紧坐好！"爸爸终于失去了商量的耐心，直接命令道。

"哼！"小帆把头扭向了窗外。爸爸舒了一口气，以为战斗终于结束了。

没想到，第二天小帆爸爸发现自己的车被尖锐的东西划了一条长长的印记。

他赶紧调取了监控，更让他震惊的是，这竟然是小帆干的！

"他怎么能这样做？他怎么这样对我？他怎么这么不懂事？"震惊之余，一股强烈的愤怒、失望和厌恶感涌上心头。

遭到报复的父母会下意识地想要反击，狠狠地惩罚教训孩子，让他长点记性。然而，如果爸爸真的这么做了，小帆会怎么想？他真的会吸取教训吗？他会怎么做呢？

◎ 从孩子的反应来判断

被父母反击和教训后，孩子会"知错就改"吗？这恐怕只是父母的一厢情愿罢了。实际上，心怀报复心理的孩子往往不会屈服，他们会设法升级自己的行为，比如变换方式，攻击父母的弱点等，开启新一轮的报复循环。

小戈在看电视，妈妈在一旁织毛衣，本来场景温馨和睦。

"把电视关了，小戈！你看得太久了。"妈妈命令道。

小戈装作没听见。

"听见没？"妈妈提高了音量。

小戈看了一眼遥控器，还是没动。

"妈妈说话，你装作没听见，是不是？"妈妈拿着遥控器打了一下小戈的头，直接关了电视。

小戈揉揉头，生气地走开了。

"小戈，你看见妈妈的毛线球了吗？"妈妈从洗手间出来，发现毛线球不见了。

"我不知道!"小戈躲在房间里说。

"我知道是你拿了,赶紧还给我!"妈妈再一次命令道。

"我没拿!"小戈辩解道。

"还敢说你没拿!你是不是刚刚我让你关电视,不服气?还给我!"妈妈打开小戈的房门咆哮道。

"我真没拿!"小戈有点心虚,但嘴里不肯承认。

"还敢说没拿!"妈妈揪住小戈的耳朵,小戈疼得直咧嘴。

第二天,小戈妈妈发现自己的化妆品都被弄脏了……

小戈和妈妈卷入了一场谁都不会赢的"战争"中。

◎ 使用猜测式提问

双方都冷静下来后,家长可以尝试用猜测式提问法(见第4章中"使用猜测式提问"相关内容)来验证孩子心里的想法。比如:

"你生气是因为妈妈之前误解了你,你觉得不公平,所以希望妈妈也尝尝被伤害的感觉,是吗?"

"儿子,你那么做,是不是因为我上周没允许你和同学一起出去玩,所以你想通过这种方式让爸爸也感受一下不被尊重的滋味,是吗?"

如果孩子给予肯定回答,点头确认或者神情放松下来,那么说明你的判断是正确的。

应对持有报复行为孩子的方法

当孩子出现报复行为,家长该怎么合理应对呢?

◎ 控制反击欲望,退出报复循环

面对孩子的报复行为,家长应控制住自己的反击欲望,先退出报复循环,等双方冷静下来再理性沟通。

为避免小学三年级的豪豪偷玩手机,妈妈重新设置了开机密码。

"妈妈,你手机密码是多少,我咋开不了机了!"豪豪拿着妈妈的手机说。

"我重新设置了密码,你以后不能再随便玩妈妈的手机了。"妈妈说。

"为啥?"豪豪问。

"因为你玩手机的时间太长了,这样会伤害你的视力。"

"哎呀,不会的,求你了,告诉我密码吧,我玩一会儿就给你!"豪豪恳求道。

"不行。"妈妈坚持说。

"快告诉我!"豪豪有些生气了,大吼起来。

"不行!"妈妈不想再妥协。

"哼,你会后悔的!等着瞧吧,看我把你的手机弄得开不了锁!"豪豪威胁说。

"你……"妈妈气得有些发抖,好在她深吸一口气,及时平复了情绪。

妈妈拿走自己的手机,平静地对豪豪说:"我觉得咱俩现在都不太冷静，这样没办法解决问题。等我们都冷静下来再说吧。"然后转身离开了。

到了晚上，妈妈和豪豪一起重新商定了手机的使用规则。

如果豪豪威胁报复时，妈妈进行反击，双方战争就会升级。即使妈妈赢了，豪豪也会埋下报复的种子。因此，妈妈果断退出，离开现场，等豪豪冷静下来再沟通才有可能真正达成教育目的。对于愤怒的豪豪而言，没有对手的战场，也就失去了意义。

◎ 了解孩子行为背后的心理表达

未成年人大脑皮层发育尚未完全成熟，在感受到被伤害后可能会下意识启动报复行为。家长应冷静下来思考：孩子产生报复的原因是什么？他的内心有什么需要没被满足？行为背后的想法信念是什么？

> 8岁的小柯往楼下扔酒瓶子被物业发现，幸好没有人受伤。
> "小柯，你为什么要往楼下扔东西？"妈妈问他。
> "我也不知道。"小柯抠着手指低着头说。
> "是因为你觉得好玩，是吗？"妈妈问。
> "不是！"
> "是因为你不开心，是吗？"
> "嗯！"小柯点了点头。
> "能告诉妈妈你为什么不开心吗？"妈妈的眼神里没有责怪，充满了关切。
> "你们都在忙，没人理我。"小柯说。
> "还有吗？"
> "同学们都有好朋友，就我没有。"

"还有吗？"

"没有了。"

小柯因为被家长忽略，没有朋友而心情失落。如果家长急着批评指责，反而会让小柯关闭心门。家长在提问的时候，要多问几遍："还有吗？"这样才能真正接近孩子内心的想法。

◎ 表达自己的感受和想法

面对孩子的挑衅和咄咄逼人的态势，家长可以坦诚表达自己的感受和想法，通过引导给情绪"降温"，回归理性。比如："我对你刚刚的表现感到伤心，因为那些话很伤人，我希望我们能够互相尊重而不是互相伤害。"

◎ 反思自己的教育方式

孩子存在明显的报复心理时，家长应及时反思自己的教育方式。比如：

我是不是控制欲太强，让孩子感觉没有足够的空间？

我的"玩笑话"是不是让孩子感受到嘲讽和侮辱？

我的语气态度是不是太粗暴，让孩子感到被伤害？

我有没有把自己的情绪无意中宣泄到孩子身上？

我有没有溺爱孩子？

我有没有经常拿孩子和别人比？

我对孩子们一视同仁吗？

上高一的小魏和父亲几乎到了水火不容的程度。

上午因为父亲没买到自己喜欢的手机，小魏破口大骂。父亲一气之下，扇了小魏一巴掌，结果两人扭打到一起。

邻居把两个人分开后，小魏指着父亲，骂骂咧咧地走了。

父亲坐在地上对邻居说："唉，我知道他就是想报复我，不就是小时候我打过他，记仇吗？这个逆子！……但当年他爷爷也是这样把我打到大的呀！"

小魏父亲从小也被打骂，遗憾的是他并未真正意识到这种教育方式带来的伤害，反而继承了这种方式来教育小魏。可见，如果没有反思，代际创伤传承的力量是多么强大！

◎ 和解：承认错误并道歉

孩子产生了报复心理，是因为他感受到了伤害。如果是家长不小心伤害了孩子，就需要坦诚地向孩子承认错误并道歉，缓和双方关系。

在心理咨询室，妈妈拿出16岁的小朱写给自己的一封信，伤心地说："因为我说错了一句话，孩子已经两三个星期没跟我说话了。无论我怎么解释，她都不搭理我。"

咨询师看完信，了解事情原委后，建议妈妈只需坦诚地为自己的错误道歉即可，不要解释或讲大道理。

晚饭后，妈妈来到小朱的卧室。正在写作业的小朱把脸扭向一旁，冷冷地说："你进来干什么，我不想听你解释！"

"妈妈不是来解释的，妈妈是来向你道歉的。对不起，妈妈真的犯了一个错误。无论你小时候是不是淘气，爸爸都不应该那样打你。爸爸打你已经给你造成了伤害，我说'还不是因为你淘气！'这种话真的很不应该。换作是我，我也会特别失望和生气的……"妈妈还没说完，注意到小朱的眼泪正止不住往下掉。

"妈妈以后不会这样了，你能原谅妈妈吗？"

"你当时说完那句话,我整个心都凉了!"小朱抽泣着,深吸一口气,看着妈妈点点头。

妈妈注意到,经过这次道歉后,小朱和自己的关系更亲近了。

小朱觉得很委屈,是因为她被妈妈脱口而出的言语深深伤害了,此时任何解释都苍白无力。但妈妈的真诚道歉却让她瞬间打开了心结。只要父母足够坦诚,孩子其实很容易原谅我们。但现实中,父母向孩子道歉通常需要巨大的勇气,这往往也是最难的。实际上,坦诚道歉不仅不会损害父母的权威,反而会让孩子卸下思想包袱,明白父母也是普通人。

◎ 协商:讨论问题解决方法

家长可以通过一对一协商或者家庭会议等方法,和孩子坦诚讨论问题的解决办法,并尊重孩子对解决方案的选择。

小森这两天一直都很生妈妈的气,因为妈妈把自己最喜欢的奥特曼卡册送给了朋友家的孩子。

"这不是你小时候玩的吗?放了那么久,我看你现在不玩了,阿姨家的小朋友又特别喜欢……"妈妈试图解释。

"哼!"小森跑回房间重重地摔上门。

接下来,小森一直制造各种阻碍和妈妈对着干。妈妈想和小森沟通,但小森根本不理她。

在两周一次的家庭会议上,妈妈决定趁机解决这个问题。

"我今天提出的议题是,谈谈我把小森的奥特曼卡册送给阿姨家小朋友的事情。小森,妈妈可以谈谈吗?"

小森生气地看着妈妈,但没有反对。

"妈妈首先要向小森道歉,妈妈真的做错了。对不起,妈妈没有经过你的同意,确实不应该这么做。"妈妈诚恳地道歉,小森眼神里的敌意缓和了一些。

"后来妈妈认真反思了一下,如果我是小森,我也会觉得妈妈这个行为很讨厌。"妈妈又试着共情小森。小森的情绪明显缓和了。

"小森生气是可以理解的,但解决不了问题,也挽回不了妈妈的错误。所以我们一起讨论一下,我们可以怎么做才能解决这个问题?"

"或许你下次想要送给别人属于小森的东西一定要经过他同意。"爸爸说。

"你可以跟阿姨家的小朋友再要回来。"妹妹说。

"小森,你希望妈妈把卡册再要回来吗?"妈妈问。

"算了,送出去了再要回来多不好!就送给他吧。"小森虽然还不满意,但已经决定不再追究了。

妈妈不仅表达了歉意,充分共情了小森,还表明了自己积极解决问题的态度。实际上,这种情况下小森的目的已经达到了,情绪自然也就化解了。

◎ 有质量的陪伴,拉近彼此的心理距离

孩子有明显的报复心理,往往说明亲子关系早已出了问题。孩子感受不到爱,才会睚眦必报。他觉得"反正没有人爱我,我也要让伤害我的人感到痛苦"。这是一种补偿心理。

妈妈觉得小高上初中后,想法和行为越来越偏激,爱发脾

气、报复心强，母子二人几乎无法沟通。认真反思后，妈妈决定从繁忙的工作中暂时脱离出来，暑假好好陪陪孩子。

小高惊讶地发现，妈妈破天荒地没有给自己安排暑假补课计划。

母子俩在暑假期间，去了很多过去想去的地方。一起挑战沙漠、在草原搭建的帐篷里聊到深夜、在海边骑自行车，摔伤后一起克服困难走回去……小高觉得自己从来没有和妈妈如此亲近过。

妈妈感慨地说，这个暑假让自己重新认识了小高，发觉小高真的长大了！

开学后，小高的精神风貌焕然一新，母子之间的沟通也顺畅了许多。

面对小高的偏激，妈妈没有指责，也没有讲"大道理"，而是把拉近母子间的距离放在第一位。孩子的内心能感受到爱和安全感时，就会更通情达理。

◎ 坚持底线，避免被情绪操控

虽然孩子的情绪和报复心理通常可以理解，但并不意味着他们的要求都合理，或者都应该被满足。尤其当孩子的期待和要求不切实际时，家长更应该坚守底线。哪怕家长犯了错，也应提醒自己不要因为心怀内疚而过度取悦或迁就孩子。家长坚守底线，避免被情绪操纵，才是对孩子真正负责。

小超经常向妈妈要手机。但到了约好的时间常常又要不回来。

这一次，小超又向妈妈要手机。

"你上次没有遵守承诺。妈妈说了，只有你遵守承诺，才能把手机借给你，你明天再试吧。"妈妈拒绝了。

"凭什么你能玩，我就不能！"小超明显不满意。

"那是因为你是未成年人，等你长大后可以买自己的手机，但不是现在。"妈妈说。

"哼，你不给我手机，我也不让你玩！"小超生气地走开了。

晚上，妈妈发现手机充电器被小超扔到了马桶里，已经坏了。

强烈的愤怒情绪涌上心头，但妈妈最终还是冷静了下来。

"小超，你的做法让妈妈感到伤心……妈妈知道你很生气，但你生气的行为并不会改变妈妈的决定。"妈妈坚定地说。

慢慢地，经过妈妈的坚持，小超在使用手机时更自觉了。

妈妈控制住了自己强烈的反击欲望，没有让自己卷入报复循环。同时妈妈也坚持了底线，避免被小超的情绪操控。该遵守的底线一定要坚持，这才是妈妈对小超真正负责和尊重。

◎ 不轻易介入孩子之间的争执

多子女家庭里，家长对待孩子态度各异、厚此薄彼，是孩子产生报复情绪的重要来源。德雷克斯认为，如果家长平时把孩子当成一个"群体"看待，平时不轻易介入孩子之间的争执，就能有效防止孩子因家长的"不公平"而产生报复心理。

爸爸回家看到满地的纸屑，不高兴地问："这是谁干的？"

"不是我，是妹妹干的。"哥哥抢先说。

"不是我,明明是你剪纸的时候弄的!"妹妹不服气地说。

"不是我……"

兄妹俩互相指责,爸爸头疼不已。

实际上,这件事情爸爸很难判断清楚。因为无论怎么判,总有人不服气。爸爸只需要把他们当成一个群体。告诉他们"你们是一个团队,我不管你们谁干的,请你们一起合作清理干净!"即可。

 本章思考:

生活中什么情况最容易激发孩子的报复心理?

如何区分孩子的行为目的是报复还是争夺权力?

面对孩子的报复,家长最容易犯的错误是什么?

最需要做的是什么?

第7章
不良行为目的5：
过度追求人际认可

进入青春期后，孩子最大的动力来源不再是寻求父母的关注，而是逐步转向以同伴为主的人际认可。他们会有意识地远离父母，急切地希望通过周围人来了解"我是谁"，试图找到自己在群体中的定位。他们会细细观察别人对自己的印象和评价，还会采用各种方式包装自己，彰显自己的与众不同，设法吸引他人的关注和认可，以获得归属感和价值感。

如果上述过程因不被家长理解而受阻，或者因为种种原因，孩子把追求他人的人际认可当成实现自我价值感和归属感的唯一途径，那么随之而来的，就是他们各种各样的不良行为。

放学后，上初二的小侯、小程正和班里几个男生女生一起打篮球，大家玩得很开心。

小侯平时就喜欢篮球，打得也不错，他酷炫的上篮动作赢得了同学们的一阵赞叹。

"你刚刚这个上篮动作犯规了。"小程对小侯说。

"咋犯规了？你不懂就不要乱说！"小侯一边说一边再次表演了一个上篮动作。

"哇，你好棒！"看到小侯上篮进球了，旁边的女同学赞叹道。

"好啥呀，他那是瞎打，运气好。"小程在一旁轻蔑地说。

"你说啥，我不会打球？"小侯生气地放下球，逼近小程的脸。

"你就是不会打球，咋地？"小程强硬地回应道。

"你是不是找打！"小侯掐住小程的脖子，两人扭打在了一起。

"吃饭了，小月，再不出来上学就要迟到了！"妈妈布置好餐桌后大声喊着15岁的女儿。

"我在找衣服呢！"小月回答。

"怎么这么久？"妈妈很疑惑，"你穿前两天刚买的那件卫衣不就行了吗？"

"我不想穿。"小月从卧室出来一脸烦躁。

"为什么？"妈妈问。

"同学说那件衣服不好看……我把它收起来了，再也不穿了！"

妈妈忽然明白了：难怪小月从昨天放学回家就一直不高兴，问她原因也不说。原来是因为这个！

看到小侯享受着周围人的赞扬，小程内心有说不出的羡慕。小程希望通过挑毛病、贬低对方来平衡内心并获得他人关注。但当众被贬低，这是小侯绝不能容忍的。小月很在意外界的评价，因为同学说自己刚买的衣服不好看，她不仅因此否定了自己的选择，还严重影响了心情。

小侯、小程和小月都在过度追求人际认可。进入青春期后，未成年人亟须探寻一系列关于"自我"问题的答案。比如"我是谁？""我在群体中的位置是什么？""未来我要怎样实现自我价值？"……要回答这些问题，他必须仔细观察外界对自己的评价。

人际认可对青春期的孩子而言非常重要。此时，他们已经把寻求认可的重点从父母转移到了同伴，他们迫切希望自己在别人眼里是"重要的"。他们尝试从外在人际评价中认识自己，探寻自我定位，最终找到属于自己的价值感和归属感。父母理解这一点并顺势而为，亲子关系才会融洽，否则双方就会陷入紧张或对抗中。亲子关系紧张还会把孩子推向真正的不良行为：过度追求人际认可。

那孩子过度追求人际认可的原因有哪些呢？

孩子过度追求人际认可的原因

◎ 青春期心理

进入青春期后，未成年人心理状态最明显的变化是自我意识空前高涨。自我意识是一个人对自己身心状态的各种认识、体验和愿望。人的自我意识会经历两个"飞跃"期，第一次出现在婴幼儿期（1~3岁），家长会发现，这个阶段的孩子特别想自己做主，喜欢说"不"。

青春期是人的自我意识的第二个"飞跃"期。此时，未成年人开始强烈关心自己，关注别人如何看待、评价自己。他们还会理所当然地认为别人也在关注自己的一举一动，由此造成诸多误会和困扰。

小柔从小是一个开朗活泼，无忧无虑的女孩。但自从上了初中以后，开始变得敏感起来，在人多的地方就会感觉不自在。

她坐在教室前排，没有安全感，总感觉后面有很多双眼睛在盯着自己。大家偶尔在背后说一些笑话，她也会觉得可能是在嘲笑自己，因此感到十分苦恼。

小柔的苦恼其实是青春期高自我意识的表现。这种因高自我意识而产生的"别人时刻在关注自己"的错觉，被称为"观众效应"。虽然小柔通过理性分析也知道这种感觉可能并不真实，但它仍旧挥之不去。这种敏感心理也是中学生出现困扰的重要原因。

◎ 自卑与羞耻感

当孩子存在强烈的自卑与羞耻感时，他们可能会下意识地怀疑自己。只有持续获得他人的关注和认可才会让他们感到安心，证明自己是有价值的。

在一档关于亲子关系的电视节目中，鼓励孩子向父母倾诉自己的真心话。有个男孩的话让人印象深刻。

他对妈妈说："你为什么是个清洁工，别人的妈妈来学校都是光鲜亮丽，而你穿着工作服邋里邋遢的，你知不知道这样让我感觉很丢脸。"

听到孩子说出这样的话，大人们都会不舒服。然而这种心声却真切地反映出男孩在探寻"我是谁"过程中的心理困境。他们希望维护自己的形象以获得同伴的认可。家长更应思考如何教育引导，而不是批评想法是否应该。

◎ 父母教育方式不当

家长追求完美，就会在教育中时刻扮演"挑错者"的角色。这可能会让孩子也习惯对自己高要求，力图在人际交往中维护自己的完美形象，因而过分在意他人认可。而当父母过于严厉刻板，孩子会一直生活在紧张和恐惧中，习惯通过迁就、讨好来获得他人认可。

> 妈妈对小曾的培养一直非常严格。上初中后，更是努力让小曾的日程安排实现"无缝对接"。这天，小曾软磨硬泡说要去和闺蜜出去玩一会儿，妈妈好不容易松口答应了。
>
> 然而到了约好去接她的时间，妈妈却怎么也联系不上小曾了。妈妈急疯了，发动全家一起找。几天后，妈妈得知小曾和闺蜜两人已经跑到了几百公里外的一座城市。
>
> "我准备和闺蜜一起出门打工不回家了，家里没人理解我。"被找到后，小曾说。
>
> "你就是被别人带坏的，早知道就不该让你俩来往！"妈妈恨恨地说。

小曾真的是"被带坏"了吗？并不是。妈妈的照顾看似无微不至，但小曾的情感需要却宛如荒漠中渴望雨露的树苗。在小曾看来，闺蜜是唯一能够理解她的人。

有些家长在教育过程中一味地教孩子要谦让、懂事，这使得孩子下意识地认为，别人的感受和需要更加重要。他们习惯了压抑自己的需要去迎合他人，反而因此失去个性，得不到大家的认可。

从小被过度保护的孩子会逐步形成"我很弱""我能力不足"等信念，从而过度依赖他人。有的父母本身内心比较脆弱，孩子从小需要"照顾家长"。长大后他也会通过"照顾"他人来获得认可。还有些父母在教育中把"面子"放在首位，忽略了孩子的真实个性和需要。孩子长大后，也可能会习惯以他人的期望作为行动方向。

四年级的小姜哭哭啼啼回了家。

"妈妈，他今天又打我了！"小姜眼泪汪汪地看着妈妈。

妈妈正和朋友聊天，转过身来，一脸不高兴：

"哭什么哭，打不过就算了，还有脸哭着回家，真不嫌丢人！"

如果妈妈都觉得自己"丢人"，小姜长大后怎么会有动力去勇敢捍卫自己的权利呢？

◎ 孩子的交际圈过于狭窄

孩子朋友太少，因此他就会特别重视和珍惜自己"所剩不多"的友谊，从而对朋友的一切都过度在意。

16岁的小雅从小就很腼腆。她朋友很少，整个初中期间都几乎只和一个朋友玩。

上高中后，小雅在新学校很难适应，她唯一的快乐就是周末去找初中的朋友。

每次和朋友分开，对小雅而言都非常痛苦。为了让朋友开心，她省吃俭用送对方礼物，经常迁就对方的情绪，只要对方有要求，她都会尽量满足。

妈妈有次和小雅争吵，生气地说："为什么你朋友说什么都行，我说什么都不行？"

小雅说："是啊，我就是离不开她！"

实际上，小雅依赖朋友的根源是对自己的不自信。妈妈只有激发她的勇气和自信，才能真正帮助她。

◎ 多元价值观的冲击

进入青春期后，孩子的生活环境更加复杂，他们接触的价值观也变得更加多元。有些价值观不仅让青少年感到新鲜刺激，还满足了他们追求自由、彰显个性的梦想。因此，他们会很渴望融入某个群体，寻找"成功"和"归属感"。

> 15岁的小徐看到朋友手臂上有一条虎形花纹，感觉十分炫酷，让他羡慕不已。于是他也带着满腔热情，偷偷拿着自己的压岁钱和文身师软磨硬泡，在自己手臂上文了两只又大又黑的蝎子。
>
> 妈妈见了觉得一阵眩晕。
>
> 当小徐知道文身去除很难，而且可能会留下永久疤痕影响未来就业时，懊悔地说："当时就觉得好看，没想过这些。"

好在，给未成年人文身的服务现在已经被国家明令禁止了。但和小徐类似，通过抽烟、喝酒、染发、奇装异服等方式来获取他人关注和认可的中学生仍然不少，这需要家长和学校花时间加以引导。

过度追求人际认可的表现

青少年一旦过度追求人际认可，就可能引发多种不良行为。具体有哪些表现呢？

◎ 过分在意自己外形

探索自己是青春期未成年人日常生活的一部分。有些青少年把"探索"的重点放在了琢磨自己的长相上，他们希望通过"完美"的外表来吸引他人的关注，获得同伴认可。因此，他们对外形上的"瑕疵"非常在意，甚至因此感到自卑。

> 14岁的小刘正在上初二，从小就有很多长辈和同学夸她长得漂亮，小时候她并不在意甚至还会因此觉得尴尬。但自从上了初中后，小刘对自己的长相开始关注起来，平时闲下来，最喜欢的事情就是照镜子。
>
> 她会细细端详自己脸上的每一个部位。时间久了，她开始对其中一些部分不太满意：有时候她觉得眼睛再大一点就好了，双眼皮还不够"双"，鼻子不够"挺"，嘴要是再小一点才更"完美"……
>
> 自从发现自己相貌的各种"瑕疵"后，小刘慢慢变得不自信了，烦恼也多了起来。同学们议论长相时她会非常敏感，她开始抱怨父母把一些"不良"基因遗传给了自己，甚至设想着假期让妈妈带自己去做整容手术。

无论多美的容貌都难免会有瑕疵。当小刘以极度挑剔的眼光来看待自己的长相时，强烈的负面暗示让她背上了沉重的思想包袱。个别青少年甚至会因此掉入"丑陋幻想症"的陷阱。

◎ 虚荣心强，盲目爱面子

爱面子是青春期孩子常见的心理特征之一。"面子"代表着人际认可，这是他们确认自我价值的重要"证据"。但盲目攀比、爱面子可能会加剧亲子关系的紧张，给未成年人的健康成长带来阻碍。

"小雯，你的生日快到了，你希望怎么过呢？"小雯放学回家，妈妈试探道。

"咱们能去上次我同学办生日宴会的酒店吗？"小雯期待地说。

"啊？你同学上次的生日宴会太铺张浪费了，咱家的情况和他们家不一样……"没想到小雯会提出这样的想法，妈妈试图说服她打消念头。

"不，我就想去那儿过！"小雯噘着嘴，一脸不高兴，"你要是没钱，我把所有的零花钱都给你，总行了吧！"

"不仅仅是钱的问题，我觉得那样没必要。"妈妈坚持自己的想法。

"哼，在你看来这也没必要，那也没必要！我同学都在酒店办生日宴会，我只能在家，我和她们在一起都快抬不起头了！"小雯跑进卧室，重重地关上了门。

同学们的生日宴会很奢华，小雯希望自己也不要"落伍"。殊不知这种盲目攀比早已偏离了生日聚会的本来目的，不仅无法带来真正的友谊，还会让家庭背上沉重的经济压力。

◎ 过分在意外界眼光和评价

中学生处在自我同一性发展的关键期，他们尚未建立稳定的自我评价体系，因此会把周围人当成认识自己的"镜子"。"镜子"里的任何变化都可能会对他们产生影响。

> 上高一的小洁中午放学后脸色很不好，妈妈问她是不是因为考得不好。
>
> "不是！"小洁说着把成绩单拿给妈妈看。
>
> "考得不错啊，这是你最近考得最好的一次了吧！"妈妈高兴地说，"那你为什么不高兴呢？"
>
> "她们在背后议论我，说我考得好是作弊抄的，可我明明没作弊啊！"小洁委屈地说。
>
> "他们那是嫉妒你呢，咱不跟她们一般见识！"妈妈宽慰道。
>
> "她们背后议论我，全被我听见了，我走进教室的时候，她们还用奇怪的眼神看我。那个平时和我关系好的同学也跟她们一起。哼，亏我平时对她那么好！"小洁愤怒地说。
>
> "或许你可以私下和她解释一下。"妈妈建议。
>
> "我才不想再理她！你帮我请假吧，我下午不想见到她们。"
>
> 妈妈叹口气，只得帮小洁向老师请假。

小洁因为考得好而遭受同学的猜疑和非议，这让她感到愤怒和委屈。然而，她选择逃避恰恰说明她的内心不自信，对外界的眼光过度在意。

◎ 关系中讨好迁就

有些孩子在成长过程中习惯压抑自己的真实想法和情绪，对他人过度讨好迁就，不懂拒绝，希望用这种方式来获得他人的认可。

小段在学校经常默默地帮助老师和同学做事，有人请他帮忙，他再忙也从不拒绝，哪怕自己熬到深夜。

班主任提醒说："小段，老师觉得你平时积极替别人着想是好事，但你也要为自己想想，不要过分委屈自己哦。"

"没事，老师，我都习惯了！"小段回答。

小段这种压抑自己，过度迁就他人的关系模式往往与成长环境有关。这种模式因为经常获得外界赞扬而被强化，如果持续发展可能成为一种性格倾向。

◎ 适应困难，逃避社交

人际交往中，孩子的自卑心理会像"滤镜"一样，驱使他悲观地揣度他人的想法，放大自身的缺点，对外界的负面评价"灾难化"。因此，在适应新环境时，他们往往背负着巨大的心理负担，甚至产生逃避心理。

小普上初中时成绩优异，一直稳定在全校前五名，是学校老师经常表扬和夸奖的对象，也是全校同学心目中的榜样。

但自从顺利考上省重点高中后，小普慢慢发现自己过去的"光环"似乎一去不复返了。他加倍努力学习换来的仍然只是班里的中等水平，由于过去只重视学习，自己的人际交往能力一般，他常常感觉自己在班里没有存在感。

看到其他同学在教室里一起谈笑风生，他经常沉浸在过去辉煌的初中生活回忆中，怀疑自己上了高中后是不是"变笨了"。然而越是这样，他发现学习越来越吃力，脾气也变得暴躁起来。

最近因为与宿舍的同学频繁发生矛盾,他回家后拒绝再上学。"现在的班里根本没有我的位置!"小普愤怒地对妈妈说。

小普背负着初中时的"光环",让他对新环境抱有不切实际的期待,因此很容易感到失落。心中的失落不满加上人际交往信心不足,导致他想要逃离。

◎ 人际盲从

人际盲从是青少年过度追求人际认可最直接的体现。进入青春期后,不少孩子在一起时,乐于分享对付父母和老师的"成功"经验;有的开始模仿各种不良行为习惯,如抽烟、喝酒、进出娱乐场所等;有的为了讲"义气",协助同伴撒谎、欺骗甚至为了同伴铤而走险,触犯法律。

上高二的小杨假期去找朋友玩。朋友正和另一个社会青年在玩台球。双方认识后开始一起玩。打完台球,朋友建议一起去网吧上网。

三人走在路上,忽然看见一辆崭新的摩托车停在路边。

"这摩托车真酷!"小杨由衷地赞叹道。

"你喜欢?"社会青年扭头问他。

"是啊,去城北没人的路上开一定很爽!"小杨说。

"是啊!"社会青年顿悟似的说,"这可比去网吧好玩多了!我们把它拉走吧。"

"啊?"小杨和朋友惊讶地问"怎么拉走?"

"很简单。"社会青年说,"我叔的车钥匙刚好在我手里,我去把车开过来,这个车不大,我们把摩托车放在车后备箱,然后回家把锁锯开就行了!"

"这能行吗?"小杨和朋友不太敢。

"嗨，怕什么，这儿又没有监控，我们趁没人一起把车抬进后备箱就行，你们在这儿等着我，我去开车，一会儿就过来！"

虽然小杨和朋友觉得这事有点"不太对劲"，但三个人还是实施了这个计划。

几天后，三人被警察抓获。

小杨后来说："当时也没细想，就跟着这么做了。"人际盲从会冲淡青少年的是非观念，让他们怀有侥幸心理："大家都这么做，出了事情又不是我一个人的责任。"或者"大家都这么做，我要是拒绝，别人会怎么看我？"这是青少年触犯法律最重要的原因之一。

过度追求人际认可的观念及判断方法

过度追求人际认可的青少年，他们背后的观念是：只有外界（尤其是同伴）认可我，我才是有价值的，我的内心才能有所归属。

寻求外界关注和认可，是青春期心理正常发展的结果。那么，如何判断他们这一行为是否过度呢？

◎ 依据"常态"和行为客观后果判断

当孩子出现追求人际认可的行为时，家长可以思考：他的行为是否有客观理由？是否与大部分同龄人的行为相符（符合主流常态）？如果孩子因为追求他人认可，行为客观上给自己或他人的生活带来了伤害后果，那就应该考虑他们的行为是否过度了。

◎ 从家长的感受和下意识行为来判断

孩子过度追求人际认可，家长的感觉可能是：

孩子"变"了。如：对家人与外人态度明显不一样。

困惑与失落。如："别人对他怎么那么重要？"

强烈不安全感。如：担心这样下去"他会不会学坏？"。

上高一的小周跟爸爸说要请两个朋友来家里玩。爸爸对小周的人际交往一直都比较支持。为了让小周和朋友在家玩得开心，自己早早出去买菜准备。

正在厨房炒菜的爸爸听到开门的声音，赶忙迎了上去。

打完招呼后，爸爸观察到小周的两个朋友让自己有些"不喜欢"：不仅头发都染成了黄红色，还戴着耳钉，穿着破洞裤，行为举止也有些过分随便。

吃完饭后，小周与朋友在客厅打电子游戏，爸爸观察到两个朋友开始抽烟，一边玩游戏，一边说着各种不堪入耳的脏话……

等两个朋友离开后，爸爸和小周说："这两个人不行，你以后不要再和他们来往了！"

但小周生气地和爸爸吵起来："你凭什么阻止我与他们交往？你不是教育我不要以外貌判断一个人吗？"

一个月后，小周因为参与打架被警方拘留。爸爸懊悔地说："我早就让他不要和这两个人来往，但没办法阻止啊！"

爸爸对小周的担忧是合理的，但并未采取合理的方式进行干预。爸爸命令小周与朋友断绝关系，反而激发了他的逆反心理。家长在困惑、不安感受的驱使下，会下意识地想要增加对孩子的掌控，但困难重重。

◎ 从孩子的下意识反应来判断

孩子过度追求人际认可，往往说明他内心早已对家长产生了不信任。因此面对父母强硬的干预，孩子往往会很愤怒、逆反。他们会尝试把自己"包裹"得更紧密，防止父母试探，在更加疏远父母的同时，也会对人际认可更加渴望。

> 小青上高中后和一个"学习很差"的朋友关系特别好，影响了学习。
>
> 妈妈知道后，态度强硬地说："现在交朋友都是假的，只有亲人才是真的，等你们毕业了就知道了。我不许你们再来往，如果你们再来往，你知道后果是什么！"
>
> 小青知道妈妈的脾气，不敢硬来。但一直与朋友偷偷保持着联系。
>
> 让妈妈困惑的是，小青与父母的关系越来越疏远。

妈妈命令式的干预方式，并未挽回小青的心。反而让小青对妈妈更加排斥，对朋友更加依赖。家长需要通过合理的方式，让孩子重新认识家人和外界人际关系对自己的不同意义，逐步回归正常的人际模式。

◎ 使用猜测式提问

通过猜测式提问（见第4章中"使用猜测式提问"有关内容），家长可以更加确认孩子是否在过度追求人际认可，并根据情况加以引导。比如：

> "对你来说，他们是很重要的朋友是吗？他们的态度对你非

常重要,是吧?"

"你不去上学,是因为担心同学们在背后议论你,是吗?"

"你不敢拒绝,是因为担心大家会生气,因此离开你,是吗?"

"你催妈妈赶紧回家,是不是觉得妈妈会让你在同学们面前很尴尬?"

"你是不是觉得只有自己穿得好看了,别人才会喜欢你?"

如何应对过度追求人际认可的孩子?

孩子过度追求人际认可,往往与亲子关系紧张、家长引导方式不当有关。那么作为家长,察觉到孩子在过度追求人际认可时该怎么做呢?

◎ 保护孩子尊严,人前不要与孩子"较劲"

青春期的孩子很在意自己的尊严以及在群体中的"面子"。因此,家长应该顺势而为,主动维护孩子的尊严,不应该在人前伤害孩子的自尊。如果发生冲突,家长应主动退出冲突,等孩子冷静下来再进行合理引导。

> 爸爸发现14岁的小琪最近和一个叫小雷的同班同学关系非常亲密,两人走在路上一起打闹,有些超出了"尺度"。爸爸不动声色,决定先和小琪谈谈。
>
> "我看到今天你和一个男同学一起走回来,聊得很开心呢。"等小琪晚上写完作业后,爸爸试探地说。
>
> "嗯,那是我们班的小雷,不知道怎么回事,最近就喜欢跟我一起玩,经常会突然从我身边冒出来。"小琪说。

"他这样会打扰到你吗？"爸爸问。

"还好吧，可能有一点。有时候我会生气。"

"根据爸爸的经验，男孩经常出现在女孩面前，或者故意招惹一个女生，有可能是他想吸引你的关注。也就是说，他可能内心对你有些好感。"爸爸说。

"啊？"小琪有些惊讶。

"那你喜欢他吗？"

"我就觉得他会打篮球，还挺帅的，别的就没什么了。"爸爸松了口气，看来小琪还没陷入感情。接下来，爸爸和小琪一起探讨了未来学习的目标，学习的重要性，恋爱需要的条件，尤其是事业心和责任心对男性的重要性，以及恋爱可能对学习和未来产生的影响。

"我也不想现在谈恋爱，但如果小雷来找我该怎么办呢？"小琪问爸爸。

"你之前是怎么做的呢？"

"我以前就是不理他，他也就慢慢不来找我了。"

"嗯，不理他是一个很好的办法。如果他向你表白，你可以告诉他：'我现在不想考虑这些事情，想好好学习，我未来喜欢的男生也肯定是努力学习、有责任心的。'这样不会让他感觉没面子，你说呢？"爸爸说。

几天后，小琪告诉爸爸："小雷真的向我表白了！我把你教我的话告诉他，他没有不高兴，还说以后要多学习呢。"

爸爸并没有急着给小琪贴上"早恋"的标签，而是先详细了解情况，并且在不破坏亲子关系的情况下，提前教会小琪应对的方法，不仅巧妙地化解了一场关系危机，还让小琪获得了解决问题的成功经验。

◎ 了解青春期的相关知识，及时更新观念

追求同伴认可是青春期的正常表现。但家长对孩子变化的觉察往往比较滞后，因而容易产生误解。实际上，多数情况并不是孩子突然变了或故意针对家长。及时更新知识和观念，接纳孩子的正常行为变化，家长就能减少很多不必要的焦虑、愤怒和无助。

14岁的小蕊因为不听话，被妈妈带过来见心理咨询师。

"我觉得她越来越不听话了，别人说什么可在意了，但我说啥她似乎都不当回事，以前她可乖了。所以我让她过来看看心理医生，是不是有问题。"妈妈对咨询师说。

实际上，小蕊没有问题，有问题的是家长。进入青春期后，小蕊会在意他人的评论，逐步疏远父母，这是非常正常的。只不过妈妈对孩子的心理发展并不了解，还在用对待儿童的眼光看待她，当然会觉得有问题。

◎ 反思自己的教育方式

孩子过度追求人际认可时，家长应反思自己是否存在过度控制、刻板苛责、粗暴干涉、压制孩子天性等情况。这些错误的教育方式不仅会造成亲子关系紧张，还会阻碍孩子自我意识的发展，埋下依赖、自卑、讨好等性格方面的隐患。

17岁的小文即将去外地上大学。临行前妈妈拉着她的手说："你爸爸去送你，妈妈很放心，但这些天我一直有几句话想和你说。"

"哎呀，妈，你这么严肃吓到我了，有什么话你说吧。"小文调皮地说。

"妈妈从小就教你要懂事、要体贴别人。这几天我观察你和朋友们的相处，发现你经常会委屈自己迁就别人，妈妈很心痛。我想这是我的教育方式出了问题，我以前太要面子了！"妈妈擦擦眼泪继续说，"妈妈其实希望你更多地照顾好自己，不要老想着别人……"

小文后来在日记中写道："妈妈对自己的教育方式一直是非常自信和骄傲的。没想到她竟会有这样的自我反省！确实，她过去的苛责曾让我深感自卑，我又没法和她沟通这些困扰……这是我第一次感受到她无条件的爱。她的话让我真正释怀了。"

虽然小文已经快成年了，但妈妈的反思还是对她产生了深远且有益的影响。

◎ 有质量陪伴，确保孩子感受到无条件的爱

父母无条件的爱才会给孩子带来真正的自信和力量。咨询工作中我们发现，孩子过度追求外在的人际认可，很可能是因为在家里感受不到爱。如果家长过分强调学习，忽略了孩子的情感需要，他们就会渴望获得外界关注和理解，以弥补内心的缺失。

家长有质量的陪伴（见第2章中"有质量的陪伴"有关内容）和无条件的爱不仅能有效地预防这种缺失，还能让孩子在人际交往中保持理性和底气。

◎ 和孩子一起建立交友行为规则

孩子进入青春期后，父母应坦诚接纳人际交往对他的重要性。为避免与孩子产生矛盾，父母可以通过一对一沟通、家庭会议等方式提前与孩子一起制订日常交友的行为规则。这些规则应该包括：什么样的人值得交往

和信赖、应该警惕和远离哪些人、哪些是不能突破的底线、晚上回家的时间、紧急情况如何求助等。

在一次家庭会议上，全家人在讨论小烨有时候参加同学聚会回家太晚的问题。

"你回来太晚，不仅影响自己的休息，还会让我们跟着担心，我觉得不能再这样下去了。"爸爸说。

"我又没让你们等……"小烨试图解释。

"你是说过让我们先睡，但你知道，你不回来爸妈是不可能睡得着的。爸妈不是反对你外出交往，但必须要有一个底线。"

"那我争取9点半之前回家吧。"小烨说。

"啊？9点半我都要睡了，你回来会吵醒我。"妹妹说。

"9点半如果大家都没走，我没法走呀。"小烨说。

"这样吧，如果是小聚会，你9点之前必须回家。要是很多同学一起的大聚会，你必须10点半之前回来，而且提前电话通知我们，尤其是有特殊情况的时候。"爸爸提议道。

"我觉得这种大聚会，每年不能超过3次。否则就会被滥用。"妈妈说。

最后，全家人终于达成了一致。

制订的原则要经过全家人（尤其是孩子本人）的同意。规则要合理，不应过多过细，缺乏可行性的规则反而会让双方受挫。规则一旦制订，要坚持到底逐步形成惯例，不合理的规则应及时通过讨论调整。

◎ 对原则、底线坚持到底

与孩子协商好人际交往的原则后，遇到孩子想要突破规则的情况，应坚持底线。避免指责或进行"有罪推断",只需提醒孩子:"按照惯例,你该怎么做呢?""按照约定,你该几点回家?"以减少亲子之间的对抗和权力之争。

"妈,我今天可以回来晚一些吗?"高一的小雨在电话中问妈妈。

"为什么呢?"

"今天同学过生日,他们想要一起玩通宵,我9点半前回不来。"

"嗯,妈妈也觉得和同学们一起玩通宵是一件很吸引人的事情。但我们上次开会讨论的时候,一致同意不允许在外面过夜的。"妈妈提醒说。

"是,可是这不是情况特殊吗?"小雨说。

"那有别的办法吗?上次我们同意,如果情况确实特殊,可以晚一小时回家,是吧?"

"是呢,不过我怕10点半也回不了家。"

"既然我们已经商量好了,就应该遵守。我们考虑一下,如果同学问起来,你该怎么向同学解释呢?"

"我不知道怎么说。"

"要不妈妈过来接你,你就和同学说妈妈来接你了,怎么样?"

"别,还是我自己回家吧,我就说我要回家喂猫,猫这几天不舒服。"

"好的,那我们说定了,妈妈等你10点半回家。"

妈妈坚持了原则和底线,这有利于小雨明白承诺、原则和责任的重要性。如果孩子突破了原则,家长事后应及时和孩子沟通原因,讨论如何避免类似情况再次发生。如果家长对原则问题不坚定,孩子就可能不断试探底线，甚至放弃自我管理，出现严重的越轨行为。

◎ 观察变化，为孩子搭建人际交往平台

孩子进入青春期后，在交友方面会有意识地回避家长。有些家长很苦恼："他交啥朋友根本不和我们说啊！"如果孩子在人际关系方面完全屏蔽了家长，家长就失去了引导孩子的机会。此时，家长应细心观察孩子的变化，积极为孩子的交往搭建平台。

> 小樊上初中后特别喜欢和同学、朋友出去玩，但爸妈想要打听他的人际交往情况十分困难。小樊很警惕，经常用"嗯""哦""没事"搪塞过去。
>
> 爸妈商量后，决定改变策略。他们主动邀请小樊的朋友来家里玩，不仅不干预他们的活动内容，还热情提供"后勤服务"，经常在他们玩完之后一起聊天。小樊的朋友们开始喜欢过来玩，而且很坦诚地回答各种"家长提问"。
>
> 爸爸还经常接送小樊参加各种活动或者去别人家玩，回家的路上小樊经常会和爸爸聊起刚刚和朋友相处的情况，爸爸会认真倾听，并给出自己的想法和建议。
>
> 其他家长向小樊爸爸"取经"时问："我也邀请过孩子们来家里玩，但是他们的想法、行为常常让我觉得很生气，我后来就不想让他们过来玩了。这一点你怎么能受得了？"
>
> "我也不喜欢孩子们的一些想法。但'不赞同'总比蒙在鼓里强吧。"小樊爸爸说。

小樊爸爸说得很对。青少年的某些言行一定会让父母不喜欢，但不赞同好过"被拒之门外"。家长被蒙在鼓里就失去了在孩子出现人际困扰时

给他"参谋"的机会。工作中我们发现,很多孩子出现严重越轨问题,家长们往往事先都被蒙在鼓里。

本章思考:

孩子进入青春期后,过度追求人际认可的原因有哪些?

孩子讨好迁就他人,家长应该如何引导?

孩子出现人际盲从时,家长如何让他了解到这一行为的危害?

第8章
不良行为目的6：寻求过度刺激，释放情绪压力

在儿童青少年咨询中，我们接到父母最多的"投诉"与手机有关，"孩子不想写作业，拿起手机就放不下""让他放下手机就发脾气""孩子熬夜看手机，晚上不睡"……这些当然与手机本身的吸引力、家长的教育方式不当有关。但我们很容易忘记去思考：孩子为什么会这么容易沉迷刺激？背后的深层次原因是什么？

在现代社会，家长不可能让孩子与各种刺激隔离。而要将孩子对刺激的需要限定在适度范围内，就绝不能仅仅依靠外力。因为喜欢新鲜刺激是人的天性，到了青春期，孩子对刺激的渴望更会达到一个高峰。此时家长若不懂孩子，怎么可能在这场"刺激"大战中获胜呢？

16岁的小胡高中休学一年，跟父亲来到省会城市一个工地打工。一开始小胡很兴奋，觉得终于不用再坐在教室枯燥无味地学习了。

然而，残酷的现实很快就让小胡大失所望。工地的生活不仅单调重复，而且繁重辛苦。更让小胡难以忍受的是，每天都要早出晚归，白天除了吃饭，很少有休息时间，更别提娱乐了。

好不容易熬了一个星期，小胡感觉自己已经撑不住了，但又不敢和爸爸说，要知道，正是自己向爸爸主动要求休学出门打工的，而且信誓旦旦地保证再苦再累也会坚持。如今才干了一个星期就打退堂鼓，小胡实在张不开口。

晚上下班后，有工友悄悄问他："一起去网吧吗？"

"网吧？"小胡一听马上来了精神，"去去去！"

本来两人计划到晚上12点就回去睡觉休息。但到了网吧，小胡如鱼得水，根本就收不住。两人一直上网到天亮才恋恋不舍地放下耳麦，悄悄回到工地上。

第二天上午，爸爸发现小胡有些不对劲。不仅精神恍惚，而且嘴里念叨着有人跟踪他。爸爸上前问小胡："你咋了？"小胡定了定神说："没啥"。

下班后，两人回到各自的工棚休息。

然而，小胡晚上又去了网吧。通宵玩了一整夜，直到第二天晚上8点才跟跟跄跄从网吧出来往回走。他走到一个十字路口，突然倒地。

恰巧被巡防队员发现，队员担心他中暑，给他买了矿泉水。

没想到小胡突然爬起来，冲向围观的一个中年妇女，抓住她手里的塑料袋说："有人给我打了针，这就是毒品，我闻着味儿了！"然后又指着其他人说："安静，这里到处都有摄像头和窃听器！"

中年妇女吓得连忙后退，大叫："他是不是有精神病啊！"

巡防队员联系上了小胡的爸爸。

爸爸说："我也正在找他！他没精神病，他只是连续两夜没睡觉，身体虚脱，加上打游戏走火入魔了才导致神志不清！"

青春期的小胡正处于精力旺盛、对世界充满好奇的年龄。他本能地排斥单调的生活，渴望新鲜和刺激。工地上繁重枯燥的劳动，让他倍感苦闷和压力，亟须一个情绪出口。电子游戏带来的强烈刺激感恰好满足了这一点，结果让他欲罢不能。只不过，这种没有节制地寻求过度刺激的行为，最终给他造成了伤害。

喜欢新鲜刺激是人的天性。从出生开始，孩子就对这个世界充满好奇，外界丰富多彩的刺激也让他的心智一步步成长。到了青春期，他们对刺激的渴望达到一个高峰。身心迅速发展、荷尔蒙分泌旺盛、自我意识高涨……寻求刺激不仅能帮他们释放情绪压力，也是个性化探索的必然。

然而，凡事皆有度。一旦孩子过度寻求刺激甚至出现沉迷现象，就会给他们的身心发展造成巨大阻碍。他们可能会忘记真正重要的事情，自暴自弃甚至触犯道德和法律的底线。

有哪些原因可能会导致孩子寻求过度刺激呢？

孩子寻求过度刺激的原因

◎ 人格特质差异

因为人格特质的差异，每个人对刺激的需要并不一样。心理学家发现，在4种不同的气质类型中，胆汁质者更喜欢刺激冒险，而抑郁质者对刺激较为敏感，更喜欢安静的环境。卡特尔区分了16种不同人格特质，发现兴奋性、敢为性得分高的人往往更喜欢冒险。还有人专门区分了一种"刺激寻求者人格"（又叫"T型人格"），拥有这种人格特质的人天生喜欢追新逐异，热衷冒险，追求体力和精神刺激。

历史上著名的探险家，如郑和、徐霞客、麦哲伦等，用自己的冒险精神为人类探索、发现世界做出了重要贡献。由此可见，人格特质只是一个人的心理倾向，并无绝对的好坏之分。热爱冒险者一旦把这种特质用在有意义的创造性活动上，那么就可能获得巨大成功。只有孩子盲目地把追求某种心理刺激作为唯一目标时，才会导致一系列不良行为。

◎ 某些生理和疾病因素影响

有些孩子喜欢过度刺激可能与某些生理和疾病因素有关。比如：

多动症（ADHD）儿童常常显得过度活跃，他们可能很难安坐，注意力易分散，更喜欢追逐刺激或者被外界刺激所吸引。

有些患有自闭症的孩子可能会通过持续自我刺激来缓解焦虑不安情绪或者打发无聊时间，这种自我刺激常见有摇晃身体、拍手、击打物品、傻笑、发出怪声等。

儿童"夹腿综合征"可能与多种生理、心理（情绪）因素有关，孩子会出现夹紧双腿，过度摩擦会阴部以寻求过度刺激的情况。

如果家长发现孩子存在上述情况，应该及时寻求正规医疗机构的诊断干预。在医疗机构做出诊断前，家长不应轻易给孩子贴任何标签。

◎ 过度依赖电子产品

常见的电子产品包括电脑、手机、电视、游戏机等。它们共同的特点是能给人带来持续且强烈的感官刺激。比如电子游戏中战争、冒险等场景设置，会让未成年人的大脑产生大量多巴胺，这种神经递质制造出"即将快乐"的错觉，最终让人欲罢不能甚至成瘾。

然而，无论多么强烈的刺激，时间久了人的大脑都会逐步"适应"。一旦适应了刺激，就需要寻找更多更强烈的刺激，否则就会让人感觉"没意思"。

新冠肺炎疫情暴发期间学校没复学，小丁只能在家上网课。由于爸爸妈妈需要上班或者作为志愿者外出执勤，家里只有小丁一个人，他几乎天天与手机、电脑、电视为伴。

一开始，小丁还挺开心，觉得自己终于自由了，每天爸爸妈妈一出门，他便打开手机或者电视，非常惬意。

但时间久了，爸爸妈妈发现小丁的情绪似乎越来越低落，干什么也打不起精神来，还经常长吁短叹。

"你最近怎么了，小丁？感觉心事重重的。是因为学习压力太大了吗？"有一天，妈妈回家看到小丁正盯着窗外发呆，关切地问。

"唉，学习压力是有一点。但主要是生活没啥意思。"小丁茫然地说。

小丁一开始被电子产品强烈吸引，但时间久了，他的大脑适应后同样会产生厌倦。相比电子产品，日常生活显然更加枯燥无味。这可能会让他本能地想要寻求更多更强烈的刺激，以逃避枯燥的现实和学习压力。

暑假开始前，爸爸妈妈就计划假期带上小学四年级的小伟出去旅游。但他们一直不动声色，希望放假后给小伟一个惊喜。

小伟过去一个学期学习压力很大，作业很多加上各种补课班，几乎很少有外出娱乐时间。因此，只要有时间他就缠着爸妈要手机。爸妈很是头疼，但又没办法。

"儿子，你假期想去哪儿玩？"当小伟回到家，爸爸忍不住试探他。

"干吗要出去？我就想在家睡觉，起来玩玩手机。出去天太热又没啥意思。"小伟冷冷地说。

爸爸被小伟的话泼了盆冷水，一下子竟不知道该怎么回答。还好妈妈接过了话茬："你小时候不是一直想要去海边吗？"

"那是我小时候，我现在不想去了。不就是一片水吗？有什么好玩的！"小伟又是一盆冷水。

爸妈很困惑：小伟这是怎么了？

爸妈并不知道小伟过度依赖电子产品带来娱乐的后果：因为长期浸泡在强烈刺激中，他逐步失去了对日常生活刺激的敏感性，甚至慢慢丧失了自己创造快乐的能力和愿望。这也是现代人面临的普遍困境：过度依赖某种"设备"让自己快乐，一旦离开了"设备"，感受到的就只有无尽的空虚和迷茫。

◎ 情绪压抑和压力过大

青春期的孩子本身就很容易积攒情绪。家长控制欲太强、忽略孩子的情感需要、亲子关系紧张以及生活过于沉闷单调，都可能会导致孩子情绪压抑。情绪在缺乏合理"出口"时，他们可能会通过寻求过度刺激来宣泄。

一天，派出所民警接到小区居民报警称，有人在小区私拉电闸，严重影响了居民的正常生活。民警经过调查，很快找到了"违法人员"，原来是几名在校中学生。而且他们"作案"的小区还不止一个。

他们为什么要私拉小区电闸呢？他们说平时学习太压抑，生活太无聊了，这么做就是为了"刺激""好玩"。民警对他们进行了严肃的批评和教育。

近年来学生压力过大一直是社会的热门话题。有些家长为了让孩子在竞争中胜出，不断盲目加压，使孩子长期处于紧张焦虑状态，在巨大压力下，他们可能会寻求强烈的刺激来释放压力。

15岁的小龚近来持续做噩梦，早晨不愿意起床，白天无精打采，还常常乱发脾气。妈妈很担心，带她来看心理咨询师。

当心理咨询师问小龚有什么爱好时，小龚神秘地说："看鬼故事！"

"为什么会喜欢看鬼故事，你不害怕吗？"

"害怕是害怕，不过看完之后感觉很刺激，特别解压！我们很多同学都看呢！"小龚说。

小龚试图通过"看鬼故事"解压，但过于强烈的刺激反而给她带来了新的压力和困扰。每个孩子都需要合适的途径来解压，让情绪压力有个出口。

◎ 情结反应

"情结"是指一个人存在某种强烈的下意识冲动或情绪，它们往往与过去某个情境相关。比如,过去未能实现的强烈愿望,在条件改善时下意识对自己进行补偿;对过去某个场景念念不忘,而下意识重复体验同一场景。

> 15岁的小莎特别喜欢玩过山车,越刺激越能吸引她。她的大胆引起了父亲的不安,因此带她去看心理咨询师。
> 心理咨询师通过和小莎深入交流,发现原来小莎在体验一种特别的感觉。小莎小的时候妈妈曾带她一起坐过几次过山车,那是她记忆中珍藏的美好回忆。妈妈离开后,小莎下意识地想通过这种方式重温妈妈的感觉。

在小莎的内心,妈妈就是一个情结。但现实中却又无法企及,她只有通过重温与之相关的场景来获得安慰。

◎ 父母引导和约束不当

青春期的孩子喜欢刺激并不奇怪,如果父母能够在合理引导的基础上坚持底线,形成有效约束,随着年龄增长,孩子对刺激的需要也会逐步回归正轨。然而现实中,有些父母要么过度打压,要么过度纵容,反而把孩子推向了寻求过度刺激的泥潭。

> 上初二后小江开始对手机有些沉迷。中午放学回家,放下东西后第一件事就是拿起手机,爸爸妈妈催他吃饭越来越困难,他嘴里答应着"马上",但经常毫无动静。
> 这天中午,爸爸在餐桌催了好几遍,小江仍然房门紧锁没有动静。爸爸近期因为工作原因心情本来就烦躁,此刻再也压不住火了。

"你还有完没完？这么大个人了吃个饭还要三请四请！天天就知道看手机，你看看你现在的成绩，还有脸玩手机？"爸爸冲进小江的房间，怒气冲冲地对小江说。

"我看会儿手机咋啦？你们没看？我吃饭让你们叫了吗？"小江站起来不甘示弱地说。

"好，我叫你天天看！"爸爸抢过小江手上的手机，"啪"的一声，手机在地上摔坏了。

小江彻底怒了，他瞪着爸爸，拳头攥紧。

"你以后爱干啥干啥，我不管你了，总行了吧！"爸爸接着吼。

"要你管！"小江一把推开爸爸，夺门而出。

此后很长一段时间，小江不再和爸爸说话，谁也不肯先服软。家里的氛围异常紧张。

妈妈为了弥合父子关系，主动给小江又买了手机。然而，此时小江性格越发偏激起来，谁的话也不听，经常熬夜看手机，学习成绩也一落千丈。

爸爸看似是在教育孩子，实际上他更多是在宣泄情绪而已。这对于青春期的小江而言当然是无效的。在双方直接陷入权力之争后，爸爸又放弃了对原则底线的坚持。糟糕的亲子关系、学习压力加上缺乏约束的环境最终使小江陷入追求过度刺激的泥潭中。

孩子寻求过度刺激的行为表现

当孩子以追求过度刺激为下意识目标时，通常会有以下行为表现：

◎ 不合理重复

对于追求过度刺激的孩子而言,一旦他们发现某种刺激能够满足自己的心理需要,就可能会不自觉地想要去重复体验它。而其他人一般不会这样。

> 14岁的小昌和小易上完晚自习已经快10点了。回家路上两人边走边聊,虽然天很黑,人也少,不过他俩一点都不害怕,还决定比赛谁跑得快。
>
> 不料,他们突然加速奔跑让前面的女士吓了一大跳,尖叫着跑开了。小昌和小易明白过来后,哈哈大笑,觉得非常刺激。尤其是小昌,他似乎感觉到了一种特别的满足感,让他难以忘怀。
>
> 第二天晚上,他鬼使神差地又来到那个昏暗的路口,躲在树影后面,看到有女士独自走过就故意发出声响。当她们被吓到尖叫或者奔跑,小昌的满足感似乎又增加了。
>
> 因为爸爸常年在外做生意,妈妈对小昌要求不严,并未发现小昌有任何异常之处。
>
> 后来,小昌经常在晚上对妈妈撒谎外出,通过各种怪声吓唬、鬼鬼祟祟跟踪甚至突然跑过去推倒对方等方式多次作案,直到被警方抓获。

偶然的刺激感对于大部分孩子而言只是"偶然"。但对于小昌而言,他却无法抑制地想要去重复体验。这种"不合理"也正说明他在寻求过度刺激。

◎ 很难阻止

寻求过度刺激的背后一般有深层次的心理原因,因此,家长想要简单阻止孩子的不良行为往往很难成功。

11岁的小盼,爸爸妈妈都在外打工,于是一直跟爷爷奶奶在农村生活。小盼从小喜欢去河边玩。在河边抓鱼抓虾、看人家钓鱼、夏天和村里的小朋友去河里游泳,有时哪怕只是静静地坐在河边,都会让小盼感到开心。

但爷爷奶奶每次都会火急火燎地跑到河边把小盼"抓"回去。然而没过多久,小盼又偷偷地去了。

"你为啥老去河边,让爷爷奶奶担心?"爸爸在电话中数落道。

"我就是觉得那儿才好玩。"小盼说。

在单调的农村生活中,小盼需要一份属于自己的快乐和"刺激",只是爷爷奶奶并不理解这一点。当孩子追求过度刺激时,家长应该从孩子的深层次心理需要出发,适当加以引导,而非强行阻止或干涉。

◎ 挑战底线,不顾危险

15岁的小果升初中时被分到了市郊区的一所中学。上初中后,小果一直很难融入新的班级。在小果看来,班上同学都是本地的,他们全都想欺负自己。为了让自己看起来不好欺负,小果有意结识了几个校外的"厉害"人物。

这些"厉害"人物不仅答应保护小果,还带着他打台球、滑旱冰、去网吧……这种生活让小果感到非常刺激,也让他大开眼界。

为了能够骑着拉风的摩托车上街,小果和他们几个人组成了"五人团",专门偷摩托车。但没过多久,"五人团"就被警方全部抓获归案。

直到被警察联系上前,爸爸妈妈对小果的行为都一无所知。

"你知道这种行为的后果吗?"妈妈见到小果时生气地问。

"当时没想那么多,就觉得好玩。"小果说。

追求过度刺激的孩子可能会出现不顾自身安全、触犯法律底线的情况。他们有的意识不到即将面临的危险,有的抱有侥幸心理,有的根本不在乎可能会出现的危险。

◎ 心理依赖,成瘾行为

刺激满足了孩子某些深层次的心理需要,这使得他们很难约束自己。如果缺乏外在的合理约束和引导,孩子可能会对某些刺激产生依赖甚至成瘾。出现严重心理依赖或成瘾行为时,孩子会对刺激产生不可抑制的渴望。如果强行阻止,他们可能会出现不同程度的"戒断反应"[1]。比如:烦躁、焦虑、坐立不安、易激惹、脾气大、易怒、抑郁等。

小威从小就一个比较敏感、安静的孩子。上初二后,有一次因为作业没交,老师当着全班同学的面狠狠地批评了他。从此,小威总感觉自己在同学面前抬不起头来,不仅心里怨恨老师,对学习也开始变得十分抵触。

后来,小威干脆经常以各种理由请假在家,脾气也变得暴躁起来。对此,爸爸妈妈心里十分着急但又无可奈何。

最让爸妈着急的是,小威经常把自己锁在屋里玩电脑,甚至

---

[1] 这里指的是突然停止或者强行阻止某种长期依赖(成瘾)的行为后,出现的一系列特殊的心理和行为表现。

连吃饭都需要妈妈送到房间里。吃完饭，他又把门一关，谁也无法靠近。

几个月过去了，小威的问题越来越严重。爸爸妈妈想过各种办法，不仅没有任何改善，反而让双方的关系越来越紧张。

有一天，小威告诉妈妈自己的电脑坏了，要再买一台新的。妈妈觉得这或许是一个迫使小威走出家门的机会，于是说："小威，只要你去上学妈妈就给你买，如果你不去上学，妈妈是不会给你买的。"

没想到小威的情绪一下子爆发了，他抱着电脑站在窗台上，狠狠地对妈妈说："我离不开电脑！如果你不给我买，我就跳下去，反正活着也没什么意思！"

世界卫生组织已经将青少年对电子产品的严重依赖现象归为成瘾行为。小威性格较为敏感，老师的当众批评让他抬不起头来，他压抑着强烈的负面情绪无法纾解，慢慢失去了对人际交往和学习的信心。他只能通过沉迷电脑来逃避这些烦恼。如果家长要真正帮助他，还需要解决深层次的心理问题才行。

◎ 寻求与年龄不符的刺激行为

孩子追求过度刺激的行为可能看起来与他的年龄并不相符：有的比较"幼稚"，有的显得"早熟"。家长需要探寻背后的深层次原因。

6岁的小男孩林林最近的行为比较奇怪，他喜欢找邻居王阿姨玩"医生游戏"，经常想要"嘴对嘴"亲阿姨，还总是寻找机会在阿姨胸前蹭来蹭去。王阿姨跟妈妈反映后，妈妈也觉得尴尬和困惑："是不是和他最近玩手机看不良图片比较多有关？"

林林的"奇怪行为"可能与互联网中各种不良刺激有关,家长应对孩子接触网络加以管控。同时,这也提示学校和家长开展科学性教育的重要性。

孩子寻求过度刺激时的观念及判断方法

追求过度刺激时,孩子内心的观念是:只有这么做我才能感觉到快乐,体会到存在感,证明自己的价值。

寻求新鲜和刺激是孩子的天性。家长的重点是判断孩子的行为是否"过度"。那如何判断这一点呢?

◎ 从行为表现上判断

如果孩子的行为存在不合理重复、难以阻止、挑战底线、不顾危险、依赖成瘾以及与年龄不符等现象,那就需要考虑孩子是否在寻求过度刺激了。孩子寻求过度刺激时所表现出来的固执和情绪化,对亲子关系是一个极大考验。

◎ 是否把刺激作为主要甚至唯一目的

寻求适度刺激一般不会影响孩子的正常生活。然而对寻求过度刺激的孩子而言,他们会在某段时间内把追求某一刺激当作主要甚至唯一目标。他们只对这种刺激感到兴奋,想起它就会两眼放光。对于其他事情,要么觉得不重要,要么没兴趣。

小楠从小学习就好,是一个被同学羡慕、被家长夸大的孩子。但上了初中后,爸妈隐隐觉得有点不对劲:小楠似乎只对学习感兴趣，对其他方面一概不关心。

她和同学关系很差，后来发展为独来独往，干脆和班上的同学不交流了。其他学生聚在一起愉快地说笑打闹，而小楠常常形单影只，爸爸有点担心小楠了。

爸爸劝小楠多与同学交往，但小楠说："和他们交往有什么用，浪费我的时间！"

小楠对学习越来越重视，越来越努力，每次考完试，都会因为一点点不如意而焦虑自责，好像大难临头一般。

爸爸悄悄地联系了心理咨询师。咨询师提醒说，小楠从小因为学习优异获得认同，所以她在用过度学习来证明自己的价值，才会对人际关系不感兴趣。

在小楠看来，除了学习外，其他事情都没有意义。她试图通过"过度学习"证明自己的价值。尽管这种学习态度可能会让她获得外界的赞扬，实际却阻碍了综合能力的发展。对小楠来说，学习变成了"唯一刺激"。

◎ 从父母的感受和下意识行为判断

孩子沉迷某种刺激时，家长都会感到担忧和困惑："这孩子怎么这么没自制力？"家长本能地想要去阻止情况继续恶化，但这通常比想象的要更难。如果对孩子的内心需要不了解，又缺乏足够的耐心和坚持，家长的干预往往会以失败告终。除了对孩子生气，家长还会对"制造刺激"的人感到愤怒。

上初一的小闫很厌倦学业，他很沉迷短视频平台一个"女网红"。"女网红"通过短视频记录自己的日常搞怪行为和奇葩言论，受到了很多人的追捧。小闫更是把"女网红"视为偶像，不仅自己的社交账号头像是"女网红",每天还故意模仿她的搞怪言行。

爸爸如果说"女网红"哪里不好,小闫就要不依不饶,跟爸爸"斗争到底"。

爸爸痛苦无奈地说:"就是网上这个女人把小闫害了!唉,这种人怎么没人管?"

小闫的不良行为当然不能简单归咎为某个"网红"。然而孩子沉迷某个刺激时,家长想要阻止却处处受挫,难免会愤怒,产生深深的无力感。

◎ 从孩子的下意识行为反应判断

面对家长的干预,孩子可能会表面妥协,但并不会真正放弃,而是采用更隐蔽的方式继续寻求刺激。

16岁的小柏沉迷上网,每次爸妈与他沟通,小柏都是痛快答应,但就是改不了。看到沟通无效,爸爸一气之下拔了网线,将其扔出窗外。

"你要是这样,我们家以后是不会再联网的!"爸爸生气地说,他希望通过这种方式断绝小柏上网的希望。

但这并没有阻止小柏上网的决心。等爸妈出门后,小柏悄悄地爬到窗台上试图把网线捞回来。但在捞网线的过程中却不小心被网线缠住,吊挂在窗口动弹不得,命悬一线。

幸亏邻居及时发现并报警,民警和消防队员经过十多分钟的紧张营救,终于把小柏安全接到地面。

有的孩子会直接通过逆反、威胁甚至报复等方式迫使父母做出让步。

如果父母生硬对抗，孩子的情绪只会越来越严重，肆无忌惮地寻求刺激。

◎ 使用猜测式提问

通过猜测式提问（见第4章中"使用猜测式提问"有关内容）可以进一步了解孩子行为背后的目的。比如：

"妈妈也有喜欢的事情，你觉得这对你非常重要，你真的离不开它，是吗？"

"你什么也没想，就是想要这么做，是吗？"

"你一旦离开它就会觉得无聊、没意思，还会觉得很烦躁，忍不住想发脾气，是吗？"

应对寻求过度刺激孩子的方法

孩子寻求过度刺激，背后通常都有深层次的心理原因，且常伴有强烈的情绪。如果家长应对不当，不仅难以解决问题，还会激化矛盾。面对这种困境，父母该如何合理应对呢？

◎ 理解孩子的心理需要

当孩子对某种刺激过度感兴趣，家长首先应思考：这些刺激表明孩子存在哪些未被满足的心理需要？我该如何帮助孩子以更好的方式满足自己？

在咨询室，妈妈在谈到小卢喜欢躲在房间看手机的原因时说：

"我觉得她现在离不开手机，还是我们的教育出了问题。我和她爸来到城市打工，一开始我们自己就很不自信，在城里也没什么朋友，工作忙，很少带小卢出去玩，更不用说聚会了。

"我很少管她学习，基本上就是她爸管。她爸这个人心不坏，就是脾气太差，对孩子要求高，经常打骂孩子。

"她曾经有几次想邀请同学来家里玩，但都被我们以各种理由拒绝了。我们原本是希望她把心放在学习上……所以她一直没有什么社交和朋友。

"唉，难怪小卢会愤恨我们。"

小卢从小在人际关系、情感和被尊重等方面的需要一直未被满足，所以只能转向自我封闭，通过手机来逃避现实的苦恼。家长如果不能冷静下来反思自己的教育方式，就很难看清教育中存在的问题。

◎ 接纳孩子的个性，多鼓励孩子

每个孩子个性特质不一样，他们在不同年龄段的心理需要也不相同。有的孩子天生比较活跃，精力旺盛，好奇心强，家长应该接纳孩子的个性，因势利导，鼓励孩子更好地发挥自己的优势，帮助他成长。

小庞生活在单亲家庭，妈妈平时工作很忙，早出晚归，没有太多时间教育他。但小庞从小精力旺盛，喜欢惹是生非，奔跑起来妈妈根本追不上。他上小学后三天两头被叫家长，妈妈教育、责骂小庞都没有效果，很是让人头疼。

三年级时，细心的体育老师发现小庞奔跑的速度比其他人快，而且耐力好，很有跑步天赋，便特别关注小庞，专门给他增加训练时间，很快小庞就跑出了全校前几名的成绩。在进行跑步训练的同时，体育老师还让小庞担任体育课代表，带领大家一起训练，鼓励他在学习上更加用功。

到小学毕业时，小庞不仅体育成绩好，学习成绩也很优异，成了班上的"小明星"。

小庞幸运地遇到了懂他的体育老师，他的转变是发挥个性优势的结果。在教育中给予孩子空间、尊重和信任，往往比家长的盲目"矫正"更有意义。

◎ 设法用适度刺激代替过度刺激

过度刺激虽然不利于孩子成长，但背后也反映了孩子的内心需要。家长可以设法帮助孩子用适度刺激代替过度刺激。适度满足孩子的内心需要，才能让他从刺激中获得有益的成长。

> 小安上了初中以后经常需要用电脑上网课。上网课时小安会趁机偷偷玩几把游戏。随着小安对游戏越来越感兴趣，他对网课越来越敷衍了。
>
> 不希望孩子沉迷游戏，又没办法完全阻断孩子使用电脑，该怎么办呢？爸爸一直在思考这个问题。
>
> 有一天，爸爸说："小安，你不是一直对天文学很感兴趣吗？爸爸也很感兴趣。我知道有一个纪录片叫《行星》，讲的就是太阳系八大行星的故事，我们一起看吧。"
>
> 小安一开始并不太愿意，但碍于爸爸的热情，只得打开纪录片和爸爸一起开始看。纪录片确实制作得很好，兼具科学性与趣味性。爸爸和小安一起观看的过程中，两人还不断地点评讨论。

看完之后，小安也觉得很有意思。

之后，和爸爸一起观看科学纪录片逐步成了小安的习惯。这不仅开阔了小安的眼界，还让小安和爸爸的心理距离更近了。更重要的是，小安对游戏也没那么感兴趣了。

小安爸爸采取的方式很巧妙。要真正帮助孩子，家长也需要有一颗善于发现、好奇并且积极参与的心。

◎ 适度体育锻炼，避免情绪压抑

适度的体育锻炼对孩子的健康成长好处很多。它不仅可以锻炼孩子的身体，还能开阔孩子的心性，让孩子的负面情绪及时得到宣泄，更能帮助孩子增强心理弹性，提高克服困难的勇气，培养团队合作意识和阳光开朗的性格。

小戴本来是一个活泼开朗的男孩。但自从初三学业压力加大后，他的状态持续变差。他每天早出晚归，回到家就扑在作业上。一直到晚上十一二点才能上床，但早晨六点不到他就得艰难地从床上爬起来。

由于近期睡眠不好，小戴时常感觉非常疲倦，情绪低落，对吃饭也不感兴趣了，记忆力也越来越差。他总觉得浑身没劲，只有刷手机的时候才能有短暂的愉快感。爸爸看到小戴越来越明显的"熊猫眼"，感到非常担心。

"小戴，我们去游泳吧，我记得你去年办的游泳卡还没用完。"爸爸建议道。

"什么？你开玩笑吧，现在学习时间这么紧张，哪有时间游泳？"一丝惊讶的表情划过小戴的脸庞。

"没事,我觉得每天你一定能抽出一个小时来。再说,只有你放松好了,学习才有效率啊。学习没效率,时间再多又有什么用呢?"爸爸肯定地说。

神奇的是,小戴重新恢复游泳后,他的情绪变好了,而且学习效率提高了不少。他的学习依然很紧张,但每天不那么愁眉苦脸了。半年后,小戴顺利考上了市重点高中。

小戴通过游泳及时宣泄了负面情绪,有效缓解了学习压力,状态好了自然就不需要寻求过度刺激了。遗憾的是,大多数家长在学业紧张的情况下,首先取消的是孩子的体育锻炼。

◎ 让孩子分担家务,培养自律与责任感

当家长以"爱孩子""学习为重"等理由包办一切家务时,殊不知也剥夺了培养孩子自律、责任感和心理弹性的好机会。如果孩子把学习当成实现自我价值的唯一路径,一旦学习受挫,他就可能失去生活的希望感。而一个失去希望感的孩子有时只能通过沉迷刺激来逃避现实。可见家务活虽小,对孩子健康成长却不容忽视。

◎ 有质量的陪伴,创造快乐体验

孩子追求过度刺激,除了情绪压抑外,还常与父母不理解、陪伴不足有关。家长有质量的陪伴,创造快乐体验,能够有效增强孩子的抗压能力和乐观精神。这也是防止孩子沉迷刺激的重要防线。

据媒体报道,海口的郑先生近一年来发现上高二的儿子阿健上学压力很大,虽然努力了但依然成绩不佳,信心不足时儿子开

始迷恋网络。郑先生决定让儿子休学半年，带儿子骑自行车从海口到北京，计划途中让孩子游学和打工锻炼意志。

对于这次骑行，17岁的阿健"很有信心"，他坚信自己能完成本次计划，一定会坚持到终点。

可以看出，郑先生在做出决定前经过了深思熟虑，而且与儿子达成了共识（这两点很重要）。这次经历不仅在于游学、打工和长距离骑行克服困难的体验，也是父亲对儿子的一次有质量的陪伴。

◎ 与孩子协商寻找解决办法

当孩子追求过度刺激时，家长需要等他冷静下来，通过一对一或者家庭会议的方式，坦诚表达自己的担忧，协商问题的解决办法。同时注意倾听孩子的真实想法和感受，鼓励他合理释放情绪，增进家庭成员间的理解与支持。

小施玩手机经常超时，爸爸在家庭会议上提出了这个问题。

"小施，我们商量好看手机的时间是半小时，但你似乎很难做到这一点。我们怎么才能和平地解决这个问题呢？"爸爸问。

"我知道到时间了，但我经常还有一点没看完或者游戏没打完，想再玩几分钟，你们就是不让。"小施也有些愤愤不平。

"我们既然定好了规则，那就要尊重规则，否则规则就没有意义了。"爸爸严肃地说。

"要不，我们提前5分钟提醒你，让你有结束的准备？"妈妈提议道。

"我觉得还得有惩罚，要不我哥还是会耍赖的。"妹妹说。

"你妹妹说得有道理，如果我们提前5分钟提醒你了，你还是超时，那么我们就要取消一次你玩手机的时间。"爸爸说。

"如果要我遵守时间，你们在家也要遵守玩手机的规定，要不就成了规定我一个人了。"小施看了一眼妹妹，不满地说。

"我觉得小施的说法很有道理。"妈妈说。

规则要经过全家人（尤其是孩子本人）同意，而且对全家人要一视同仁，不能只针对孩子。

◎ 坚持原则底线，不轻易妥协

一旦通过协商讨论形成了规则，家长就应该稳定地坚持下去，绝不能轻易妥协。只有这样才能让孩子真正尊重规则，逐步把规则转变为行为惯例。家长可以采取坚持到底的方法（见第2章中"稳定地坚持"有关内容）。

◎ 提前让孩子了解行为后果

孩子寻求过度刺激时可能会变得盲目。他们很容易在冲动的主导下忘记行为后果，甚至因此触犯法律。家长在教育的过程中，应及时提醒孩子可能会面临的行为后果，同时普及相关法律知识，增强其对自身行为的预见性。

16岁的阿兴假期打工挣了自己的第一份工资，家人夸奖了他，同学也很羡慕，他花着自己的钱感觉非常自豪。接下来，阿兴对挣钱似乎越来越感兴趣，整天就想着如何挣钱。

暑假开始时，有人通过软件联系他，问他要不要拿自己的身份证办理电话卡，每张电话卡可以给他200元的好处费。这人还鼓励阿兴找同学办理，"越多越好"。

听到有这样的"好事",热衷于挣钱的阿兴觉得自己简直是中了大奖一般。他当即用自己的身份证办了好几张电话卡邮寄给对方,对方也果然兑现了承诺。

此后,阿兴发动班里的同学一起办卡,他从中收取一定的回扣。正当阿兴沉浸在"挣大钱"的美梦中时,警察找到了他。

警察告诉阿兴,他办的电话卡都被诈骗分子用来打诈骗电话了,他作为协助诈骗者,后果非常严重。

阿兴妈妈后来说:"别说是孩子,我也没想到这是犯法的啊!"可见,家长平时多学习法律知识,多向孩子普及法律知识多么重要!

 本章思考:

孩子沉迷过度刺激的常见原因是什么?

如何判断孩子追求刺激的行为是否已经过度?

为了帮助孩子摆脱追求过度刺激的困境,家长应从哪些方面去努力?

第9章
不良行为目的7：过度回避压力

逃避压力和痛苦，是每个人保护自己的本能反应。但大部分人最终会冷静下来分析现实，选择合理的方式去面对。对过度回避压力者而言，因为缺乏战胜困难的信心和勇气，他们已习惯通过回避的方式解决问题。他们幻想着困难有一天会消失，或者自己哪天会一鼓作气克服困难。为了达到回避的目的，他们总能找到理由，从而表现出各种让家长头疼的不良行为。

他们并未自暴自弃，往往有较高的自尊心，期待自己有一天会成功。面对失败的结局，他们也会深感自责和痛苦，发誓下次一定会努力，但每次都做出了同样的选择——回避。

家长常常会忘记：自己其实就是孩子回避压力的得力助手。

小妍是独生女，妈妈对她非常宠爱，所有生活细节妈妈都会提前为她做好准备。因为小妍从小乖巧可爱，学习又好，妈妈常常会向别人介绍自己的育儿经验。尤其是小妍一手漂亮工整的字，几乎所有见过的人都会赞叹。

上初中以后课程增加，妈妈更是尽心尽力为小妍做好后勤保障工作，连喝水也会准时端到她面前。但小妍的烦恼逐渐多了起来，作业很多，小妍每天晚上都做不完，她想早点起床再做，但每天早晨起来又特别困难。

班主任对考勤管得很严，为了不迟到，小妍每天都急匆匆地赶往学校，这种持续紧张的焦虑状态逐渐让她有点吃不消了。

"妈妈，你给我请一周假吧，我好累！"小妍和妈妈说。但妈妈有点为难。

"要不你晚上写作业稍微快一点，有些不重要的作业就先别写了。"看到疲惫焦虑的小妍，妈妈也很心疼。

"不行，那样字就没法看了，前一段时间老师还把我的作业拿出来给同学们看呢。如果我写得乱七八糟的，老师和同学们会怎么想！"小妍否决了妈妈的提议。

"要不，你早晨别起太早了，晨读就别参加了，我和你们老师提前打个招呼。"妈妈说。

"我们班主任可严厉了，我不参加晨读他肯定有意见。而且我搞特殊，大家会怎么看我？"小妍还是觉得不行。

没办法，妈妈只得编了个理由帮小妍请了一天假。小妍在家看手机、刷短视频很开心。第二天上了半天学，中午回到家小妍又不想去了。

妈妈拗不过小妍，只得同意再帮她请假。

然而，这一次小妍在家一直待了一个星期才勉强同意去学校。

回到学校没几天，她又坚持不下去了……

妈妈满脸愁容地对心理咨询师说："唉，老师，我现在向他们班主任请假的理由都用遍了……我真的没奢望她能考什么好高中，只要她能像其他人正常上学就行了！"

小妍在逃避压力，然而妈妈却是始作俑者。从小的过度宠溺包办，剥夺了小妍处理现实压力的机会和经验。妈妈无条件的夸赞和周围人的追捧，让小妍建立起了虚假自尊。小妍努力表现"完美"以获得周围人的赞赏，同时失去了应对困难的心理弹性和灵活性。

别人不喜欢怎么办？小妍没有这样的经验，更害怕面对这样的现实。在小妍看来，如果不能表现"完美"，努力还有什么意义？

当小妍面对压力表现出退缩逃避行为时，妈妈"被迫"协助了她。这样小妍不仅能避免直面压力，还能继续生活在虚幻的自尊中。手机帮助小妍成功转移了焦虑感，因此压力越大越难以舍弃。只不过，逃避的时间越久，小妍重新面对现实的难度也会越大。

逃避压力和痛苦，是每个人保护自己的本能反应。但大部分人最终会冷静下来分析现实，选择合理的方式去面对。而过度回避压力者缺乏战胜困难的信心和勇气，他们习惯通过回避的方式解决问题。他们幻想着困难有一天会消失，或者自己哪天会一鼓作气克服困难。

他们并未自暴自弃，反而常常有较高的自我期待和自尊心，相信自己有一天会成功，但他们总能找到回避的理由。面对失败的结局，他们也会深感自责和痛苦，发誓下次一定会努力，但每次都做出了同样的选择——回避。

那为什么孩子会选择过度回避压力呢？

孩子过度回避压力的原因

超负荷的压力是孩子选择回避的直接原因。但其他方面的因素同样不容忽视。

◎ **家庭方面**

1. 家长过度控制与包办。家长包揽孩子生活中的大小问题，习惯替孩子做出选择，孩子缺乏为自己承担责任的机会，就会逐步形成依赖心理。因此，他们在面对世界的真实挑战时，难免会不知所措。

> 马上就到去幼儿园的时间了，4岁的馨馨站在那里等着妈妈给自己穿衣服。
>
> 妈妈好不容易帮她穿好了衣服，看了一下钟表："哎呀，时间马上就要到了，妈妈还没穿好衣服呢！宝贝，你能自己穿一下鞋吗？"
>
> 妈妈放下馨馨跑回了房间。等妈妈穿好了，发现馨馨拿着鞋子不知所措地站在那里。
>
> "宝贝，你怎么不穿鞋呢？"妈妈问。
>
> "我不会！"馨馨带着哭腔说。确实，以前都是妈妈给馨馨穿鞋。
>
> "来来来，妈妈给你穿！"妈妈边穿边说，"你要是去了幼儿园，自己不会穿，一定要叫老师帮忙哦。哎呀，要是老师很忙，那可怎么办呀。"

馨馨4岁了还不会穿鞋，并不是能力问题，而是妈妈从来没有让她自己穿过，馨馨对妈妈产生了依赖。实际上，只要妈妈耐心教几次，鼓励她改正错误，馨馨很快就能发展出穿鞋的能力和自信。家长过度保护，还会让孩子产生"我很弱"、不能胜任的感觉，由此引发自卑和退缩行为。

2. 家长采用批判式教育方式。家长的批判指责会让孩子认为"我不好""我不行"，或因为恐惧失败和批评而拒绝尝试。

> 5岁的小浩又拉在了裤兜里。老师看到小浩脸憋得通红，问他也不说话，才闻到他身上臭臭的。幼儿园老师向小浩妈妈反映了这件事情。妈妈觉得很丢脸。
>
> 接上小浩后，回家路上妈妈一直阴沉着脸。
>
> "你要拉粑粑为什么不跟老师说？"妈妈劈头盖脸地问，吓得小浩打了个哆嗦。
>
> "我不敢。"小浩的声音像蚊子一样小。但妈妈却听清楚了。
>
> "这有什么不敢？老师会吃了你吗？这么大了，拉屎还拉在裤兜里，不嫌丢人！我怎么生了你这么个儿子！"妈妈又是一顿数落。

小浩确实是不敢。由于生活中妈妈不停地挑剔数落，犯错对他无异于灾难降临。小浩一直很紧张，虽然他小心翼翼，但无论怎么做妈妈似乎都不高兴。小浩觉得自己能憋住"拉粑粑"的冲动，但他显然高估了自己的能力。而妈妈的斥责让他更加坚信：绝不能犯错！如果妈妈不改变教育方式，自我压抑和回避压力就可能成为小浩的下意识反应。

3. 家庭氛围过于紧张。当家庭氛围过于沉闷紧张或父母争吵不休，孩子就可能会躲进自己的世界里，以隔绝外界伤害。而这可能逐步成为他们应对压力的惯用方式。

> 小颜28岁了还不想谈恋爱，而且逢年过节也不愿意回家，妈妈非常着急，请心理咨询师帮忙"劝劝"她。小颜说：

"我从小就看着爸妈不停地吵架,有时候还动手。我每次都特别害怕,他们吵架的时候我就蜷缩在角落里哭。慢慢地,我不哭了,对他们的争吵越来越冷淡,只是对回家很恐慌。记得上小学的时候,妈妈来接我,我见她的第一句话就是问'你俩今天吵架没?'"

"我也谈过几个男朋友,但是心里就是过不去那个坎,只要男朋友对我说话大声点,我就会特别害怕,只想逃离……"

4. 家长的示范效应。如果父母本身胆小怕事、焦虑脆弱,遇到困难习惯采取逃避、推诿、逆来顺受等方式消极应对,就会给孩子带来强烈的示范效应。在孩子看来,"连爸妈都害怕,那我肯定也不行。"

小荷是一个他人眼中出类拔萃的女孩。她从小学习成绩很好,人也很漂亮,获得了很多人的夸奖。但小荷有一个深深的困扰,她非常害怕当众说话,一旦遇到需要展现自己的时候她就变得非常焦虑,有一种想要逃离的强烈冲动。

"你能谈谈小时候对于逃避印象比较深刻的场景吗?"咨询师问她。

"哦……我想起来了。那是我五六岁的时候,有一次妈妈带我去参加他们单位的联欢会,有很多人参加,他们让妈妈上台去说几句话。妈妈磨蹭了好久,好不容易走上台,但忽然晕倒了……大家乱作一团,我站在那儿尖叫哭泣。"

小荷妈妈有演讲恐惧,她平时就很排斥当众发言,那一次晚会因为过度紧张而晕倒了,这对于小荷而言既是一个创伤刺激,也是一次"示范"效应。

5. 家长忽略了孩子的社会技能的培养。有些家长错误地认为"社会技能不重要""等孩子长大了自然就会了",因而错过了培养孩子社会技能的关键期,导致孩子因为缺乏处理问题的技能而不得不选择逃避。

> 15岁的小樱在学校非常孤僻,除了同桌外几乎不与其他同学往来,因此,班主任建议小樱向心理咨询师寻求帮助。小樱和妈妈一起来到咨询室,她躲在妈妈后面显得非常腼腆。
> "她从小性格怎么样?也是这样的情况吗?"心理咨询师问。
> "不是,她上小学以前可活泼了,特别喜欢和幼儿园的小朋友一起玩。"妈妈说。
> "上小学后发生了什么?"咨询师问。
> "唉,上小学了为了让她把精力集中在学习上,我们就很少让她和同学玩了,她放学回家就写作业,周末要么在家写作业,要么我们安排她上各种一对一辅导课。一开始她很不乐意,但是后来也就慢慢习惯了自己一个人,几乎不和同学出去。"妈妈说。
> "学习是很重要,但孩子有朋友也很重要呀。"心理咨询师说。
> "那会儿想着让她好好学习就行了,交朋友的事情等长大了再说,哪想到她慢慢地干脆不与人交往了。"妈妈有些后悔地说。

社会技能需要训练打磨才能逐步获得,人际交往技巧也是如此。小樱上小学后就被束缚在家里学习,她逐步习惯了一个人,失去了培养人际交往技能的机会,因而性格也越来越封闭。

6. 家长过分功利。家长在教育过程中只在意结果,会让孩子也养成过分功利的心态。他们会患得患失,当达不到期望的结果时,就会觉得付出毫无意义,索性放弃,不再面对。

> "妈,我这次语文考了全班第一!"刚进门,小方就兴奋地对

着妈妈大喊起来。

"哦,那你数学考多少啊?"妈妈知道小方偏科比较严重,数学是他的短板,因此数学成绩才是妈妈最关心的。

小方脸上的兴奋表情顿时消散了。他垂下头,默默地走进自己的房间,不再说话。

小方其实一直很努力,他希望获得妈妈的认可。这次好不容易语文考了全班第一,老师也夸奖了他,所以他迫不及待地想要和妈妈分享喜悦。但妈妈的反应让他觉得:自己的努力没有意义,妈妈眼中只有自己的短板。

7. 父母无法坚持原则和底线。这给孩子回避压力创造了条件。一旦尝到甜头,孩子会不断试探家长的底线。如果家长屡屡妥协,孩子就可能形成习惯性回避行为。

"儿子,你写完作业了吗?"看到小宁在书桌前发呆,妈妈问。

"没呢,我现在不想写了。妈,我能看一会儿电视吗?"

"咱们不是说好写完作业才能看吗?"妈妈提醒道。

"可我现在写不下去,与其这样,还不如先看一会儿电视然后再写。"小宁说。

"那你看完电视能保证继续写吗?"妈妈似乎动摇了。

"我保证!"小宁已经跳到沙发上拿起了遥控器。

但实际上,一直到睡觉,小宁的作业还是没写。

小宁答应写作业,是因为妈妈说写完作业就能看电视。但很快小宁就想试探妈妈的态度,看能不能逃避写作业的压力。因为妈妈容易妥协,小宁逃避压力的尝试屡屡得逞。

◎ 孩子个性方面

1. 高敏感特质。高敏感特质的孩子不仅对外在刺激更加敏感，他们遇到困难时想法也比较多，容易陷入纠结和自我怀疑。当生活在复杂、创伤性环境中时，他们可能会通过自我封闭来回避现实困难。

2. 安全感不足。在三种主要的依恋类型中，不安全型依恋（焦虑型依恋和回避型依恋）者缺乏足够的安全感。他们更容易退缩到自己的世界中。家长有质量的陪伴，对于孩子形成安全型依恋十分重要。

> 图图上幼儿园后，经常一个人站在角落看大家玩，他手里一直紧紧攥着自己喜欢的玩具不肯放下。老师想让他放下玩具和大家一起玩，图图会特别抵触，大声哭着说："这是我的！"

图图因为安全感不足，才会紧紧抓住自己的玩具。熟悉的玩具会给他安全感。老师可以通过温暖的话语、有趣的游戏慢慢取得他的信任，告诉他："让玩具先休息一下，我们一起玩吧。"但最重要的，还是增强图图的安全感。

3. 过度功利或追求完美。过度功利的心态会让人变得浮躁，患得患失。而完美主义会让人因为害怕不完美而不敢尝试。

> 小岚好胜心强，做什么都想要胜人一筹。她暗暗努力，想要在期中考试中超过同桌。但结果小岚的成绩比同桌还差几分。小岚赌气不去上学了。
>
> "小岚，如果你不去上学，那你的同桌岂不是超过你更多了。"妈妈提醒道。
>
> "哼，反正已经被她超过了，我现在努力还有什么用！"小岚说。

在小岚看来，达不到目的，努力就没有意义。回避压力还可以让人保留尊严和价值感：失败是因为我不想做，而不是我能力不足。可踏实行动对过分功利者来说恰恰是最难的。

4. 灾难化思维模式影响。有些孩子的思维模式很悲观，遇到问题时，脑海中经常出现灾难化想象，这很容易让他们信心不足。还有些孩子习惯把问题归咎于自己能力不行，自卑心理强烈，因而缺乏直面困难的勇气。

> 上初二的小任不肯去上学，被妈妈带到咨询室。
> "你能告诉我，你不想去上学的原因吗？"咨询师问。
> "没什么，就是觉得学不进去了，去了也没用。"小任说。
> "你小时候成绩怎么样？"
> "小学还行，初一其实也还可以，到了初二就不行了。"
> "你觉得是什么原因导致这种变化呢？"
> "我也不知道，可能是脑子不行了吧。"
> "可是，你明明一年前脑子还挺好呀。"咨询师表示不解。
> 小任认真思考了一阵说："嗯，也可能与我去年认识了很多校外的人，跟他们玩的时间太多了有一定的关系吧。"

小任上初二后认识了很多校外的"哥们儿"，花了很多时间在外面玩，逐渐对学习失去了兴趣。如果没有冷静下来理性思考，他很可能会把学习成绩下降简单归结为"脑子不好用了"。这种归因可能会让他彻底失去对学习的信心。

5. 继发性获益行为[①]。当孩子面对困难时，恰好出现某个因素，替他"解决"了压力。如果这种获益现象重复出现，就可能发展为回避现实的一种惯用方式。

---

① 指的是一个人从原本可能并不愉快的处境（如生病）中，反而获得了某种好处（如免除了压力、获得了关注等）。

小姜从小学习刻苦，成绩一直稳定在全班前列。但初三开始后，她觉得学习起来越来越吃力。大家都开始努力了，成绩下滑让她感到非常有压力，身体似乎也到了极限。

一次模拟考试前，她突然感冒了。虽然很难受，她依然咬牙坚持了下来。考试结果出来后，虽然成绩有所下滑，但依然还不错。老师和同学们纷纷赞叹她"生病了还能考这么好！"，并安慰她："如果你不生病，肯定会考得更好！"

然而奇怪的是，小姜此后每次考试似乎都会"感冒"，而且吃药也没什么效果，考完后感冒就好了。虽然小姜的成绩一直在缓慢下降，但她始终认为，自己的真实成绩应该比考试成绩要好，因为只要"自己不感冒了，发挥正常了，成绩一定会上去"。

但每次考试，感冒都会如约而来，这让她非常苦恼。

虽然小姜并未意识到，但"感冒"其实是她下意识回避压力的继发性获益行为。小姜内心深处没办法接受自己努力了依然考不好的残酷事实，"感冒"保留了她的尊严和希望。但我们不能据此去指责小姜不面对现实，因为这种替代性痛苦是下意识的，而且非常真实。

◎ 师生关系影响

随着孩子慢慢融入学校，老师的态度和期望会对孩子的行为产生不可低估的影响。罗森塔尔效应[1]表明，教师的赞扬、发自内心地欣赏、积极的师生互动会对学生的学习积极性、人际交往和集体归属感起到巨大促进作用。同样，教师的批评、误解、粗暴对待，也会对学生的积极性产生明

---

[1] 罗森塔尔效应又称皮格马利翁效应，指教师对学生的积极期望，会通过下意识的态度和行为传递给学生，而学生因为感受到教师的期望、关注和鼓励，也会积极回应老师，朝着老师期望的方向努力，形成良性循环，最终取得进步。

显挫伤，甚至因此导致回避和退缩行为。

16岁的小林正在上高一。最近，班主任上课的时候观察到小林和同桌女生小如经常有眼神互动，似乎有些"暧昧"。经过留意，班主任发现他俩下课的时候也经常聊得火热。

班主任担心"早恋"会影响到小林和小如的学业，但又没有确凿证据，不好贸然去询问。就悄悄地向跟小林关系好的同学求证。

被老师询问的同学悄悄告诉小林："老师都问我了，你俩怎么回事，是不是谈恋爱呢。我说我不清楚……你俩真的在谈吗？"

小林顿时很生气，感觉自己被人监视了。

上课的时候，班主任看见小林心不在焉就批评了他。没想到平时表现温顺的小林竟当着全班同学的面顶撞起来，最后抓住书包冲出了教室。

等小林冷静下来，妈妈问他："你生气是因为班主任误解了你，是吗？"

"哼，她竟然在我身边安插眼线！而且我们根本没谈恋爱！"小林恨恨地说。

"那你为什么不跟班主任解释清楚呢？"

"她不会相信的，而且小如有男朋友了，我不想让小如觉得我在向老师告密！"

"看来班主任确实误解你了。"妈妈说。

"我现在不想看到她，你帮我请假吧，我想在家待一个星期。"

青春期的孩子普遍比较敏感，班主任的处理方式让小林产生了被监视感，激发了小林的不满和逆反情绪。这表明，采用科学的方法引导学生是多么重要。

过度回避压力的表现

孩子过度回避压力时会有多种表现。

◎ 不合理放弃

面对压力时，拒绝面对或直接放弃是回避的常见方式。而"不合理"放弃是指压力和挑战本身在孩子的能力范围内，只要坚持就能做到，而孩子却直接选择放弃。

> 小陆高考前非常焦虑，他常常处于各种复杂的情绪状态中，无法静下心来学习。
>
> 有时候，他会觉得以自己目前的状态，肯定考不上理想的大学，那现在努力还有什么意义呢？他想放弃，但又不甘心。
>
> 有时候，他觉得自己只要踏实下来学习应该还有希望，但就是静不下心来，因此特别自责，经常在内心骂自己，于是更加纠结了。
>
> 在这种折磨中，终于到了高考那一天，小陆刚考了一门课就放弃了。
>
> "我已经决定复读了。"小陆和爸爸妈妈解释说，"复读我肯定好好学！"

因回避压力而选择放弃，不仅让小陆错失了机会浪费了宝贵的精力，还会形成消极心理暗示，让他产生自我怀疑。这会让小陆的复读之路更加艰难。一旦养成不合理放弃的习惯，还可能形成回避型人格倾向。

◎ 依赖、沉迷和成瘾

孩子对某些东西过度依赖甚至沉迷、成瘾，背后的最大驱动力其实是回避现实中的压力和痛苦。比如游戏、小说、电视等构建的虚幻世界，可以让孩子在现实的压力和痛苦下暂时找到一个"心灵寄托"。

> 小范上中学后沉迷网络游戏，早出晚归，与父母对着干。妈妈没办法，请小范从小就喜欢的堂姐过来帮忙劝劝。
> "你这样天天在网吧里上网真的有意思吗？这样下去身体也吃不消呀！"堂姐耐心地劝说小范。
> "其实，姐，我心里也知道玩游戏玩久了真没啥意思，也想把游戏戒了好好学习。但每次我下决心不玩了，回家看见我爸那张冰冷的面孔，想起他以前是怎么对我的，我就觉得家里没法待，只能去网吧。"小范说。

小范沉迷游戏的真正原因，其实是父亲那张"冰冷的面孔"。

◎ 发脾气、找理由和推脱责任

当内心想要回避压力但又不愿意承认这一点，孩子可能会采取发脾气的方式为自己的行为寻找理由。他会表现得异常愤怒，坚定地认为自己是受害者。

> 小石一直以来学习都很刻苦，在他心中，学习是唯一真正重要的事情。他平时和同学很少交往。在他看来，上初二了，学习压力这么大，同学们还都嘻嘻哈哈的，"太幼稚"了。
> 虽然小石学习很努力，但他明显感觉自己越来越力不从心。

为了不浪费时间，他更加独来独往。同学们觉得他平时太较真儿，因此也都和他保持距离。

一天，因为同桌"故意吵他"、书本"越过了中线"，还有"嘲讽自己"等原因，小石压抑已久的情绪突然爆发，他大发雷霆，不依不饶，无法收拾。

面对前来调解的老师和父母，小石大声哭诉自己现在学习成绩下降、集中不了注意力"都是因为同桌"。由于同桌影响了自己的学习，所以必须弥补自己。他的条件是同桌必须转学，老师因为"渎职"要向他公开道歉，否则他就不上学了。

这些荒诞的要求当然不可能实现。而倔强的小石却说到做到，拒绝上学和参加考试。

小石的倔脾气让很多人难以理解，但这本质上是一种回避压力和痛苦的方式。对于小石来说，学习与自己的价值感息息相关。但随着学习越来越吃力，他的自我价值感变得难以为继。通过大发脾气，他把责任推给了同桌。他可以安慰自己：不是我不学习，是同桌和老师毁了我，他们应该对此负责，而我只是受害者。

◎ 人际关系差

人际交往是现实中常见的压力源。外界评论、自我暴露、关系变化等都会给人带来不小的压力。有些孩子内心比较脆弱，他们对人际交往中各种信号过度敏感，容易感到紧张，但又不愿意直面冲突，因此，常常感觉人际交往很累。面对这种压力，他们最终可能会选择回避交往。

上高一的小廖和好朋友闹矛盾了，在家不愿意去上学。
"你俩怎么回事，能跟妈妈说说吗？"妈妈问。

"我对她那么好,她竟然背叛我。"小廖沮丧地说。

"怎么背叛的?"妈妈问。

"本来我俩关系最好,可是最近另外一个同学非要插进来跟我俩一起玩,我本来就不同意,但慢慢地她们的关系越来越近,这不是背叛吗?"

"你们可以三个人一起玩呀,这样你还多一个朋友呢!"妈妈建议道。

"凭什么呀,我为她付出那么多,别人一来就把她抢走了!"小廖越说越生气。

"那你可以也去和其他人一起玩吗?"

"我不想和其他人玩,一个朋友都够麻烦的了。"小廖垂下头,不再说话。

实际上,小廖对好朋友的过度依赖也是回避社交困难的一种方式。

◎ 过度恐惧和焦虑

有的人一旦遇到困难就会感到异常恐惧和焦虑,而这种情绪与困难本身并不相称。他们会谴责自己,试图让自己好起来,但越自责往往会越无力。严重的恐慌和内耗让他们根本无法静下心来专注事情本身,继而陷入无限拖延甚至"瘫痪"状态。

小邹从小面对困难就容易拖延,因此没少受到父母的责骂,小邹内心因此越来越自卑。慢慢地,小邹发现自己一旦遇到无法应对的事情,就容易陷入极度的焦虑和恐惧中。

她试图骂自己,让自己好起来、动起来,结果却是越责骂自己,她越容易陷入僵住状态:内心被深深的焦虑和恐惧塞满,似乎动不了……而等她慢慢缓过来时，基本上事情也就过去了。

小邹的焦虑和恐惧情绪其实是回避现实压力的一种方式，而这与父母的批判式教育有很大的关系。

◎ 压力状态下身体习惯性不适

面对压力，我们会本能地逃避痛苦以保护自己。有些"保护"来得有些偶然，却起到了缓解压力、回避痛苦的结果。之后在类似情况下，人们会下意识地重复这种保护模式。一旦这种保护模式被重复利用，形成强化，最终可能会转变为继发性获益行为，给孩子的成长带来阻碍。

> 8岁的小金对学习很排斥，他不喜欢坐在教室里听老师讲枯燥的课程，一点也不自由，他更喜欢在家里跟妹妹玩。
> 但妈妈不允许他不上课，妈妈说这是必须要做的。小金也没办法。
> 有次，快到上课时间了，小金还没起床，妈妈大声催着小金。
> "我不舒服，头好晕。"小金说。
> 妈妈走过来摸了一下小金的额头，说："好像是有点热，你能坚持吗小金？"
> "不能，我头晕。"小金说。
> "好吧，妈妈帮你请假吧。"
> 从此以后，妈妈发现小金不舒服的次数越来越多。尤其是作业没写完，要考试之前更是这样。而医生却检查不出什么问题。

小金通过头晕来获得妈妈关注，更重要的是回避了学习压力，这对他而言非常具有诱惑力。

◎ 不遵守承诺

孩子不遵守承诺的情况很常见。其中一个重要原因是，他们很容易低估现实的困难程度，高估自己的能力。孩子会通过承诺来换取短暂的快乐，推迟面对困难的时间。而等到真正需要履行承诺时，他们会选择耍赖。这本质是一种回避。

> 刚放暑假，妈妈问小白："你假期作业多么？"
>
> "特别多，也不知道老师们怎么想的，布置那么多作业！"小白一脸不高兴。
>
> "那你分配一下时间，每天写点，就没那么难了！"妈妈建议道。
>
> "啊？我不，我先好好玩几天，然后开始写作业，每天多写点就行了！"小白信心满满。
>
> 一周以后，小白没有写作业的迹象。妈妈问她："现在该考虑写作业了吗？"
>
> "再等几天吧，我和朋友们约好出去玩几天，玩完回来就开始写！"
>
> 又过了一周，妈妈催她："赶紧写作业吧，要不到开学你都完不成了！"
>
> 小白拿出一个计划表，计划表上有每个时间段要做的事情，而且规定每天学习时间不少于5个小时。小白跟妈妈说："过几天我就按照这个计划表开始学习，保证能够完成任务，您就放心吧！"
>
> 过了几天，在妈妈的一再催促下，小白按照计划表试了两

天，两天以后她开始睡懒觉、遛狗、逛街……计划表慢慢被打破，变成了一张废纸。

唯一不变的是小白还会有各种承诺和保证不断送到妈妈跟前，一直到暑假快结束，小白的作业仍然没多大进展。

小白这种以承诺"换取自由空间"的拖延战术，几乎所有的孩子都是无师自通。家长应理解孩子的天性，不能幻想孩子会主动遵守承诺，否则就会陷入失望、愤怒和无奈情绪中。家长需要做的是把孩子的承诺记录下来，贴在冰箱门上，温和地提醒他遵守，并坚持到底。

过度回避压力背后的观念及判断方法

对于过度回避压力的孩子而言，他们不良行为背后的观念是：

我无法承受这个压力和痛苦；只要我不去做，就说明我还有机会；只要我不去面对，就说明我没那么糟糕，我还是有价值的。

过度回避压力会让人严重低估自己的能力，侵蚀对自己的信心，最终形成"我不行"的信念，甚至出现习得性无助行为。那如何才能判断孩子是否在过度回避压力呢？

◎ 回避行为是否有客观理由

过度回避压力者给出的理由通常很弱，很难说服人，会让人感觉不对劲。但周围人很难说服他们放弃回避行为，他们会觉得别人不了解自己。

17岁的小康进入高三后，一开始学习很踏实，感觉自己每天都有进步。随着贴在墙上的高考倒计时一点点变化,小康的心态也变得焦虑、烦躁起来。

有一天,他突然被一个想法困住了:"我现在这么努力认真,但要是考试的时候发生意外怎么办?岂不是前功尽弃了!"

出现这个想法后,他开始思考可能的"意外",比如考试那天堵车、忘了拿准考证、没带笔、走错考场、表坏了、监考老师看错表、感冒了、写字的手受伤、因为太紧张大脑一片空白、天气太热晕倒了……

他越想越慌,觉得不可控的因素实在太多了,任何一个因素都可能让自己的辛苦付出变得毫无意义,而自己根本无法控制。慢慢地,他开始变得浮躁起来,后来干脆放弃了学业。

小康的担忧和焦虑并非完全没有道理,其他人可能也曾经历过,但大部分人并不会因此放弃学业。而小康这么做,除了与他的性格和灾难化思维模式有关外,他对考试压力的回避心理也是一个重要原因。

◎ 是否存在某种"一贯模式"

当孩子出现过度回避行为时,家长只要仔细回忆或者观察,就会发现他的行为或许早有先例,有的呈现出某种"一贯模式"。对于孩子偶尔出现的回避行为,如果父母过度关注或轻易妥协,也可能因此被强化而逐步形成"一贯模式"。

◎ 从父母的感受和下意识行为来判断

当孩子一开始回避压力时,父母可能会觉得奇怪:他怎么会这样?可能会感到愤怒:"你太不负责任了!"而当回避行为多次发生,家长尝试说服孩子无效后往往会转向失望、无奈和不信任："你每次都这样，要我怎么信你？"

> "今天作业多吗？"妈妈问正在看电视的小倪。
> "今天没有作业。"小倪回答。
> "哦。"妈妈说完，开始做自己的事情去了。
> 但一连好几天，妈妈问同样的问题，小倪的回答都是"没有作业"。
> 妈妈起了疑心，她私下里问了老师，老师却说每天都有作业。
> 妈妈气得发抖，冲到小倪跟前，大声质问道："老师明明说有作业，你为什么骗我？"
> "哦，我忘记了。"小倪淡淡地说。

妈妈对小倪的回避行为感到愤怒。而小倪对妈妈的反应显然早有预料，而且想好了答案。虽然感到愤怒，但妈妈如果没有找到小倪回避的真正原因，只想要改变孩子，多半会以失败而告终，也会因此失去对小倪的信任。

◎ 从孩子下意识行为来判断

面对家长的愤怒和干预，孩子会给自己的行为找理由。如果家长步步紧逼，孩子可能会被动攻击或产生逆反行为；有的孩子可能会给出承诺，但无法实现的承诺只会加剧双方的权力之争。

有时，孩子会尝试做出改变，但如果没解决回避背后的真正原因，又缺乏家长的信任和支持，很可能会半途而废。这反而强化了孩子的消极信念："我果然还没准备好""我克服不了这个困难"。

小毛的妈妈是一个风风火火的强势女人。她对小毛一直要求严格，常大声批评、挑剔，希望他能改正身上的毛病。

最让妈妈苦恼的一点是，小毛似乎天生就比较胆小，一点都不勇敢。比如，在小区遇到小狗，小毛都会吓得躲在妈妈身后，紧张地看着小狗，直到它离开才能放松下来。

见到这种情况，妈妈总是大声训斥小毛："怕什么，你是男子汉呢，小狗有什么好怕的！怕狗的是胆小鬼。"但这种"鼓励"的话语并没有起到作用。

妈妈觉得让小毛多接触狗或许能够帮助他克服这个毛病。她想起朋友家有一条很大的金毛犬，妈妈觉得如果让小毛多接触狗，或许他就不怕了。

于是，妈妈有一天带着小毛去朋友家玩。朋友很热情地给小毛介绍自己的"大金毛"，小毛一开始还能远远地看着它，但当狗朝他冲过来时，小毛吓得跌坐在地上，哇哇大哭起来。

妈妈尴尬地说："他就是个胆小鬼！我拿他真没办法。"

除了先天的气质原因，小毛之所以胆小还因为妈妈过于强势，她的责骂、贴标签行为和施压强化了小毛的害怕。妈妈带小毛去见大型犬，实际上不是在给小毛壮胆，而是给他带去了新的惊吓和负面强化，其结果可想而知。

◎ 使用猜测式提问

猜测式提问法（见第4章中"使用猜测式提问"有关内容）通过尊重、坦诚的方式进行提问，可以探寻孩子采取这种行为背后的真实原因。比如：

1. 针对习惯"找理由"和"不合理放弃"者，家长可以尝试问："你觉得自己还没准备好，你希望等自己准备好了再一鼓作气达到目标是吗？"

2. 针对存在"人际关系差""条件反射式恐惧、焦虑""压力下习惯性身体不适"者，家长可以问："你觉得你不做这件事情，是因为××干扰了你，如果没有干扰你就会做到，是吗？"

3. 针对"依赖、沉迷和成瘾"者，家长可以问："你觉得你之所以离不开××，是因为你不想面对××，你看到××就会很难受，是吗？"

以上问题如果孩子给出肯定回答，或者有了放松、被理解的表情，那么家长就能够心中更有数，以便更好、更具针对性地帮助孩子。

孩子过度回避压力，家长怎么办？

◎ 减少包办与控制

父母过度包办与控制，不仅会让孩子产生依赖，还会让孩子逐步形成"我很弱"等消极信念，使孩子变得脆弱自卑。家长应及时"放手"，培养孩子的独立自理能力。比如，让孩子承担一定的家务，培养孩子的自律与责任心；鼓励孩子参加兼职与公益服务，从克服困难中获取自信和勇气，减少回避行为。

◎ 反思并调整错误的教育方式

当孩子出现明显的回避行为时，家长应该反思自己的教育方式，比如是不是存在害怕犯错、过分在意结果、批判式教育以及没有原则等问题，同时进行必要调整。

小邱上高中以后性格越来越倔，别人很难说服他，而且想法也越来越偏激，常因一些无关紧要的琐事和同学发生激烈冲突。因为老师批评他上课走神，小邱觉得老师"故意找碴儿"，在家待了一周不愿上学。

爸妈对此非常担心，但又束手无策，最终决定向心理咨询师寻求帮助。在咨询师的引导下，爸妈反思了自己的教育方式。觉得小邱的状态与父母太过强调学习、青春期后与孩子沟通越来越少以及缺乏体育锻炼有很大的关系。

爸妈决定主动调整自己的教育方式，把培养小邱的独立自理能力当成主要目标。

为了增加体育锻炼的机会，爸爸鼓励小邱周末和自己一起去登山。一开始小邱很不愿意，但尝试了几次之后，他逐渐找到了登山的乐趣。父子俩在登山过程中经常深入沟通，关系比以前更亲密了。小邱对很多事情的看法也在慢慢发生变化。

父母承认自己的错误，勇敢改变自己是非常不容易的。这需要勇气、耐心和智慧，还需要像小邱爸妈那样真正想清楚：我希望培养一个什么样的孩子？

◎ 让孩子承担行为后果

如果家长习惯为孩子解决一切困难，孩子遇到挑战时难免会想：我不去做，爸妈会替我解决。家长放下对孩子的过度保护，让孩子自己承担行为后果，没有了退路，孩子才能丢掉幻想，一鼓作气坚持下去。

◎ 了解行为背后的心理原因

面对孩子的过度回避行为，家长应该设法弄清楚：孩子是无法承受痛苦，还是期望太高，追求完美？是否缺乏应对挑战的技能和自信？行为背后的想法观念是什么？他能在行为中找到价值感吗？

小秦已经上初三了，却越来越沉迷于"二次元"漫画，这让爸妈的内心非常着急。妈妈提醒了好几次都没起作用，再说下去小秦就生气了。

有一次，爸爸经过正在认真研究"二次元"的小秦身边，忍不住赞叹了一句："呀，画面设计得挺好看呢！"

"是吗？您也这么觉得？"小秦一下子兴奋起来。

"是啊，画面做得确实很不错，它们是怎么做出来的？"

"这个其实就是画出来的，我们班上很多人喜欢画这些！"

"我记得你也喜欢画画呀。"爸爸说。

"是啊，我就是喜欢它画面好看，而且能表达自己的想法……"小秦说。

爸爸听后松了口气，他原以为小秦是为了逃避学习压力呢。原来自己误会了孩子。

"我觉得你如果对绘画感兴趣，或许可以考虑上大学学习这个专业，你一定会表现很棒的。"爸爸觉得可以有意识地引导一下。

"嗯，您说得很对。我以为你们不会支持我呢。如果你们支持我，我当然会好好学习，争取以后考上一个动画专业很好的学校！"

"我们当然支持你啦。只要你努力而且感兴趣，爸爸相信你一定会做到的！"

通过这次对话，爸爸观察到小秦对学习比以前更主动了。

小秦看似在回避，实际上是在探索自己的未来。如果爸妈不了解背后的心理原因，随意贴标签，就会让亲子关系陷入对抗。当家长不过分纠结不良行为，而是尝试理解行为背后的心理需要，就知道怎样去更好地引导孩子。

◎ 将问题具体化

孩子整理想法的能力有限，在压力状态下他们可能会因为头脑中各种杂乱的想法和感受陷入纠结状态，甚至越理越乱。家长首先要接纳这一点，让孩子知道他所有的想法和感受是正常的。倾听想法的同时，逐步引导孩子把重点放在具体问题和实际解决方法上。

> 16岁的小顾拒绝去上学，理由是烦躁。妈妈带他来见心理咨询师。
> "是什么让你觉得很烦躁呢？"心理咨询师问。
> "太多了，一堆事，简直数不清。"小顾说。
> "我有个建议，你把你脑海中所有让你感觉到烦躁的事情，都写在这张纸上，行吗？不着急，如果一张纸不够我还可以再给你。"
> 小顾埋头开始写，大约写了十几条之后就停笔了："好像就这些，别的没有了"。
> "好的，现在我们一条条看，有没有什么办法可以解决它们。"心理咨询师说。

◎ 预防和引导孩子性格中的不良倾向

家长在教育过程中，应有意引导孩子认识到所谓的"完美"并不存在，我们需要有面对不完美的勇气，"敢于不完美"才是真正的勇者。平时更加关注努力过程和生活经历本身的意义，体会战胜困难带来的自信和成就感，而不是盯着结果和分数。

> 学校才艺表演赛，10岁的蕊蕊报名了朗诵。她认真准备了好几天，但突然想要放弃。
>
> "为什么要放弃呢？妈妈觉得你已经准备了很久，而且表现得很不错啊！"
>
> "我觉得肯定拿不到奖。"蕊蕊垂头丧气地说。
>
> "你觉得你参加这项活动目的是什么呢？其他同学为什么报名参加呢？"妈妈问。
>
> "我的好朋友说，她觉得只要开心就行。"蕊蕊说。
>
> "妈妈也觉得，只要你能够参加，就说明你很勇敢，也在努力地挑战自己，这个可比得奖重要多啦。"

当孩子信心不足，感到自卑时，家长可以有意识地和他一起寻找失败的客观和可变因素（如难度、情绪状态、运气等），以提振信心。

> "我怎么这么笨，还是算不出来！"五年级的小江生气地把算术本狠狠地扔到了地上。
>
> 妈妈没有生气和指责，而是把算数本捡起来认真看了一遍。
>
> "不是因为你笨，这个问题确实有点难度，需要静下心来才能完成，你有点太急了。"妈妈说，"先喝点水冷静下来，一会再试试。"
>
> 喝完水后，小江又开始做起来。"妈，我做出来啦！"小江突然兴奋地喊起来。
>
> "嗯，我就知道我儿子不会被困难吓倒，只要努力一定可以的！"妈妈微笑着说。

当小江把失败归结为"自己笨"这种内部稳定原因时,他对自己是很不自信的。然而妈妈很快纠正了这种归因,把失败归结为"题目难、太心急"等客观可变因素,成功挽救了小江的信心。妈妈后来又把成功归结为"勇敢、努力、聪明"这种内部稳定因素,成功强化了小江对自己的信心。

当孩子因为悲观的想法出现退缩行为时,家长要鼓励他通过行动验证一下是否真的有那么糟糕。通过行动结果推翻悲观预测,有助于孩子建立信心。

> 欣欣上初一的时候视力下降得很快,需要戴眼镜来矫正视力。但她一直非常抵触,觉得戴上眼镜之后人变丑了。有一次戴着眼镜远远看到熟人,她马上就取下眼镜,表情非常紧张。
>
> 欣欣在学校从来不戴眼镜,但随着看黑板越来越吃力,她又非常苦恼。
>
> "你觉得戴着眼镜很丑,可是为什么不问问你的同学,你戴眼镜看起来怎么样呢?"妈妈建议道。
>
> "啊?万一他们说我丑怎么办?他们也可能会说违心的话。"欣欣忐忑不安。
>
> "那就多问问几个同学,相信你会得到真实答案的。"妈妈肯定地说。
>
> 几天后,欣欣兴奋地对妈妈说:"他们说我戴眼镜一点也不难看,还有个男生夸我戴眼镜还挺文静呢!"从此以后,欣欣克服了对眼镜的排斥。

当孩子陷入灾难化思维中时,家长也可以和孩子一起探索:"最糟糕的情况可能是什么?我们可以采取什么办法应对?最好的结果和最可能的结果是什么?"这种去灾难化的方式,可以帮助孩子认清现实,建立自信和勇气。

◎ 重视孩子的人际关系与社会技能

人际关系既可以是压力来源,也可以转化为孩子的动力来源。良好的人际交往不仅能让孩子感受到同伴支持和鼓励,还能让他从同伴身上学到应对压力的方法、拓宽思维视角、避免灾难化想法。

一定的社会技能是孩子建立信心的重要基础。面对困难,有信心可以应对,孩子才不会轻易逃避。

> 全班同学准备去春游露营,小侯有些犹豫不决。
> "大家一起去玩,多好呀,你在担心什么呢?"妈妈问。
> "出去露营怎么吃饭呀,我不想一整天吃面包。"
> "大家肯定会一起想办法的,比如一起做一点简单的饭,可能还有烧烤什么的。"
> "啊,这些我都不会呀,快别去了,去了没准儿还丢人!"小侯说。
> 妈妈忽然意识到小侯该学学自理能力了。
> "这样吧,今天晚上你和妈妈一起做饭,我们学几道简单又好吃的菜,露营时保证让你们同学大吃一惊。"妈妈说。

孩子的社会技能需要一点点训练,家长早点意识到,孩子才会更主动。

◎ 把错误当成学习成长的好机会

当孩子犯错或遭遇失败时，很多家长会毫不犹豫地批评指责，想让孩子"认识到错误，下次做得更好"。但这往往是家长的一厢情愿罢了。家长的批评指责会让孩子恐惧犯错，回避困难不敢再尝试。因此，家长应摒弃追究责任的下意识思维，把犯错当成孩子学习成长的好机会。引导孩子思考："我们怎么才能解决这个问题？我们可以从中获得哪些成长经验？"

9岁的小史从小就是一个调皮捣蛋的孩子，没少挨爸爸揍。但每次挨了揍，过几天又是老样子。星期六下午，小史和同伴在小区玩打仗游戏，却不慎把爸爸的电动车反光镜给弄坏了，小史看到大事不妙，趁爸爸还没发现，找个理由去奶奶家了。

爸爸发现后气得冒烟，想要找儿子算账，却被小史妈妈拦住了："孩子大了，你不能总打呀，这样打下去孩子就学坏了！"

最终，爸妈决定一起去见心理咨询师。咨询师和爸爸讨论了一种不同的教育方式。

星期天，小史从奶奶家回来，小心翼翼地瞄了一眼坐在沙发上的爸爸。奇怪的是，爸爸并没有生气。

"我的电动车反光镜是你弄坏的吗？"爸爸平静地说。

"我不是故意的，不小心碰了一下，它就坏了。"小史搓着手紧张地辩解道。

"爸爸相信你不是故意的，但是我们该怎么解决这个问题呢？"爸爸说。

"什么？"小史惊讶地问。要知道放在以往，爸爸早就开始动手了。

"我们该怎么解决这个问题呢？"爸爸平静地重复了一遍。

"哦，那我帮你修……"小史明显底气不足。

"可是已经坏了，没法修了。"爸爸说。

"要不……我拿存钱罐的钱给你再买一个。"小史终于想到了一个更靠谱的办法。

"你弄坏的，你要负责去买，爸爸可以带你去修理店，但你要和店里的叔叔说。"

"好吧。"小史不情愿地答应了。

小史买完以后，爸爸说："你来安装吧，爸爸可以帮你。"

当父子俩好不容易把反光镜重新安装好后，爸爸问："挺不容易吧，以后你要怎么做才能避免这种情况再出现呢？"

"我们以后不在有车的地方玩了！"小史边擦汗边说。

把错误当成学习成长的好机会，孩子就能不断总结经验获得成长。更重要的是孩子不会因此畏惧压力和困难，有勇气去挑战，坦然面对失败。因为即使错了也只是成长的机会而已，有什么好怕的呢？

◎ 与孩子坦诚沟通解决办法

如果孩子经常回避压力，家长需要通过一对一沟通或者家庭会议的方式，表达自己的担忧，了解他内心真实想法和顾虑，一起寻找问题的解决办法。家人的关心和支持、孩子的公开承诺，有利于他更加自律，减少回避行为。

◎ 有质量的陪伴，让孩子感受到爱与力量

很多孩子之所以选择回避压力，是因为内心没有力量感。而孩子的力量感最大的源泉就是家庭。家长有质量的陪伴，让孩子感受到无条件的

爱,有助于孩子重新鼓起面对挑战的勇气。

上初二的小孟被医院诊断为抑郁症不得不休学一年。妈妈在心理咨询师的帮助下,深刻领悟到自己过去忙于工作,忽略了孩子的情感需要。

根据心理咨询师的建议,妈妈开始抽时间定期陪伴小孟。为了保证陪伴质量,在陪伴期间,妈妈全程保持手机静音,只要小孟感兴趣,妈妈就会尽量鼓励他去做,甚至陪他一起去尝试。在小孟感到沮丧灰心时,妈妈不断为他加油打气。

小孟慢慢体会到了妈妈的用心和无条件的爱,闭锁已久的心也慢慢打开了。一年以后,小孟回到学校,性格有了明显的积极变化。

无条件的爱、美好回忆,快乐体验……就是孩子心灵深处的"能量储备",帮助他在现实压力和外在打击中始终保持希望感。

◎ 信任孩子,保持耐心和积极期待

当孩子回避问题时,家长的耐心和信任难免会受影响。实际上,孩子回避压力也正是他信心不足的表现。在这种情况下,家长依然给予信任和支持,这对孩子克服困难、恢复自信非常重要。只要家长保持耐心和信心,进行合理引导,绝大部分孩子最终都会回归常态。因此家长不必过度悲观。

小温高考前有几次重要的模拟考试结果都很糟糕,连续的打击让小温的信心跌到了谷底。他开始怀疑自己,整天唉声叹气,甚至想要回避学习。

妈妈很坚定地说:"虽然有几次失败,但妈妈相信你的基础是没问题的。只要你认真总结原因，一定会重新振作起来。"

上了大学后，小温说："那时候我是不相信自己的，只是妈妈那么坚定，我不想让她失望，就硬着头皮往前冲，没想到真的成功了！"

◎ 鼓励孩子再试一次

孩子丧失的信心需要一点点重建。在遇到挫折时，家长应积极鼓励孩子再试一次。帮助孩子发现自己努力过程中的每一点进步，逐步建立信心。家长平时也可以和孩子一起阅读克服困难相关的励志故事，让孩子产生希望和动力，领悟到努力本身的重要性。

上初二的小邵特别想要上一所重点高中，但因为成绩相差较大，他经常感到沮丧烦恼，很难静下心来，甚至有了要放弃学习的打算。

一天，妈妈在杂志上看到一篇成长故事，讲的是一个打工者退学后决心重返学校，通过不断努力最终考上博士的历程。妈妈感慨地对小邵说："一个打工的人能考上博士，考重点中学难道比考博士还难吗？妈妈相信只要你努力，考砸了就再试一次，一定也可以的！"

从此以后，"打工者能够考上博士，我也一定能行！"变成了小邵的人生信条。一年后，小邵顺利进入自己理想的高中。

本章思考：

孩子出现过度回避压力的原因是什么？

家长平时哪些做法最容易打击孩子的勇气和信心？

如何判断孩子在过度回避压力？哪些做法能帮助孩子建立自信？

第10章
不良行为目的8：
自暴自弃

孩子自暴自弃，是家长最不愿看到和接受的情况之一。

自暴自弃与回避压力并不一样。孩子回避压力主要是不愿面对压力带来的结果和痛苦。他们并不一定会怀疑或者放弃自己，有时回避压力就是为了让自己保留希望感。然而，自暴自弃的孩子内心已经完全否定自己，他们看不到希望。

自暴自弃者往往同时具有自卑、无力和无意义感三种消极特征，甚至成为其对待生活的普遍信念模式。在外人看来，他们常处于消极状态，眼里失去了应有光芒。

要帮助自暴自弃的孩子重新站立起来，家长不仅需要耐心和技巧，还需要真正读懂孩子，真正读懂自己。

小莉从小生活在农村，由爷爷奶奶照顾。爸爸妈妈在城市打工，每年也就回来几次。虽然见爸爸妈妈的时间不多，但小莉并没觉得有什么不好，"和爷爷奶奶生活挺好的"，这是小莉经常在电话里和爸爸妈妈说的话。

从小莉小学班主任的反馈来看，"小莉很懂事，学习也很优秀，和同学相处也挺好，还是班里的副班长"。这些话都让爸爸妈妈放心了不少。

小学毕业后，爸爸妈妈把小莉接到城市生活。

城市的学习生活让小莉感觉很不一样。班上同学穿得比小学同学讲究多了，很多同学讨论的东西自己也不了解，而且同学们似乎都多才多艺，而自己"什么也不会"。

这些状况让小莉有些紧张和不自信。小莉迫切希望通过努力学习，获得一个好成绩来让自己自信起来。

然而，初一的期中考试中，小莉的成绩只不过是班上的中上水平而已，与自己的期望相差很多。这让小莉感觉在老师和同学们面前有点抬不起头来，她上课开始走神，记忆力似乎也变差了。而此时，小莉又突然得到了奶奶生病去世的消息，这对她来说无异于晴天霹雳。小莉感觉自己的世界瞬间失去了最重要的支撑。

妈妈发现小莉开始变得沉默寡言，郁郁寡欢，虽然还正常上学，但越来越没有精气神。爸爸妈妈心里也非常着急，虽然想了很多办法想让小莉开心起来，但都没有效果。

快到期末的时候，班主任跟妈妈反馈说："小莉最近上课状态很不好，小组讨论的时候她很少发言，作业的完成情况也不好，经常能不交就不交了。轮到她值日的时候，她打扫卫生很敷衍，自己的课桌也经常不收拾……"

妈妈就这些问题和小莉沟通，但小莉只是听着，不反驳也不辩解。妈妈终于被小莉的态度激怒了，狠狠地批评了她一顿。虽然眼泪在眼眶里打转，但小莉还是什么也没说，只是默默地回到自己的房间。

等小莉睡了，妈妈对坐在床头看手机的爸爸说："小莉这是怎么了，以前生怕别人误解了她，现在连批评她也不吭声。怎么越大越倔了！"

爸爸放下手机，长叹一口气，说："倔，我倒不怕。我就怕她这是自暴自弃了啊！"

爸爸的感觉是对的，小莉确实有些自暴自弃了。从农村来到城市生活，她失去了和过去朋友的联系，这让她很不适应。小莉对成绩抱有很高期望，这是她融入新环境，获得老师和同学们认可的资本。但考试结果让她感到气馁，其他方面的短板也加剧了小莉的自卑感。

小莉从小和奶奶关系好，奶奶是她的精神依托。奶奶突然生病去世，对于小莉而言是一个巨大打击，把她原本就很脆弱无助的心理状态推向了自暴自弃的边缘。

孩子自暴自弃，是家长最不愿看到的行为之一。

自暴自弃和回避压力并不一样。孩子回避压力主要是不愿面对压力带来的结果和痛苦。他们并不一定会怀疑或者放弃自己，有时回避压力就是为了让自己保留希望感。然而，自暴自弃的孩子，内心已经完全否定自己，他们看不到希望。

对于自暴自弃的孩子来说，气馁和习得性无助是第一步。什么是习得性无助呢？这和心理学家塞利格曼[①]的一个著名实验有关。

[①] 马丁·塞利格曼（1942— ）美国心理学家，积极心理学的创始人之一，主要从事习得性无助、抑郁、乐观等方面的研究，著有《真实的幸福》《习得性无助》等。

塞利格曼在实验中把狗关在笼子里，只要刺耳的声音一响，笼子里的狗就会感受到剧烈的电击（强度不会让狗有生命危险），它们会在笼中狂奔号叫，试图逃出去。然而，这个过程很多次以后，这些狗慢慢地不再来回奔跑号叫，它们开始趴在地上，一动不动，被动地忍受着电击的痛苦。甚至当研究人员把笼门打开，它们也不逃跑，只是趴在地上等待痛苦的来临。

塞利格曼认为，这些狗面对痛苦时会本能地挣扎，但多次尝试失败后，它们开始感到无助，最终选择了放弃。这种无助感是在环境适应中得到的"经验"，是一种习得性无助。它不仅发生在动物身上，也发生在人类身上。

当孩子在生活中经常遭受各种质疑、责骂和挫败时，一开始他可能还会尝试去改变自己以逃离痛苦，但多次尝试失败后，就会感到绝望无助，最终自暴自弃。长期自暴自弃的孩子在性格上也会出现消极转变：变得被动、消极、自卑、敏感、悲观……

在现实中，有哪些原因可能会导致孩子自暴自弃呢？

孩子自暴自弃的原因

孩子自暴自弃，往往是多种原因共同造成的。压倒骆驼的绝不只是最后那一根稻草，孩子一直在负重前行，只不过最终不堪重负而已。

◎ 父母的教育方式问题

1. 父母过度控制。对于控制型父母而言，他们希望孩子"挤进父母定好的模子里"。孩子的真实自我并不重要，是需要去掉的"阻碍"。当孩子内心真实的需要得不到满足，排斥的东西却不得不去接受的时候，他会觉得反正我也没法按照自己的想法去生活，那为什么还要努力呢？不如放弃好了。

  冰冰今年11岁，正在上五年级。最近因为头晕、吃不下饭妈妈带她去了好几次医院，但又没检查出什么问题。有医生提醒妈妈说，冰冰的身体不适可能是心理问题导致的。妈妈连忙带着冰冰去找心理咨询师。

  "我就觉得冰冰的情况有点不对劲，要不是医生提醒，我还没往这方面想呢。我就是想让你帮冰冰克服一下困难，让她坚持去学校，这不，她已经耽误很多课了，以后可不好补……"还没等咨询师开口提问，妈妈已经开始"教"咨询师要怎么做了。

  "抱歉，打断一下。冰冰平时除了上学校的课程，还有别的补课吗？"

  "她平时上学回来作业都要写到10点多，没时间补。我给她报的钢琴课、书法课和英语口语课都在周末上呢。"

  "那冰冰周末有出去玩的时间吗？"咨询师接着问。

  "唉，基本没有，除非补课老师临时有事。"妈妈说。

  "冰冰，是你选择的这些课程吗？你喜欢上这些课吗？"咨询师转过头问坐在一旁一言不发的冰冰。

  "都是我妈给我报的，我不想上。"冰冰小声地说。

  "啊？这事哪能让她做主啊，现在社会压力这么大，不好好学习，以后怎么办？"妈妈在一旁急忙说。

冰冰的生活被各种课程牢牢占据，她也没法自主做出选择。但当她放弃了反抗也放弃了前进的动力时，妈妈真的还能做主吗？

2. 父母粗暴的教育方式。有些家长一味地通过责骂、讽刺甚至动手殴打来"教育"孩子,这可能会让孩子觉得自己一无是处,怎么做都是错的,最终选择放弃。

3. 父母期望过高,追求完美。当父母对孩子有着不切实际的高期望,孩子就会发现无论自己怎样努力,都达不到父母的期望。而且高期望、追求完美会让父母变得挑剔,孩子做得越多错得越多,最终选择"躺平"保护自己。

  爸爸担心10岁的茜茜太自卑了,因此带茜茜来见心理咨询师。
  "茜茜,你能说说你的优点吗?"心理咨询师问。
  "我……没有优点。"茜茜说。
  "可是每个人都会有自己的优点和缺点呀,你没有想过吗?比如,你爸爸平时夸奖过你什么?想想看。"
  "我不记得了。因为我很懒,做不好事情,所以经常惹爸爸不高兴。"

茜茜不记得爸爸对自己有过夸奖,只是觉得自己有数不清的缺点,让爸爸很不高兴。所以,茜茜的自卑,正是爸爸的挑剔、批评导致的。

4. 父母过度宠溺包办。父母的宠溺包办会让孩子觉得自己很弱,必须要依赖别人才行。在面对现实时,孩子发现现实真的好难啊,这与他们心中"我很弱""我不行"的信念相互印证,放弃便成了唯一的选择。

5. 父母爱面子,喜欢拿孩子与他人比较。家长拿孩子与他人比较可能是想给孩子提供一个"榜样",或者激发孩子的"好胜心"。但实际上这种方式给了孩子两个心理暗示:"我不如别人""爸妈不喜欢真实的我"。

  大二女生小元因为持续情绪抑郁来寻求心理咨询师帮助。
  "从小我就觉得我爸不喜欢我。"小元说。

"为什么呢?"心理咨询师问。

"感觉吧,有时候说不上来……但我能从他看我的眼神、说话的语气中感觉出来。他特别喜欢拿我和他同事家的女儿比……"

"这让你感觉他不喜欢真实的你,是吗?"

"是。无论我多努力,表现多好,他总是不满意……上高中的时候我就经常感觉活着没什么意思。"小元哽咽地说。

对于小元而言,她觉得爸爸的爱是有条件的:只有满足爸爸的期望,爸爸才会爱自己。"有条件的爱"会让小元对自己产生深深的怀疑。

◎ 家庭环境长期紧张高压

父母长期对立冷战、争吵不休甚至家庭暴力等会让家庭氛围处于紧张高压状态。这种环境对孩子而言是灾难性的。孩子对父母的情绪很敏感,他们无法理解出现这种情况的原因,甚至可能会误以为是因为自己"不好"。长期紧张的高压环境会对孩子的正常心理发展造成阻碍,严重时会留下童年阴影和创伤。

小语的父母从结婚起就开始争吵不休。小语出生以后,由于照顾孩子的问题,小语妈妈与小语奶奶吵得很厉害,直到小语上幼儿园前,家里面一直处于"鸡飞狗跳"的状态。

小语上幼儿园后没多久,爸爸妈妈就离了婚,小语主要由奶奶照顾。由于爸爸平时工作很忙,顾不上照顾小语。小语不听话的时候,奶奶就向爸爸诉苦告状,爸爸回来就会狠狠地教训儿子一顿。

上小学后,爸爸给小语找了个后妈。小语一开始觉得后妈对自己挺好的,但奶奶却经常在小语跟前说后妈的坏话。见小语不愿意听，奶奶狠狠地对小语说："一看你也不心疼奶奶，以后你不听话，奶奶就不要你了！"

小语在学校经常违反班级纪律，有时候拽女同学的头发，有时候在同桌的书本上画画，老师向小语爸爸反映，小语挨打的次数更多了。每次打完后，小语就会老实一阵。

到了小学四年级，小语对爸爸说："我不想学了，反正也学不下去了。"

小语的心理需要一直被忽略。他缺乏关爱，缺乏快乐体验。爱与快乐体验是孩子的能量来源，是他未来对抗痛苦挫折的"本钱"。缺乏"本钱"的孩子很容易在困难和痛苦面前变得悲观消极，失去希望感。

◎ 遭遇严重的心理创伤或连续的外在打击

当遭遇严重的心理创伤时，孩子的安全感和掌控感会被击垮，可能因恐惧、害怕而失去尝试的勇气。生活中有些打击看似不大，但一旦遭遇连续的打击，自信心就容易受到打击，甚至出现"习得性无助"。

小宏从小就很聪明，对数学尤其感兴趣。上初中后又遇到一个很合得来的数学老师，所以小宏的数学学习积极性很高，数学成绩一直在班里名列前茅。但到了初二，数学老师被调走了，小宏心里非常失落，他经常跟爸爸妈妈抱怨新来的数学老师。

初二期中考试，小宏的数学成绩有明显的下降。谈到原因时，小宏说："唉，现在的数学老师教得太差劲了，我都不知道他在讲什么！"

"不要总是找老师的原因，你自己没学好难道全怪老师，为什么其他人能学好呢?"被妈妈数落了一顿后,小宏噘着嘴满脸不高兴地走开了。

由于越来越抵触数学课,小宏有几次被数学老师批评上课不专心,他就更不愿意上数学课了。这让妈妈感到一阵担心。

果然,到了期末,小宏的数学成绩都跌到班里的中下水平了。妈妈急了,想和小宏谈谈。

一开始妈妈还想安慰鼓励小宏一下,看能不能让他端正学习态度。但很快两人就争执起来。"不要总找老师的原因,想想你自己,为什么数学越来越不行!"妈妈生气地说。

"是是是,我就是不行,你满意了吧!"小宏大声吼起来。

接下来几天,小宏把自己关在卧室,沉迷手机,干脆什么也不做了。

小宏对数学失去信心是一连串打击的结果:喜欢的数学老师离开、成绩下降、老师批评、妈妈批评……如果家长和老师不能及时调整教育方式,小宏就可能会出现"习得性无助"。

◎ 性格特征影响

消极悲观的归因方式会对孩子的发展带来严重阻碍。比如:有些孩子习惯把失败归结为"我太笨,我能力不行";人际交往不顺利是因为"我不好看,没人喜欢我";把没达到目标归结为"我努力有什么用,人家就是比我强";等等。这些消极归因会引发强烈的自卑和羞耻感,而孩子选择轻易放弃也会最终证明"自己果然不行"。

进入初三后,大多数同学都开始意识到学习的重要性,准备为考上理想的高中而努力了。但小雪的学习态度越来越消极,她上课经常走神，回家也不看书，只想看手机。

妈妈看见这种情况很着急，催促她赶紧放下手机，去看会儿书。

"反正我再努力也就这样了，算了，我认命了！"小雪说。

对于完美主义者而言，他们会对自己有过高的期望，苛求自己又缺乏灵活性，面对自身和现实的不完美，常常在"要么完美，要么放弃"的循环中痛苦挣扎。不少人最终绝望地选择了自暴自弃。

小鹏每天写作业都让妈妈很头疼。不是因为小鹏不认真，相反，是因为小鹏太认真了。小鹏放学后就主动开始写作业，但他每天写作业需要的时间几乎是同学的两倍，有时直到深夜才能完成。

这是因为小鹏太追求完美了，他要求自己的字迹工整，而且一旦有错误，就一定更要擦掉重写，有时候擦了又擦，如果不满意还会发脾气。作业问题，不仅让他很累，也让父母很心累。

还有些孩子天性较为敏感，他们很容易受到外界环境的影响。比如，有的孩子难以适应竞争激烈的学校环境，人际关系中的各种信号会让他们产生严重的内耗，有时越努力反而越纠结，因此，他们选择把自己封闭起来，沉浸在自己的世界里。

◎ 负面标签影响

如果不细心观察，我们可能很难发现家长、老师们这么喜欢给孩子贴标签。比如：

当孩子第一次见陌生人躲在家长身后，家长会解释说："他就是胆小，不爱说话。"

孩子学东西有些吃力，急躁的家长会说："唉，你怎么这么笨？"

孩子很活跃，没能及时安静下来，家长会数落道："别捣蛋了，淘气鬼！"

孩子有些害怕，妈妈会来一句："这都不敢，胆小鬼！"

孩子学习成绩不好时，老师会说："他是我们班的差生。"

……………

家长给孩子贴标签时可能并没有太多恶意。殊不知，这顶帽子会给孩子的信心带来巨大"杀伤力"。在孩子的眼里，家长和老师都是"权威"。心理学家发现，当强势一方给弱势一方贴标签后，弱势一方很难去除它。

更可怕的是"标签效应"。标签对孩子是一个强烈的心理暗示。孩子会下意识地让自己的行为与被贴的标签相一致：既然妈妈说了我"笨"，那么我不会做才正常；既然老师说我是"差生"，那为什么还要努力呢？负面标签会让孩子为失败找到充分的理由，并逐步融入他们的信念，成为一种"宿命"。

◎ 身体疾病影响

如果存在难以克服且对正常生活、外在形象有明显影响的身体障碍，孩子的自信心可能会因此受到很大影响。尤其是进入青春期后，孩子对自己的认识和关注增加，如果不能及时调整认知，可能会因克服不了现实困难而自暴自弃。

> 小森5岁的时候因为生病导致听力受损，因此需要佩戴助听器才能与人正常交流。由于双耳听力不一样，有时候会听不清别人说的话。
>
> 一开始，小森对学习的信心很足，但随着上初中后学习难度的加大，以及双耳听力持续变差，小森开始感到气馁，变得自卑起

来,他逐步把自己封闭起来,拒绝别人的帮助,朋友也越来越少,还经常因为一点小事就发脾气,心里有了放弃学业的打算。

好在小森的初中班主任特别关注小森,他常常找小森谈心沟通,鼓励小森克服困难,树立信心。为了让小森多接触同学,班主任特意让小森当上班里的卫生委员,让愿意帮助小森的同学建立了一个学习互助小组。班主任还经常赞扬小森的作文写得好,这让小森对写作有了浓厚的兴趣。

经过班主任和同学的帮助,小森终于克服了自卑心理,放弃了自暴自弃的打算,中考时以优异的成绩考入了市里的重点高中。

小森是幸运的,他遇到了一个真诚关心、耐心帮助自己的班主任。每一个身体存在障碍的孩子都需要家长和老师付出大量心血才能帮助其克服自身障碍,成为生活的强者。

◎ 情绪障碍问题

近年来,情绪障碍在青少年群体中呈现多发趋势。当孩子被严重焦虑、抑郁等负面情绪困扰,就会出现注意力分散、疲惫、自卑、兴趣减退、活力下降、睡眠障碍等现象。如果家长不能及时察觉并帮助孩子,他们的心理适应能力可能会被严重削弱,无法应对外在困难,最终自暴自弃。

孩子自暴自弃的表现

孩子自暴自弃,他会表现出强烈的消极、悲观、被动和气馁状态。具体来说,通常有哪些表现呢?

◎ 缺乏热情和兴趣，甘于落后

当孩子陷入自暴自弃，他们会对生活中的很多事情丧失兴趣，对即将面临的挑战抱着无所谓的态度，对自己的落后"坦然"接受。他们的情绪通常较为低落，对生活缺乏热情。在外人看来，他们的眼睛里似乎"没光"了。

初二的小哲对前来劝他不要放弃学习的父母说："你们不要说了，我已经决定要做一条咸鱼了。"

"我可以接受你普通，但将来你总得能养活自己吧。"爸爸说。

"到时候再说吧。"小哲无精打采地回答。

◎ 无意义感

对于自暴自弃者而言，努力没什么用，甚至生活本身都没有什么意义。他们常挂在嘴边的话可能是："这有什么用呢？""反正没什么用！"

小丽是一名高中生，她常常觉得生活没有意义，心里郁闷难受却又很难说出到底是为什么。

下午放学后，她一直很不开心，妈妈问了很久，才知道她和另外两个同学一起，但是觉得自己"总是被冷落的那一个"。

"她们说话时你能不能接接话茬，多表达一些自己的想法？"妈妈建议道。

"那有什么用呢？反正她俩关系更好，我说了反而尴尬。"小丽说。

小丽觉得很多事情都没有意义，因此拒绝尝试，而这种消极态度只会让其他人因为不了解她的真实想法而离她更远。

◎ 自我封闭

把自己封闭起来是自暴自弃者常用的自我保护方式。他觉得自己和别人不一样，他人的期待会让他感到压力。为了避免失望，他会下意识地把自己与其他人隔开，避免被打扰被期待。他通过自我封闭获得短暂的平静。他还会有意识地抵触沟通，觉得别人"反正也帮不了我"。

小关念初一时不幸遭遇交通事故，导致腿部留下残疾。由于需要拄拐走路，小关内心非常失落，产生了严重的自卑心理。看到同学们在操场上跳跃、奔跑，他非常羡慕，觉得上天对自己很不公平。

小关常常一个人坐在角落里思考自己的未来可能会遭遇的种种困难。他感到越来越悲观，觉得未来没什么希望。慢慢地，他对与同学交往也产生了排斥，觉得继续上学也没什么意义。小关最终退了学，每天躲在家里看书、玩游戏，几乎很少出门。

小关受伤以后承受着巨大的心理压力。他对未来感到悲观，无法接纳自己腿部残疾的事实，因此下意识地想要躲避他人异样的目光。然而，自我封闭虽然暂时逃避了压力，也让他失去了很多可能性。

◎ 严重自卑，脆弱无助

自暴自弃者常伴有严重的自卑心理。他们怀疑自己并可能伴有强烈的羞耻感，遇到困难时会下意识否定自己。他们对现实感到无助，不相信自己有能力克服困难，缺乏迎接挑战的勇气。他们善于从生活中找到各种证据证明自己"真的不行"。

> 班主任发现在初一的新生中，小杰显得很不一样。其他同学都很活跃，只有小杰安静地坐在角落，耷拉着脑袋，两眼无光。
> "小杰，你能向大家介绍一下自己的优点和特长吗？"班主任说。
> "我没有。"小杰怯生生地站起来回答。
> "那你给大家随便讲点什么，讲个故事，或者唱个歌，可以吗？"班主任继续说。
> "我不会。"小杰红着脸说。
> 后来，班主任逐渐明白了小杰为什么会这样。小杰的妈妈是一个强势、急躁又粗鲁的女人，她对小杰最常说的话是："你怎么这么笨？像头猪一样！"

◎ 过度依赖和成瘾行为

自暴自弃对孩子而言实属无奈之举。他们也希望振作起来，燃起希望，只不过内心的坎很难过去。这种矛盾纠结的状态让他们感到苦恼又无助。通过沉迷于某个刺激或行为，能够让注意力暂时从痛苦的现实中挪开，获得安慰。

> 小敏的爸爸妈妈平时忙于生意，无暇照顾小敏。小敏从小和奶奶一起生活，但奶奶身体不好也没有太多的精力。小敏和奶奶关系很一般，她常觉得自己像个"没有人要的孤儿"。
> 由于学习成绩一直比较差，人际交往也很不顺利，小敏越来越孤僻，经常沉浸在自己的世界里，拒所有人于千里之外。

最近小敏沉迷于直播间购物，她不仅把大量时间都花在直播间里，还会购买各种东西，几乎每天都会有好几个包裹送到家里。这些东西大部分对她而言其实没什么用，很多包裹几乎没打开过，一直堆在房间的角落里。"购物"变成了小敏最大的快乐。

小敏与爸妈唯一的联系就是要钱，爸妈很少拒绝，他们觉得亏欠了小敏，给她多花点钱也是应该的。但回家看到屋里那一大堆没拆封的包裹，爸妈觉得小敏"出问题"了。

◎ 逆反，反复无常

自暴自弃者也会有逆反行为，但他们不是为了报复或者争夺权力，而是为了让家长"不要打扰自己"，放弃对自己的期望。

小超妈妈痛苦地对心理咨询师说："小超打初二开始就'破罐子破摔'，说不想学习了，一上课就趴在桌子上，有时候还顶撞老师。现在呢，天天玩手机游戏放不下，我说几句，人家就吼我，说不要我管，自己已经长大了。"

"你们采取别的办法了吗？"心理咨询师问。

"后来我们就开始不给他钱，断网，他有时表现好两天，但过几天又不行了。"

◎ 自我伤害

自暴自弃者可能会出现一些伤害自己的行为。他们的内心有强烈的自卑、自责和羞耻感，责怪自己失败，因此惩罚自己。另外，他们觉得很多事情都无所谓，因此可能会过度追求刺激而忽略自己的安全。

孩子自暴自弃时所持观念及判断方法

对于产生自暴自弃倾向的青少年而言，他们背后的信念可能是：

"我没有能力，没有价值，没有人真正爱我。"

"努力是没有用的，只会带来更多的挫败、伤害和羞辱。"

"我不能让别人对我有任何期待，否则他会失望，我也因此感到压力和内疚。"

"你说爱我、相信我，那只是因为你想安慰我，或没看清我真实的样子而已。"

"谁也帮不了我，那就不要打扰我，让我安静地待着吧。"

孩子自暴自弃时，会向外界发出多种信号。然而它一开始很容易被误解为"自卑""懦弱""回避压力"等行为。那"自暴自弃"有哪些特殊性，家长该如何判断呢？

◎ 是否存在"自卑+无力+无意义"模式

"自卑+无力+无意义"概括了自暴自弃的核心行为表现。单纯的"自卑"者并不一定会感到无力，相反，他们可能会努力去证明自己，设法超越自卑。单纯的"懦弱"者，并不一定会自卑，他们可能在某些方面很有自信。"过度回避压力"者可能在某一方面感到自卑和无力，但很少会对生活产生普遍无意义感。相反，他们之所以选择回避，有时就是为了维护自尊和希望感。

自暴自弃者往往同时具有自卑、无力和无意义感三种消极特征，它们甚至成了他对待生活的普遍信念模式。在外人看来，他们常处于消极状态，眼里失去了应有光芒。

◎ 从家长的感受方面判断

如果孩子的行为目的是自暴自弃，家长很快就会对孩子缺乏朝气的状态感到沮丧和生气。接下来，家长会意识到，孩子"真的不对劲"，困惑、着急、焦虑不安会慢慢占据家长的内心。当一系列教育、引导和帮助都没用，家长会出现深深的自我怀疑、自责、无助甚至绝望感。

> 因为妈妈一直很要强，忽略了小霏的真实感受，小霏上高中后开始变得非常叛逆。
>
> 在几次激烈的争吵中，妈妈动手打了小霏，一股脑说出了很多侮辱人的话。
>
> 从此，小霏变得意志消沉，开始自暴自弃起来，到了高三干脆把自己锁在屋子里不出来。有时候一整天饭也不吃，妈妈送饭进去也不开门，只能把饭菜留在门口，悄悄离开后，小霏才出来吃几口。
>
> 妈妈有时会绝望地站在门口对小霏说："小霏你别这样，妈妈过去做错了，有什么事情我们好好商量，我改还不行吗？"但是小霏依然没有开门的迹象。

小霏的状态让人感到心疼。此时对妈妈而言，过去严格要求小霏的那些事情似乎都不重要了。妈妈的内心常被内疚、自责和绝望感包围。妈妈对心理咨询师说："我想改变对待小霏的方式，可是她现在连这个机会也不给我啊。"

◎ 从家长的下意识行为判断

孩子出现自暴自弃，家长下意识地想要让孩子重新振作起来。他们会采取谈心、激将、施加压力、寻求外在帮助、责骂甚至暴力行为等一系列可能的办法，但很难获得孩子持续积极的响应，有些粗暴的方式还会让情况变得更糟。最终，有些家长可能会接受现实，无奈放弃改变孩子的希望。此时，家长可能会走入两个极端：

因痛苦、怨恨、深深的无奈感而选择放弃孩子："我不管你了，你以后爱怎么样就怎么样吧。"

哄劝、贿赂孩子，希望孩子"配合"动起来；或者直接包办，替孩子去做："没办法，我帮他做吧。"

虽然帮助一个自暴自弃的孩子注定是一个长期且困难的工程。但上述两种方式不仅无法真正帮到孩子，还可能会给亲子关系和孩子适应未来带来严重后果。

◎ 从孩子的下意识行为判断

面对家长行为上的步步紧逼，自暴自弃的孩子很可能会回避、拒绝响应甚至无动于衷。他们不相信自己能好起来，有的也不相信父母。他们有时会表面上答应，但遇到困难，他们又反复无常，很快就放弃，不断试探家长的底线，证明自己"无可救药"。

◎ 使用猜测式提问

猜测式提问法（见第4章中"使用猜测式提问"有关内容）有助于我们从孩子的回答中更准确地验证孩子行为背后的真实目的。比如我们可以询问孩子：

"你不愿意去做，是因为你觉得自己做不到，做了也没用是吗？"

"你觉得努力也没有意义，没人能真正帮得了你，是吗？"

孩子自暴自弃，家长怎么办？

孩子自暴自弃是家长最不愿意看到的情况之一，所有家长都会急迫地想要帮助孩子重新振作起来。但如果缺乏科学有效的方法，很可能会遭遇失败。这不仅会让家长感到沮丧，还会强化孩子的负面心理暗示："果然没有人能够帮得了我！"那么，我们该如何帮助孩子一步步走出自暴自弃的泥潭呢？

◎ 探寻孩子出现自暴自弃的真正原因

家长应深刻反思家庭环境、自身教育方式存在的问题，并及时加以修正。比如：是否存在过度控制？教育方式是否缺乏尊重，过于粗暴？自己是否追求完美，对孩子的期望过高？是否过度包办、宠溺孩子？是否太爱面子，经常拿孩子与他人比较？

如果孩子遭遇了连续的打击和重大的心理创伤，家长应理解、接纳孩子的感受，积极倾听孩子的想法，表达自己的重视和坚定支持，和孩子一起寻找解决办法，必要时可以寻求专业的心理帮助。

◎ 引导孩子进行自我再评价

当孩子内心自卑，陷入自我怀疑或习得性无助状态时，他们对自己的评价会很低，甚至觉得自己"一无是处"。这种情况下，可以引导孩子进行自我再评价，重新建立对自我的看法。比如，引导孩子思考以下问题：

我的优点和不足分别是哪些？别人曾经夸奖过我的地方有哪些？曾经的失败有没有什么客观原因？我曾经最主要的成功经历是什么？那些成功事例体现了我有哪些优势？

思考这些问题，有助于孩子建立客观理性的自我认知，找回勇气和信心。

◎ 停止批评，敢于承认错误并真诚道歉

无论是什么原因导致孩子出现自暴自弃，家长都应该立即停止批评。因为批评只会加剧孩子的自卑、脆弱和自我怀疑。如果因为家长的失误或者错误的教育方式给孩子带来了伤害，家长应主动承认错误并承担责任，向孩子真诚道歉。等孩子愿意时，一起协商怎么做才能解决或做出弥补。

> 上初一的小志学习成绩下滑，受到妈妈的严厉批评后有些自暴自弃。
>
> 发现小志自暴自弃后，妈妈深刻反思了自己的教育方式，发现自己过去太在意孩子的学习成绩，忽略了孩子的心理需要，而且与青春期孩子沟通方面的知识严重不足。
>
> 于是，妈妈报了一个家长在线学习营，每天认真学习一个小时。
>
> 看到妈妈不像过去那样唠叨自己，反而埋头学习起来，小志不免有些好奇。
>
> "你学什么呢？"小志有一天凑过来好奇地问。
>
> "妈妈过去有些教育方法太落伍了，伤害了你，所以我决定要好好学习怎样才能更好地与你相处。"妈妈坦诚地说，"我也是第一次做妈妈，有些地方犯了错，你能原谅妈妈吗？"
>
> 小志一时间不知道该说什么好。但妈妈看到小志的眼角泛着泪花。

过去强势的妈妈竟然能够坦诚承认自己的错误，并且向自己道歉，这是小志没有想到的。但让小志眼角泛泪花的不仅仅是妈妈的态度，还有她改变自己的行动。这对小志而言是一个好榜样。

◎ 不可怜不放弃，向孩子表达自己的信心、决心和信任

父母可怜孩子，只会让孩子陷入自怨自怜的凄苦心境中。孩子会因为"自己很弱""上天不公"而失去斗志。当孩子处于自暴自弃的低谷时期，父母的信心、决心和信任至关重要。哪怕孩子反复表达要自暴自弃的想法，家长也应该向孩子表明自己永不放弃的决心，同时表达对孩子能力的信任。这会让孩子有机会在未来唤醒已经休眠的"希望感"。

小雄家变成了单亲家庭。这让从小被宠溺的小雄很不适应，有了自暴自弃的想法。

面对小雄的自暴自弃，妈妈坚定地说：

"妈妈过去一心想要保护你，替你做了很多你应该面对并承担责任的事情，这其实限制了你的能力。这是我的不对，妈妈向你道歉。你过去没学，但并不代表你没有这个能力。未来妈妈会调整自己的角色，我只负责鼓励、协助你往前走，而不是代替你。妈妈相信，你一定会比过去做得更好的。"

妈妈确实说到做到，经过几年的痛苦挣扎，小雄比过去更坚强更成熟了。

◎ 有质量的陪伴，让孩子感受到无条件爱

生活中缺乏快乐体验，孩子就没有足够的能量来对抗现实中的失落、挫折和创伤经历。他会觉得"生活没什么意思，总是这么糟糕"，从而失去希望和前进的动力。当孩子觉得父母不爱（真实的）自己时，他就会感到自卑，内心没有安全感，对自我价值产生怀疑。因此，家长有质量地陪伴孩子，增加其快乐体验，让孩子感受到无条件的爱，孩子就会对自我有

信心，内心真正强大起来。

> 妈妈3年前离异后就独自带着小宁生活。妈妈平时上班就很忙，还要赶回家洗衣、做饭、收拾家务，因此很少能够抽出大段时间来陪伴小宁。但小宁并不怪妈妈。这不仅是因为小宁懂事，还因为小宁知道，每天睡前20分钟，妈妈都会专心陪伴自己。
>
> 当到了上床睡觉的时间点，小宁会主动躺在床上等妈妈。妈妈会走过来，坐在床沿上，帮小宁盖好被子，温柔地和小宁说说话。
>
> 妈妈经常会问的问题是："今天有没有什么让你感觉不开心的事情？"这时候，小宁就会把白天发生的所有不开心的事情都告诉妈妈。妈妈会耐心倾听，然后两个人一起想办法，妈妈教给了小宁很多与朋友相处的技巧。
>
> 妈妈还会问小宁："今天有没有什么特别开心的事情？"这时候，小宁会努力回想一天中开心的事情。妈妈除了耐心倾听，有时候还会和他一起笑得合不拢嘴。
>
> 妈妈有时候会给小宁讲个故事。小宁问："妈妈你怎么知道这么多故事呢？"妈妈笑着说："我有自己的故事大全哦，我会把有趣的故事收集起来，和儿子一起分享。"

妈妈虽然很忙，但她对小宁的陪伴却是有质量的。睡前20分钟，她会倾听孩子的烦恼，一起创造愉快幸福的体验。因此，真正的陪伴不在于时间，而在于质量。只要能够让孩子感受到无条件的爱，哪怕只有短短的20分钟也是有效的。

◎ 拆分目标，根据孩子的能力设置成功台阶

孩子一旦自暴自弃，信心不足是个大问题。习得性无助需要靠"习得性成功"来恢复自信。为了让孩子不断体验成功感，家长需要根据他的能力和意愿对目标进行拆分。一开始设置的台阶要足够小，家长可以示范如何去做。等孩子有了一定的信心和兴趣，逐步增加一些难度，但要保证孩子"努努力能够着"，激发孩子的挑战欲望。

在这个过程中，家长应充分肯定孩子的每一点进步，赞扬他的坚持、努力和克服困难的勇气，和他一起感受点滴成功的喜悦，帮助他逐步建立自信。

佳佳从小就是由姥姥带，姥姥对佳佳太过宠溺，包办了一切，快5岁了，还经常给孩子喂饭。一天，幼儿园老师跟妈妈反馈说，佳佳在幼儿园有些退缩，遇到困难从来不主动想办法，要么发脾气，要么就等着老师帮忙。妈妈意识到了问题的严重性。以前觉得没什么，看来这样下去，佳佳迟早会走向自暴自弃。妈妈决心做出改变，帮助佳佳重拾信心。

早晨起来，佳佳坐在床上等妈妈给她穿衣服。"宝贝，妈妈相信你能自己穿好的，我记得你上一次就全部穿对了。"妈妈说。

佳佳不高兴地慢慢穿好了，下床后光脚站在地板上。"你的鞋袜在鞋柜那里哦。"妈妈提醒道。

"我不会！"佳佳大声哭着喊出来。

"哪里不会呢，你去把它们拿过来，我可以帮你哦。"妈妈说完，开始忙自己的事情。

佳佳站了一会儿，见妈妈没有动静，就自己去拿了鞋袜，走到妈妈身边。

"你看，这是袜子的脚后跟，先把它拉到脚后跟的位置……

对，很棒哦……然后我们把鞋子粘住的地方拉开，对，把小舌头拉出来，没错。还记得那首穿鞋的歌吗？"

"穿对了，头碰头，穿错了，背靠背。"佳佳的记性一直不错。

"没错，你现在是头碰头，还是背靠背呢？"

"头碰头。"

"嗯，头碰头啦，我们就可以把脚伸进去，对，然后脚往前踢一下，没错，再拉一下脚后跟。哇，太棒啦，佳佳会自己穿鞋啦。而且速度很快哦，又没有发脾气，我就知道佳佳可以的。好啦，我们可以去上幼儿园啦。你可以帮妈妈开门吗？"

为了让孩子积累信心，家长要展示自己充分的耐心，家长有耐心，孩子才肯去尝试。遇到困难时，家长要和孩子一起寻找原因，分析解决问题的办法，鼓励孩子"咱们再试一次"。必要时，家长应鼓励、鼓励再鼓励。

◎ 和孩子坦诚讨论问题解决方法

通过一对一或者家庭会议的方式，鼓励孩子表达自己的真实想法和困扰，倾听其实就是一种理解和支持。更重要的是，家人一起头脑风暴，或许可以提出很多建设性的解决问题的方法。家庭会议的要点详见第2章。

◎ 打破狭隘成就观，从培养生活技能做起

孩子的自暴自弃往往从学习开始。学习不仅是孩子的主要压力源，也是家长们最在乎的点。然而，当孩子对学习极度排斥或逃避时，家长步步紧逼只会加剧孩子"躺平"的决心。

我们希望培养一个什么样的孩子？难道不是希望他最终成为一个心理健康、掌握一定的社会技能、能适应未来的人吗？要达到这个目标，我们

应该打破狭隘的成就观,把注意力适当从分数上挪开。有趣的是,当家长不那么专注于成绩分数时,孩子反而可能会更在意自己的未来。

面对坚决不肯再去学校的高中生小漕,妈妈内心经过痛苦的挣扎,冷静下来后对他说:"既然你已经决定了,妈妈也不强迫你。你已经长大了,也该为自己的行为负责了……我们有时间一起讨论一下家里的家务分配吧。你作为家里的一分子,应该承担该承担的部分。另外,妈妈觉得,如果你暂时不去学校,也不能在家'躺平',应该认真计划自己的生活和未来,真正为自己负责。"

小漕瞪大眼睛看着妈妈,试图弄明白妈妈是不是认真的。

"妈妈可以协助你办理一年的休学,这一年你需要认真工作。"妈妈继续说,"如果一年以后,你还愿意回学校,妈妈还是会支持你的。"

小漕没想到,这次妈妈是认真的,有些钱她不再给自己,有些家务她坚持会留给自己做,除了一些底线外,很多选择真的由自己决定。小漕更没想到,自己曾经向往的打工挣钱原来这么难。

一年以后,小漕选择回到学校。不过这一次,他已经和以前完全不一样了。

妈妈选择尊重小漕的想法,她不是在"做秀",更不是在玩"套路",她真的相信孩子能够从现实中获得更多自己迫切需要的东西。她把责任还给小漕,这么做需要很大的勇气,但这让小漕跳出了自暴自弃的泥坑。

◎ 真心喜欢孩子,挖掘孩子的兴趣、优点和长处

家长也许会说:"孩子都自暴自弃了哪还能喜欢?一看到他,我就觉得难受和生气!"没错,每个家长都会"恨铁不成钢"。然而试想一下,

作为家长，难道我们只喜欢孩子顺利和成功的样子？要知道，孩子的成长过程中肯定会遇到各种各样的挫折和低谷。陪伴孩子鼓起勇气面对困难，获取人生所需社会技能，本就是家长的责任。何况，导致孩子自暴自弃的诸多原因中，父母通常也有份。

- **孩子处于低谷期，家长的真心喜欢和信任能有效化解他心中的自卑无助**。不仅要接纳孩子的真实个性，家长还要设法挖掘他的兴趣和长处。感兴趣的事、擅长的事最容易让他们点燃希望，重拾信心。

晓慧的妈妈因为身体不好，常年在姥姥家养病。爸爸一个人带着晓慧在城里生活。由于爸爸工作忙，妈妈又常年不在家，晓慧养成了生活懒散、对学习无所谓的态度。

进入高三以后，晓慧散漫的态度不仅没有收敛，反而开始逃课、晚归甚至跟爸爸撒谎彻夜在网吧玩游戏。看到晓慧自暴自弃的状态，爸爸内心十分着急却又无可奈何。

其实晓慧非常聪明，虽然她上课不怎么认真，数学和物理成绩却一直排在班级中上水平。她不仅对物理感兴趣而且做题思维也很独特，经常获得物理老师的夸奖。

爸爸思来想去，觉得可以好好挖掘一下晓慧的物理兴趣和特长。爸爸有意和晓慧探讨生活中的物理现象，还虚心向她请教物理问题，晓慧很愿意教爸爸。

爸爸还请物理老师帮忙。此后，物理老师经常在晓慧的作业上写一些鼓励的话，有时候单独找她谈心，谈未来的规划。上课的过程中物理老师也会特别关注晓慧，让晓慧给全班同学分享自己的做题思路。有时候还会特意拿出几道难题让晓慧去挑战。

通过爸爸和物理老师的共同努力，晓慧散漫的心明显收敛了不少。期中考试，晓慧的物理成绩一下子上升到了全班第2名。

"只要你努力，我相信你一定能够做得比现在更好！"爸爸肯定地说。

晓慧自己也看到了希望。她不仅保持着对物理的浓厚兴趣,也开始兼顾其他科目。功夫不负有心人,晓慧期末考试的成绩提高到了全班第16名。晓慧非常兴奋,信心大增。她学习更加努力了,成绩也稳步提升。最终晓慧以优异的成绩考入了一所名牌大学。

爸爸没有急着去指责晓慧的种种不良行为,而是通过发掘她的特长,成功帮她建立了信心。家长只有接纳孩子的真实个性,才能挖掘出孩子的优点。

◎ 身体力行,破除完美主义魔咒

如果孩子自暴自弃是因为过度追求完美所致,那么家长应该在生活中有意识地降低自己的标准,鼓励孩子在生活中"抓重点",不苛责自己,勇敢接纳自己的"不完美"。家长可以用"足够好"来衡量孩子的努力成果,同时可以坦诚承认自己的不足之处,给孩子树立榜样。

10岁的小兵因为写作业"太认真,追求完美"而常常完不成作业,爸爸带他来见心理咨询师。第一次咨询结束时,咨询师请小兵下次过来时,带一个自己写的"最完美"的字。

"你找到自己写的完美的字了吗?"第二次咨询时,心理咨询师问。

"没有,我觉得它们都不完美。"小兵说。

"既然你写了那么多字,都找不到一个完美的字,那'完美'真的存在吗?"

"把字写工整让我觉得很舒服。"小兵眼中闪着光芒。

"可是,你为这种舒服付出的代价是什么呢?"

小兵低头不语。

"家里面你最爱谁?"心理咨询师问。

"妈妈。"

"妈妈完美吗?"

"不完美……但挺好的。"小兵说。

"是啊,'不完美,但挺好'才是你最爱的人,如果妈妈完美了,你还敢爱她吗?"

为了打破"完美主义魔咒",家长可以引导孩子把每次犯错当成学习成长的机会,强调努力过程的意义,而不是只盯着结果。有意识地培养孩子对世界、他人和自己的感恩之心,也有助于化解"完美主义"困扰。

◎ 通过分享励志故事和自身成长经历来鼓励孩子

孩子需要榜样的力量。处在困境、迷茫中时,家长不妨推荐孩子静下心来看看好书。有时候书中的一句话、一个励志故事、一段心灵感悟,不经意间就能帮助孩子点燃亮光。父母坦诚分享自己的成长经历也可能会对孩子有所触动。孩子会逐步理解:不只自己有困难,困难都是暂时的,也没那么可怕。

小辉多年后一直还记得在自己颓废时妈妈说的那番话:

"在那个困难的时候,我也以为那就是我的命运,我也曾想过放弃。但幸好我坚持了下来,所以我才有机会获得了人生中最宝贵的东西——那就是你。"

◎ 支持孩子同伴交往,增加人际支持

当父母苦于不知如何激发孩子的兴趣和信心时,不要忘记同伴关系可

能带来的神奇效果。有些孩子之所以自暴自弃，是因为生活太苦闷，在同伴人际中得不到认可。有些过度悲观、自卑的孩子一旦与同伴交流，他们会发现自己的担忧其实并不特殊，内心就会得到宽慰。

上高二的小冬因为违反学校纪律和同学一起被罚。他觉得自己受到了不公平对待，干脆躲在家里不再上学，每天唉声叹气，而且脾气越来越暴躁，妈妈怎么劝都不管用。

眼看小冬越来越颓废，妈妈心里十分着急。恰好小冬的初中好朋友过来看小冬，妈妈悄悄地请他帮忙，看能不能让小冬出去走走。

朋友请小冬一起出去骑山地自行车，小冬本不想去，但经不住劝说，跟着一起去了。

两人一直玩到晚上才回家。回家后，小冬主动和妈妈说："他（朋友）也曾经被老师那样对待过。哼，看来现在的老师真是越来越不靠谱了，不能太把他们的话当回事！"

妈妈听着抱怨，但心里暗自高兴。因为儿子眼中熟悉的光芒又回来了。

对于青春期的孩子而言，同伴一席话有时胜过家长说半个月。家长要尽量帮孩子搭建同伴交往的平台，学会借用孩子的同伴好友来疏导情绪，点燃希望感。

 本章思考：

为什么习得性无助与孩子的自暴自弃紧密相关？
如何判断孩子是否存在自暴自弃的可能？
帮助孩子走出自暴自弃的关键点有哪些？

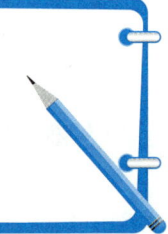

第11章
给家长和孩子的留言回信

在近10年的咨询工作中,我们依托专业的心理健康中心官网、公众号、聊天群、知乎问答、微信留言等方式收集来访者的提问,每一个提问我们都会尽可能认真回复。有些家长和孩子的留言很有代表性,具有参考意义,我们在这里精选几篇,希望能给更多的家长带来启发。

 给家长的回信

为什么孩子总爱乱拿别人的东西?

来访者留言:

老师,我亲戚家有个孩子经常乱拿别人的东西,而且屡教不改,打骂也不管用,这种情况背后是什么心理?

感谢留言和信任!孩子乱拿别人的东西且屡教不改,说明孩子的行为存在较大的偏差。然而"冰冻三尺非一日之寒",要纠正孩子这种行为偏差,我们首先需要了解孩子不良行为背后的真正目的。

1. 攀比与嫉妒心理。存在一定的攀比甚至嫉妒心理,在孩子的个性化发展过程中是很正常的。家长要接纳孩子的感受和心理需要,除了告诉他这种行为不可接受外,还要和他一起寻找满足自己和实现目标更好的办法。

2. 吸引家长的关注。如果孩子说谎,或乱拿别人的东西后根本不介意被家长发现,那么其行为的目的很可能就是吸引家长或周围人的关注。这可能与孩子被忽略、感到孤独有关。

3. 展示自己的权力。孩子通过乱拿别人的东西来展示自己的权力。他们觉得自己有权得到任何想要的东西。这种情况往往与家庭教育不当有关。

4. 寻求刺激。如果孩子这么做是为了"刺激",他可能会为自己没有被发现感到得意和兴奋,而被发现后家长的打骂和惩罚,只会让他下一次的行为更加隐蔽。

5. 反抗和报复。有的孩子这么做是为了反抗别人对自己的"不公平",也就是为了报复他人。"你们这样对我,我就要报复你们!"如果被发现后遭受惩罚,很可能会加剧他的报复心理。

6. 自暴自弃。有的孩子被家长、老师或同学贴上了"坏孩子""小偷"等负面标签,因此会产生自暴自弃的想法。"反正我很坏,有什么大不了!"

孩子的不良行为之所以屡教不改,往往是因为家长并不了解孩子行为背后的真正目的和原因。当家长不了解孩子,只是单纯地打骂、批评和惩罚,那从上述各种行为目的来看,孩子的不良行为大概率只会越来越严重。

面对这种情况,作为家长该怎么办呢?

家长应该停止打骂和责罚,认真反思自己的教育方式,静下心来通过各种方式了解孩子行为背后的真正原因,而不是被表面现象所迷惑。只有解决了深层次原因,孩子的不良行为才能得到真正纠正。

有的家长会说,如果不打骂责罚,孩子怎么会知错,怎么会改?

我们想一想,孩子真的不知道"乱拿别人的东西"这件事是错的吗?他当然知道。如果责罚打骂有用,孩子就不会屡教不改甚至问题越来越严重了。对于寻求关注、刺激和反抗报复的孩子而言,家长的"大惊小怪"恰恰是他们所希望的。

如果我们能够保持冷静和耐心,让孩子自己承担行为的后果和责任(比如退还、补偿、道歉),认真解决他行为背后的真正原因,他这么做还有什么必要呢?

该不该戳破孩子不靠谱的梦想?

来访者留言:

老师,我儿子8岁,他有很多特别天马行空的梦想。我想问,当孩子的梦想不靠谱的时候,当父母的需不需要戳破?

感谢留言和信任！恕我直言，产生这种困惑的家长，恐怕有些"自以为是"了。这并非针对您一个人，只要仔细观察，就会发现家长大部分时候更习惯当"判官"，而不是倾听者。

不要忘了，孩子眼中的世界本就和父母不一样。孩子"彩色的梦想"看似脱离实际，但这就是他们眼中的世界。孩子把梦想告诉你，并不是邀请你来做一位严肃的"判官"，然后戳破它们。他只是希望和你分享，作为家长只要耐心倾听、善加鼓励就好。

记得有这么一个故事。第一位成功登月的人类——阿姆斯特朗，小时候在家里面玩，他大声叫着："妈妈，我要去月球玩啦！"妈妈微笑着回答："好的，记得回家哦！"

要知道，阿姆斯特朗小时候的登月梦想恐怕比现在所有天马行空的想象都要离谱。作为家长，我们不应该拿自己脑海中的世界来揣度孩子，揣度未来。尊重孩子的梦想，就是尊重他们的个性和成长，信任他们的未来。孩子小时候的信心其实是家长给的。而家长怎么给？其实就是两个字：鼓励。

"戳破不靠谱的梦想"会让父母看起来很强大、很有知识、很权威……那孩子会感觉到什么？他可能会觉得自己很傻、很弱小、很鲁莽、很自卑、很尴尬……然后，家长还会很奇怪：为什么孩子会不自信呢？

家长喜欢戳破、评判孩子，结果就是孩子会下意识地否定自己的想法。他们为了不让自己看起来很"傻"，可能会变得过度"谨慎"。遇到困难时，他首先想到的可能是如何掩盖想法，避免犯错，而不是表达出来。这对孩子的个性化发展而言，是多么可惜的事情！

有些家长担心天马行空的梦想会误导孩子，这其实是多虑的。孩子真的会一直抱着不切实际的梦想长大吗？那他得多幸运啊。只要家长不过度包办、宠溺孩子，成长过程中的挫折、困难就会代替家长的角色，不断"修正"孩子的想法，告诉他们现实的真相。

家长要做的不是"戳破"，而是当孩子面临各种挑战、刁难、挫败的时候，支持他们鼓起勇气去面对，从中获得成长所需的经验和技能。

不要急于去戳破孩子的梦想。我在工作中见识到了太多"没有梦想"的孩子。没有梦想有多可怕？当一个孩子对现实、对未来、对自己失去想象力，什么都无所谓，觉得什么都没意义的时候，我就会感叹：一个有梦想的孩子是多么幸运啊！

怎么做才能弥补对孩子的伤害？

来访者留言：

老师，我是一位17岁女孩的家长。曾经因为太心急，在教育过程中犯过一些错误，导致孩子内心对我们一直很怨恨。我们现在想缓和关系，怎么做才能化解孩子对我们的怨恨呢？

家是一个人内心最柔软的部分，也是最重要的依靠。正因为如此，家庭一旦"风雨交加"，带给人的痛苦和伤害往往是最大的，而且它是一种难以言说的"内伤"。

伤害形成后，父母想要缓和亲子关系，弥补对孩子造成的伤害并不容易。这里面主要有两个阻碍：

一是父母放不下面子。传统教育观念认为"天下无不是的父母"，如果家长向孩子承认了错误，那"脸往哪儿搁？以后还怎么管孩子呢？"基于此，家长很难勇敢、坦诚承认自己的错误。有些父母为了维护面子，不断为自己的错误找理由，最终却与孩子陷入了权力之争；有的通过纵容孩子的越轨行为来弥补内心的愧疚感，这反而给孩子带来了新的伤害。

二是重建信任需要耐心与坚持。亲子之间的矛盾是一个长期积累的过程，孩子对父母的改变通常持"将信将疑"的态度。如果父母缺乏耐心，只希望孩子赶紧"翻页"，这会让孩子觉得父母没有改变的诚意，从而更加不信任父母。

那面对心怀怨恨的孩子，已经意识到自己错误的父母，怎么做才能真正有所弥补呢？

1. 退出权力之争或报复循环

当家长觉得与孩子的沟通变成了一种权力之争，或双方陷入了"你报复我，我报复你"的恶性循环时，首先应该控制住自己的反击欲望，主动退出。承认自己无法控制也不想控制孩子："我觉得现在我们俩都不够冷静，没办法有效交流，等我们都冷静下来再谈吧。"

2. 为自己的错误道歉

家长犯错后，获得家长真诚的道歉，这是大部分孩子内心所期待的。家长坦诚道歉，给孩子一个放下包袱的理由，也为孩子树立了一个勇敢承担责任、知错就改的榜样。要知道，父母的最终目标应该是赢得孩子的信任，而非赢得"面子"。

3. 共情与理解

家长在道歉后，可以表达对孩子内心感受的理解和共情。比如："我猜在那种情况下你一定会感到很委屈/失望/痛苦/伤心/难过……"或"如果是我，在那种情况下一定会感到很委屈/失望/痛苦/伤心/难过……"你能对孩子准确共情，他感到自己被真正理解了，内心才可能向你重新靠近。

4. 坦诚讨论解决办法

家长可以通过家庭会议或一对一沟通等方式，和孩子一起商议问题的解决办法。讨论时要让孩子感受到平等和尊重。比如：出现的问题怎么补救？你希望家长怎么做？以后怎样才能避免类似问题再次发生？

5. 保持耐心，坚持做该做的事情

孩子需要时间化解情绪，他需要观察父母的行为以确定父母"是不是认真的"。重建亲子之间的信任也需要一个长期过程。因此，家长在完成上述步骤后，一定要保持充分的耐心，坚持做自己该做的事情，对孩子既不要苛责也不要纵容。

家长的默默付出，最终会让孩子感受到温暖和爱。而父母的温暖和爱才是化解孩子内心伤害的真正"秘方"。

孩子浏览不良网站如何引导？

来访者留言：

老师，有一个不好意思开口的问题想问您，我最近发现孩子（初中生）有浏览不良网站的迹象，请问这种情况我该怎么引导？

感谢留言和信任！实际上，这并不是一个"不好意思开口的问题"，它是所有家长都可能会面临的现实。随着网络融入生活的各个方面，家长不得不承认：孩子面临的环境已经和自己小时候大不相同了。网络让信息更便捷，但也给教育孩子带来了极大的挑战。

工作中我们发现，不少孩子在进入青春期之前就已经"被动"接触网络不良内容。比如，有些高年级学生喜欢分享相关内容给低年级朋友。进入青春期后，孩子也会因为好奇而主动探索这方面的内容。

因此，家长最好赶在孩子接触这些内容之前进行科学引导，帮助孩子做好准备，以减少可能的伤害。家长给低年级孩子购买手机、电脑、学习平板等电子产品时，应该提前设置上网规则，使用绿色上网产品。

当你发现孩子在接触网络不良信息时，可以从以下几个方面做起：

1. 保持淡定，不要大惊小怪

家长大惊小怪，孩子反而会更加好奇。如果家长感到恐惧和焦虑，孩子会觉得自己犯了错，陷入焦虑不安。家长可以用理性淡定的语气告诉孩子：如果你看到了一些所谓的"色情信息"或者有同学传播这种信息，这并不奇怪,你只需要关掉它们,有什么不懂的地方可以随时问我。

2. 接纳好奇心,推荐科学的性教育书籍

孩子进入青春期后,对于性、异性和身体产生兴趣是非常正常的,这恰恰是他身心发育正常的表现。家长要提前做好准备,了解科学的性教育内容和方法。比如,精心挑选几本青春期性教育方面的书籍,放在家中,让孩子可以随时翻阅。家长也应提前了解,以便需要时和孩子理性讨论。

3. 认真对待提问,避免指责或贴标签

孩子有任何有关性知识方面的提问,家长都应该认真对待。尽量用科学、明确的词汇回答,不应遮遮掩掩。绝不能把孩子这种行为定义为"不正经""坏",以免孩子背上不必要的心理包袱。

4. 电影娱乐与现实是两回事

告诉孩子,那些以盈利或专门为了吸引眼球为目的的不良信息与现实是两回事。电影是一种表演和娱乐,并不是了解健康性知识的合理方式。有时候它会传递出一些非常不负责任、有害的信息。

5. 强调尊重异性与"我可以拒绝"

告诉男孩,要尊重并保护女性。在健康的两性关系中,伴侣之间要互相尊重。告诉女孩,对自己的保护是第一位的。任何时候都可以拒绝任何不想做的事情。

6. 提前识别危险与自我保护

家长应提前和孩子沟通交流生活经验。比如,现实生活中哪些场合可能会遇到危险、如何识别危险信号、遇到危险时该如何保护好自己等。告诉孩子:"如果你看到了你不懂的事情,或者让你觉得难受的事情,请告诉我,我会随时帮助你。"

7. 倾听想法,讨论原则底线

家长平时要多倾听孩子的想法,急着讲大道理只会激发孩子的逆反心理。比如,和孩子讨论一些现实案例时,坦诚表达自己的态度和底线。平时引导孩子了解一些法律常识,既能避免触犯法律,也能学会用法律来保护自己。

8. 拉近亲子距离

孩子进入青春期后会逐步疏远父母。家长应设法与孩子保持良好关系，这样才有机会给孩子提供咨询和引导，让孩子遇到危险时大胆寻求帮助。

被处于青春期的孩子仇视怎么办？

来访者留言：

> 老师，我是一个中学女孩的家长。从孩子上小学开始，我就舍弃了工作，全心全意照顾她。但进入初二以后，孩子开始乱发脾气，不去上学，还对我说各种脏话……我心痛又心累，甚至想过干脆放弃算了。真不明白为什么辛苦付出却换来了这样的结果？

感谢留言和信任！所有辛苦付出，希望孩子有所成就的家长，面对孩子这样的态度，都会感到失落、痛苦和自我怀疑。但这种痛苦是双向的。孩子的态度其实代表她也正处于痛苦中，脾气暴发是她情绪痛苦、信心不足的重要表现。

父母首先应反思自己的教育方式。比如，是否对孩子存在语言暴力、过度控制、宠溺娇纵等现象？孩子是否曾经受到过伤害？父母读懂孩子行为背后的真正目的和原因，才能带领孩子走出困境。

如果排除家庭教育方面的原因。我觉得还需要从以下几个方面去思考：

1. 了解青春期，换个眼光看"叛逆"

进入青春期后，孩子的身心发展会经历重大变化。这会让孩子自身感到困惑迷茫，也常让家长措手不及。因为自我意识高涨，孩子会出现情绪两极化、敏感、过分在乎外界评价的现象。他们对家长的态度也会变得矛盾起来。他们迫切希望能够脱离父母，同时又对自己的能力感到信心不足。

亲子冲突是孩子个性化发展受阻的结果。有些家长误以为孩子的正常个性化探索是"不学好""不听话"，而盲目限制和施压，结果却适得其反。

青春期标志着孩子进入了成长新阶段。对孩子而言，这个阶段既是考验期，也是人格发展的重要机遇期。家长需要提前了解相关知识，及时调整自己的教育方式，不要与青春期的孩子"较劲"。

试想，如果孩子青春期"平淡如水"真的是好事吗？这意味着孩子的个性化发展受到了严重阻碍。他们可能会因性格的某些方面发展停滞而显得幼稚；缺乏清晰的自我，而不得不努力讨好他人获取自我价值感；甚至在成年后因缺乏适应现实的能力而选择"宅家""啃老""躺平"……

2. 关注孩子的人际关系

孩子进入青春期后，会格外在意外界眼光，同伴关系的重要性甚至会超过亲子关系。工作中我们发现，很多青春期困扰都与人际关系不良有关。同伴关系好，孩子就会有归属感。同伴之间的交流能够疏导青春期的困惑，还能让负面情绪及时得到宣泄。

孩子缺乏稳定、充足的同伴关系，他们就可能显得孤僻、脆弱和无助。他们会下意识地把内心的负面情绪宣泄给身边最亲近的人（父母）。因此，家长一定要经常关注孩子在学校的人际交往情况，鼓励孩子多与志同道合的朋友交往，积极为他的社交搭建平台。

孩子的同伴人际关系健康，负面情绪会少很多，也就不需要宣泄给家长了。

3. 青春期表现并不代表孩子的未来表现

由于青春期孩子的表现往往很激烈，甚至有些偏激，家长难免会对孩子的未来感到担心。尤其担心孩子会"偏离轨道"。

但实际上这段时间一般只会持续1~3年，只要家长耐心理性应对，绝大多数孩子都会逐步回归正轨。面对青春期的"激荡"，你的态度越理性，采取的方式越科学，就越能帮助孩子尽快平稳度过。

该不该把家里的财务状况告诉孩子？

来访者留言：

老师，我一直有个疑惑，当了妈妈后更困惑了，那就是作为家长，该不该把家里财务的真实状况告诉孩子呢？

感谢留言和信任。要不要告诉孩子家庭的经济情况，这其实是一个"伪命题"，因为家长不可能完全瞒得住。从日常生活花费、家庭经济开支以及与旁人的对比中，孩子会对家庭经济情况有一个感知。

要不要把家庭财务的真正情况告诉孩子？同样，这也不是"全和无"的游戏。因为家长不可能把所有真相告诉孩子。家庭财务很琐碎，全部告诉孩子既无必要，孩子也不一定感兴趣。

因此，家长面临的实际问题是：你决定对孩子透露多少"真相"？何时透露，以及该如何透露？

而这取决于我们的目标。

有些家长希望通过与孩子沟通家庭的财务情况，让孩子逐步了解现实，减少困惑，学习相关知识。同时让孩子在对待钱方面更加理性、灵活，培养其踏实、乐观的性格特征。这其实是很不容易的。

如果家庭状况较差，家里的财务真相可能会让孩子感到巨大压力，毕竟孩子的理解和承受能力有限。如果家庭经济状况好，孩子可能会感到欣喜甚至飘飘然，失去踏实理性的态度，甚至助长其攀比的不良习性。

正因为有这么多风险，家长们才感觉不好拿捏。有些父母觉得不妨干脆"啥也不说"，孩子不知道情况反而更省事。然而正如前文所说，这种情况不可能"完全瞒得住"。家长故意隐瞒，反而增加了孩子"胡思乱想"的风险。

既然不能不说，又不能乱说，那该怎么办？

我认为，这需要结合家庭经济情况、孩子的年龄、性格特征等综合考虑。比如：

1. 如果家庭经济情况较好，孩子对钱没有概念，内心觉得自己只管花就好了，挣钱是爸妈的事情。那在这种情况下，家长应该在支出方面更加保守，不能一下子告诉孩子家里的储蓄情况，以免孩子觉得家里"好有钱"。

不妨让孩子多参与家庭收入、支出预算。在涉及孩子自己花钱的场合，应教给孩子提前"做预算"，尽量让孩子花自己的钱（如压岁钱、自己挣的零花钱），家长可以给予一定补贴（比如各出一半）。

鼓励孩子平时留有一定的储蓄，应对生活需要，而不是一有花销，就张口向家长要。帮助孩子学会长远计划，鼓励他参与一定的假期兼职，获取劳动成果，帮助孩子形成更加理性、踏实的金钱观。

2. 如果家庭经济压力大，暂时比较困难，而孩子性格又比较敏感，对钱很纠结甚至产生了自卑情绪。这种情况下，无论家庭经济有多困难，也不应该向孩子透露实情，以免给孩子带来过度压力。

在巨大的经济压力下，孩子的金钱观可能会被扭曲，性格中悲观、痛苦、无助等消极情绪也会增加。这种情况下，家长反而要表现得自信些、轻松些，让孩子感受到家庭的温暖和力量，形成安全感和勇气。

实际上，哪怕家长不说，孩子也会感受到家庭的经济压力，这时候家长的宽慰十分重要。这有助于孩子在面对困难时形成乐观、积极的性格特征。

所以，总体而言，向孩子透露多少经济情况，如何透露，并没有简单的公式和标准。它需要家长根据家庭的经济情况、孩子的性格特征、对钱的态度等因素综合考虑。这样才能最终达成我们的培养目标。

孩子沉迷手机怎么办？

来访者留言：

老师你好。自从"十一"假期开始以来，我儿子一直躲在房间里玩手机，每次吃饭都要催。有天晚上我起来上厕所，发现他还在玩手机。我一生气从他手里夺过手机给摔碎了……从那天后，他不和我说话了。我知道摔手机不对，但他这样天天刷手机怎么办？我总不能听之任之吧。多少孩子毁在这上面……

感谢留言和信任！是啊，确实有不少孩子因为沉迷手机而自毁前途。如果听之任之是家长的失职。但如果方法不对，那不仅管不住孩子，还会造成更大的麻烦。双方不沟通了，父母办法再多又有什么用呢？因此，既不能"不管"，也不能"硬管"。家长可以从以下几个方面思考和尝试：

1. 了解并更好地满足孩子的心理需要

孩子为什么喜欢手机甚至形成依赖？那是因为手机能够满足他内心的需要。家长首先应反思自己的教育方式。比如，是否存在过分控制或忽略、家庭环境单调压抑、孩子学习压力过大、家庭氛围过度紧张等情况。拿走或砸烂孩子的手机并不难。但只要他内心的需要"嗷嗷待哺"，总会设法寻找其他的替代品，而有些替代品实际上比手机更危险。根据工作经验，一些沉迷手机的孩子还可能存在情绪和心理问题，家长应予以重视。

2. 改变对手机的观念和态度

当你把手机看成万恶之源，就失去了与孩子坦诚对话的基础。实际上，手机在现代生活中是不可或缺的，孩子不可能绕过它。它是把双刃剑，孩子迟早需要学会与它相处。

3. 了解孩子到底在沉迷什么

当家长对孩子被什么吸引一无所知，就会被孩子认为"什么也不懂"。如果孩子沉迷网络游戏，家长不妨主动了解孩子所玩游戏的内容，阅读游戏说明甚至亲自尝试一下。做到对孩子喜欢的东西"心中有数"，才能引导孩子看清游戏与现实的区别。

4. 协商规则，并坚持到底

既然绕不过手机，家长不妨尊重孩子玩手机的权利，但需要提前制订规则（比如，什么条件下可以玩、每天玩手机的时间、频率等）。孩子更愿意遵守自己制订的规则。因此，制订规则时双方应平等协商且达成一致。规则要合理，一旦制订就应该坚持到底。如果需要调整，需要双方协商同意。平时应提醒孩子，如果规则被破坏应及时总结原因，确保下一次坚持到底。

5. 与手机拉开距离

当"诱惑"唾手可得时，人的抵抗力会大大降低。平时可以通过一些家庭惯例来引导孩子和手机保持距离。比如，规定全家人吃饭时不看手机、晚上睡觉前把手机拿到客厅等。

6. 探索手机更多有意义的用途

家长可以和孩子探索手机其他更有意义的用途。比如，和孩子一起学习如何查阅资料、收发邮件、做设计、写作等其他有意义的事。

7. 信任孩子，与孩子站在一起

家长不信任，就可能激发孩子的逆反心理。"反正你不相信我，那我就突破规则给你看！"无论是形成手机使用的习惯，还是帮助孩子克服现实困难，都需要家长传递出"我和你站在一起"的信息，形成良好的亲子同盟，孩子就会有自律和向上的力量。

8. 有质量的陪伴，增加家庭的愉快体验

家庭有愉快的活动，手机自然就没那么有吸引力了。可以通过建立家庭活动专属时间，增强家庭成员间的互动交流和亲密感。比如，养成周六下午所有家庭成员一起看电影、游泳、打篮球、玩羽毛球、走亲访友的习惯等。

9. 让孩子分担家务活，培养责任感

从小被宠溺娇纵的孩子更容易沉迷手机。因为从小被包办，孩子遇到现实困难时会更加手足无措，加上责任感不强，缺乏克服困难的勇气和毅力，因而更容易躲进手机里寻求短暂的满足。家长应从小让孩子分担家务活动，培养其心理韧性和责任心。

10. 完全无法沟通时，可以考虑"交易法"

当双方信任感被破坏，完全无法沟通时，可以尝试"交易法"。但交易并不是为了"贿赂"或者纵容孩子，而是通过"交易"调动孩子配合的积极性，逐步恢复亲子间的信任。"交易"一定要具体可行，而且要"先动后奖"。

比如，你提出一个交易，前提是孩子"从此以后放弃玩手机"，这种交易显然不可行，因为孩子做不到。如果你提出满足一个要求，前提是孩子出去买菜，那很可能会调动孩子的积极性。另外，家长一定要信守承诺。"交易"前要规划好，一旦答应了，就要说话算话。

11. 保持耐心，孩子终将回归

家长需要静下心来问自己："我这么做是为了控制孩子的错误行为？还是最终让他形成与网络的良性关系？"家长太心急，往往会激化亲子矛盾，延长痛苦。要坚信：孩子目前对网络的沉迷只是阶段性的，只要"不抛弃不放弃"，孩子最终会回归家庭和正常生活。

给孩子的回信

读书好难，为什么不能简单轻松点？

来访者留言：

老师，我是一个中学生，我发现读书对我来说实在太难太复杂了。人生为什么就不能简单轻松点呢？

感谢留言和信任！没错，读书确实不容易。而且当下某些教育体制客观上加剧了读书的难度（这或许是教育主管部门正在努力为学生减负的重要原因）。最让人感到痛心的是，它似乎某种程度上还减少了读书本来的乐趣。

很多人迈出校门以后才一点点找回了读书的真正乐趣。如果你能够很幸运地找到读书的乐趣，那么它真的就没那么难了。

要解决读书"难"的问题，还有一个方法是：我们要从内心认可读书对自身的重要意义。要知道，有意义、有价值的事情通常都不会太容易。

社会上很多人认为读书的意义就是找一份好工作，我不太赞同这一点。如果读书的意义是找一份好工作，那么一份好工作的意义又在哪里呢？

或许有人会说：当然是过一个好生活呀！可是一个"好生活"，并不能由一个好工作来保证。否则在我的工作中，就不会发现有那么多拥有一份好工作或者物质条件优越的人却生活在痛苦、抑郁中了。

所以，把读书的意义仅仅与工作相连，其实是我们低估了读书的意义。

读书会让我们更了解自己、更了解这个世界。在我们陷入内心困境时，它能帮助我们抚平内心，透过阴霾看到那一束阳光，最终使我们走出去并且真正有机会接近属于自己的"好生活"。

理解这一点，那读书"难"是可以接受的，而且是必要的。

你觉得读书很"复杂"。这一点我和你的想法并不一样。无论是社会、各种关系还是人的内心，其实都很复杂。

而读书恰是我们能够理清这一堆"乱麻"的好工具。你会发现，真正读了很多书的人，内心反而会趋向简单、平静。

你提到读书很"难"，但在我看来读书绝不是人生中最难的事情。当你长大成人以后或许就会理解这一点。

我觉得作为青少年学生，正是需要努力打磨自己的时候，最好不要总是下意识选择最容易的那条路。因为一旦你把容易的那些路都选完了，那剩下的只有难的路了。

如果把难题都留给未来，那你认真考虑过未来的自己吗？

有人和我一样不自信吗？

来访者留言：

老师，从小我就是一个胖女孩。一直小心翼翼地维护着与身边人的关系，特别怕孤单，怕没朋友。因为不自信，对朋友一直有些习惯性讨好和迁就。现在虽然瘦下来了，但这种害怕好像并没有减轻。请问有人和我一样不自信吗？

感谢留言和信任！看来我"被迫"要告诉你一个"众所周知的秘密"了：没错，几乎所有的人都会不自信！

但我知道，这个答案并不会让人满足。

这就像两个恋人执着地问对方：你到底爱不爱我？这个问题往往很难得到一个确定的答案，甚至会让人越来越迷糊。

当把爱分为只有"爱"与"不爱"这两种答案的时候，你或许会发现自己其实哪个都不想选——因为爱，从来就没有0和100。

同样，一个人的自卑、自信也并不是0和100的区别，只是程度上的差异。换句话说，自卑与自信在一个人身上是并存的。它们是此消彼长的关系，从来就不是"全或无"的关系。

虽然我们都喜欢自信，不喜欢自卑，但任何一种性格特征都有它独特的作用。

自卑对我们其实也很重要。为什么心理学家阿德勒在《自卑与超越》中，把自卑看成人努力超越自我的重要动力？正因为自卑的感觉让人实在不舒服，所以我们才铆足了劲想要超越它，而这最终成为一个人成长的重要动力。

你或许会说，那为什么有些人看起来那么自信？

那是因为你没看到他的自卑，或者他只是在用自信掩盖自己的自卑而已。

生活中有人用不断的努力超越自我来获得自信，并最终用自信成功掩盖自卑。也有人没耐心从"正道"上获得自信，于是想方设法"抄近路"，直接用自恋来掩盖自卑。但掩盖得再好，最终"脆弱"会时不时道出真相。

我觉得一个真正强大成熟的人，并不是没有自卑，而是最终学会了与自卑和解。他最终接纳了自己的不足，接纳了自己的脆弱和自卑，接纳了自己作为人的天性，最终学会了与自卑相处。

于是，我们看到了——温和而坚定。

理解了这一点，你或许就能够猜到我对你的建议了：

1. 你的自我价值与胖瘦没有关系。这种例子太多了，不妨自己找一找。

2. 其他人与你的关系，并不取决于你的胖瘦。如果你不信，试着换个角度，你真的会因为一个人胖瘦就与对方成为朋友吗？

3. 你由胖转瘦，但内心的担忧并未消失，可以看出，你需要努力的方向恐怕不仅仅是体重（虽然让自己拥有更健康的体重是老师所鼓励的）。不妨尝试更多的自我认同，更多地关怀自己，减少人际关系中的讨好迁就，学习平等、坦诚地与适合自己的人交流。或许你会慢慢发现，你的自信不知何时已经悄然来到身边。

被家人误解，有报复心理怎么办？

来访者留言：

老师，有一次家里的钱不见了，我妈偏说是我偷的，从那一刻开始我好恨她。她还总骂我。有一次我问她：你知道我的梦想吗？我妈直接说：你的梦想值一毛钱吗？

　　虽然平时我俩在一起也有开心的时候，但我现在每天都非常痛苦，恨她，还总想要报复她。而对于其他家人就没有这种感觉。我怎么才能摆脱这种心理呢？

感谢留言和信任！老师非常理解你的心情，你妈妈的话确实让人感到心痛和难过。我想，无论是谁听到妈妈的不信任，尤其是对自己的梦想如此轻视，都会与你有相同的感受。

我猜，你的愤怒、委屈和伤心很大一部分源自妈妈的不理解（骂人，没法好好沟通）、不信任（丢了钱错怪你）和对自己的梦想的不重视（觉得不值钱）。

而你为什么这么恨她，甚至想要报复她？老师觉得这恰恰说明了你对她的在乎和期待。如果换成其他人这样对待你，大不了远离即可。

可是她是妈妈，你希望获得她的理解、信任和重视，哪怕是最起码的公平公正的评价也行。然而，我们想想，你妈妈为什么这样对你？她真的就一定想要伤害你吗？

在我们内心中，会下意识地把父母和他们说的话看得很"神圣"，对他们有着很高的期望。但老师希望你去尝试接受一个现实：父母其实和我们一样，都只是普通人，他们甚至会在某些方面存在明显不足。

虽然老师不了解你妈妈从小的成长环境，不过我猜想，我们一定能够从中找到她在激动时采取这种可悲的方式与你对话的原因。比如：

可能从小她的父母就是这样教育她的，周围人就曾这样对待她的梦想和努力；她身边有很多苛刻的人，她不得不奋起反击，时刻保持防御紧绷状态；她内心非常脆弱，只想在与别人的争吵中"赢"，以获得脆弱的掌控感；她错误地认为，打击你的梦想才能让你更踏实……

虽然你妈妈的这些行为和信念的"起源"值得同情，但这并不代表她对你的这些不理解、不信任以及对你的梦想的轻视就是对的。只是，她恐怕并没有真正理解自己对你的伤害。

老师建议你把她作为一个有缺点的普通人看待，不要对她抱有太高的期望，换个角度看待她让人失望甚至厌恶的言行。尝试问自己：

1. 妈妈这些让人讨厌的言行真的源于我吗？
2. 她的这些言行真的能够决定我的价值吗？
3. 改变她是我的责任吗？
4. 抛开她的言语方式，她真正想要表达的是什么？
5. 我可以从她身上吸取什么样的经验教训，让自己变得更好？

对于重要的人的评价，我们越在意，带给自我的冲击会越大。但无论多重要都取代不了我们对自己的信任和关照；无论是多亲近的人，我们也不需要把对方的错误言行背在自己身上一路前行。

要记得，你才是那个需要自己信任、关心和鼓励的孩子，只有你才能真正决定自己的未来。

父母争吵不休，作为孩子怎么办？

来访者留言：

老师，我妈很爱唠叨，遇到事情喜欢抱怨，而我爸又是个喜欢抬杠的人，他们总是因为一点小事就吵架，有时我爸甚至会动手。他们总是两三天吵一次。我和我弟真的很无奈，无法劝架。我该怎么办？

感谢留言和信任！面对父母的争吵，每个孩子都会感到无奈和心痛。如果你和弟弟还是未成年人，那可能还会有紧张、压力、无助、内疚甚至恐惧。我们在小时候都对父母有很高的期望，当他们突然表现出与平时形象完全不一样的状态（比如失控）时，我们都可能会感到困惑、震惊！这还会让人觉得家里不再那么稳定和安全。

然而在老师看来，这只不过向我们揭示了一个真相：我们的父母其实也只是普通人。他们和我们一样，有自己的特殊性格和爱好，有各种各样的优点、缺点，遇到不高兴的事情可能会发脾气。而且成年人的世界的确也很复杂，外在压力、挫败感、孤独、失望、情绪压抑甚至无聊空虚都可能让一个成年人想要抱怨、咒骂、吼出来。

我们不要期待一个人的性格会随着年龄增长一下子"成熟"起来，某些性格短板是一辈子的事情。幸亏，就算人有短板，只要经常自我反思也能过得很好。

老师说出成年人的困境，并不是想要打击你对未来的信心和希望，而是希望你能够理解：

1. 成年人也是普通人，面对生活的压力，他们可能会下意识地向伴侣表达自己的负面情绪。只是很遗憾，你爸妈没有采取更好的沟通方式，也没考虑争吵对你们的影响。

2. 有些成年人之间的争吵其实没有你想的那么严重。对你父母而言，这可能只是一种情绪的释放，甚至是一种奇怪的沟通方式。我们经常看到有些夫妻吵吵闹闹一辈子，但谁也离不开谁……总之，争吵对他们本身伤害性可能并不大。

我们不要高估争吵对成年人的伤害，但千万也不要低估父母争吵对孩子的伤害。父母争吵伤害最大的其实是孩子。孩子并不理解父母争吵的原因和过程。在父母看来，无所谓的日常"拌嘴"也可能会给孩子的内心带来严重的不安全感。有时家里的紧张气氛就足以让孩子产生沉重的心理包袱。

那作为孩子，面对父母的争吵我们该怎么办呢？

老师觉得，我们首先要学会保护好自己。比如：

1. 不要把他们的争吵太当回事，不用太紧张太有压力，对他们的争吵最好有一定的"免疫"。不妨把他们看成两只愤怒的"大笨熊"在日常生活中打闹，过一会儿就没事了。

2. 不要想着去劝架，父母的事情应该由他们自己解决。实际上如果他们自己都解决不了，其他人是没办法的。如果他们根本不想解决，那作为心理咨询师也没办法，何况你还是一个孩子呢？我们的目标是保护自己（包括你弟弟），而不是冒险去解决成年人之间的问题。

3. 如果他们的争吵影响到了你，尽量躲一躲。比如，和弟弟一起出去散散步、找点开心的事情做、找同学玩玩。等他们吵完了再回家。

4. 不要劝架。但可以告诉他们："我和弟弟很讨厌你们吵架，如果一定要吵架，请等我们不在家的时候吵，或者出去找个没人的地方吵，不要让我们看见，谢谢！"

5. 如果有人想找你"评理"，千万不要上当。作为孩子应该避免在父母之间"站队"，要明确拒绝替他们解决问题，因为这可能会给你带来巨大心理负担和伤害。告诉他们："我不管你们谁对谁错，我只希望家里是一个没有争吵的地方，如果你们一定要争吵，请吵完再回家。"

6. 等全家都冷静下来，可以提议全家人坐在一起坦诚、理性地讨论家庭问题。你可以坦诚地表达父母的争吵给你和弟弟带来的困扰和压力。然后建议全家人一起开动脑筋，想办法解决这个问题。如果讨论有了结果，可以制订一个全家人都同意的改善计划，把计划贴在冰箱门上提醒他们。

父母争吵确实很容易影响我们的心情，但我们可以努力保护自己尽量少受一些影响。随着你和弟弟慢慢长大，逐步远离家庭，开始自己的生活，老师相信，你们未来一定可以比你父母做得更好。加油！

如何理解公平？

来访者留言：

老师，我自己做一道题花了很长的时间，最后没得满分，但我同桌让别人帮忙，轻松得了满分。这让我觉得很不公平。这种不公平该怎么解决？

感谢留言和信任！老师非常理解你的感受。记得我在上中学时也曾被这种"不公平"所困扰。等你工作了，你会发现生活中类似的这种不公平现象其实时有发生。但好在它不一定会对我们产生坏影响。

看得出来你很在意这个满分，这让我想起了前不久看到的一个有趣的故事：在国外一场马拉松比赛中，参赛者都在赛道努力地奔跑着。其中一个参赛者中途跑出了赛道，她乘坐地铁走了很远的一段路，在最后500米重新出现在赛场并最终夺得了比赛的冠军。

赛后不久，赛事组委会终于意识到这位参赛者在比赛中的"猫腻"，想向她追回冠军奖牌。

但这位参赛者拒绝交出奖牌，并且说："比赛过程不重要，结果最重要！"而结果就是她夺冠了。你怎么看待这位"冠军"呢？

在做题时如果你出现上述困扰，或许我们需要问问自己：

1. 我们做题的最终目的是什么？
2. 什么样的"结果"对我们才是最重要的？
3. 通过"搭乘地铁"获得的冠军，能够走多远呢？
4. 你真的愿意这样去赢得比赛吗？

如果你的回答是"不愿意"，老师为你感到高兴。因为，还有一个现实是：人生中所有真正重要的比赛，都是不能"搭地铁"的。

读书的意义究竟是什么？

来访者留言：

我很叛逆，马上成年了，却一直在犹豫是继续上学还是出去工作。可能是我不明白读书的意义究竟是什么吧。老师，您怎么看待这些问题呢？

感谢留言和信任！ 我曾经也叛逆过，迷茫过。幸运的是，我在那时遇到了一个很好的老师，及时化解了心中的"戾气"。他是我为人处世的好榜样，他让我有了一种新的生活方式和看问题的角度，使我在迷茫、混沌的生活中找到了一扇宝贵的窗。

我并不觉得青少年逆反一定是件坏事，但我确实认为这是一件挺危险的事情。当一个人仅仅因为不满意、不高兴、委屈、空虚、迷茫而逆反时，可能会对这个青少年的人生带来很大的不确定性甚至相当的破坏性。

根据过去多年与逆反青少年打交道的工作历程，我知道所有曾经很逆反的青少年总有一天都将回归"正轨"，开启自己的正常生活，迟早而已。

在寻找属于自己的"正轨"过程中，如果"逆反"是青少年对自我、世界和他人的一种探索，在此过程中他能找到自己的真实需要，接纳自己真实的样子，了解真实的现实，打磨出坚持下去的勇气，那这种逆反就是人生中十分宝贵的经历。

因此，我们希望，青少年的逆反是一种有边界、有底线、有时间段的自我探索。否则，就可能演变为在人生最宝贵的阶段出现的一种自我纠缠和内耗。

那读书的意义是什么？

这个问题每个人的看法或许都不一样。

我们年少时都曾觉得自己不平凡，但实际上绝大多数人最终都会沦为"普通人"。作为普通人，如果想要比其他人更幸运一些，我觉得最终需要达到三个标准：

1. 活出真实的自我，并且根据真实的自我需要，寻找到属于自己的那一点点幸福。

2. 活得越来越明白而不是越来越糊涂。这里的"明白"是你对世界、对现实和对自己能够有深入、独到的理解，而不是满足于活在别人的想法中。

3. 人生能够有选择，而不是一直活在别人的安排中。

在我看来，读书（当然不是指"死读书"）或许是能够实现上述目标的唯一途径。

为什么有些人总喜欢让我"出糗"？

来访者留言：

> 老师，为什么身边有的人总喜欢让我出糗？看到我倒霉、尴尬的样子他们会很开心……这让我很烦，但我越小心好像越容易犯错。我现在对自己越来越没有信心，遇到这种人我该怎么办？

感谢留言和信任！在我们生活的这个世界，确实有一些人希望看到别人"倒霉""出糗"，并以此为乐。这种人没有学会尊重他人，无法从自己的生活中获得足够的价值感和归属感。因此，他们希望通过愚弄别人来满足内心的优越感或吸引别人关注。

让人遗憾的是，你越在意他们，他们就越会感受到被关注、被需要。想要和他们讲道理往往是没用的，反而会激发他们的"斗志"，点燃他们的"热情"。那我们遇到这种人该怎么办呢？

1. 什么也不用做，接纳他的存在并设法逐步远离

这是最现实最省力的好办法。要知道，只要人聚在一起，就免不了有各种不同的人存在。就像会飞的动物里，会有让人喜欢的金丝雀、天鹅，也一定会有让人不喜欢的苍蝇、蚊子一样。也许你想给他一点"教训"或试图改变他。但相信我，这没用，你改变不了别人。

即使你侥幸成功了一回，换个环境还是会出现这种人。难道我们要把

自己宝贵的时间和精力浪费在这种人、这种事情上？

每个人首先需要对自己负责。我们不妨接纳现实：这就是不完美的现实生活的一部分。逐步远离不必要的消耗，让自己靠近那些尊重彼此、与自己更加"同频"的人岂不更好？

2. 专注做好自己，接纳自己的不足

他们更喜欢捉弄那些在意他人评价、对自己很苛责和内心不够坚定的人。因为有这些特征的人会对"倒霉""出糗""尴尬"过分在意，这给了他们可乘之机。

但假如你恰好有这些特点，一定要告诉自己：这并不是我的错！

提醒自己：每个人都不完美。当你能够真正接纳自己，那些喜欢捉弄别人的人就会对你望而生畏，也就失去了寻机让你出糗的热情。

3. 记得保护自己，学会拒绝，必要时勇敢寻求帮助

在真正做到自我接纳前，我们可以先学习如何拒绝他人的不合理要求。因为这种人可能会利用你的不自信和不懂拒绝来操纵你，或影响身边舆论，达到自己的目的。学会坦然拒绝才能更有效地保护自己。

如果我们明显感觉到被伤害了，除了拒绝对方不合理的要求，还要勇敢地寻求帮助（比如学生可以向老师或家长寻求帮助），让他们明白伤害你需要承担责任和后果。

你的勇敢和坚定，是走出他们给你设置"出糗"陷阱的最佳阶梯。

第12章
案例：逆反厌学的孩子与成功父母的重要特征

要想成为成功的父母并非易事，这是个和孩子一起成长的过程，家长需要先读懂自己，努力走在孩子的前面。

张女士和儿子小凯的成长案例，很好地反映了这一点。

当我接起电话时，电话那头传来一位妈妈焦虑的声音："孙老师，您好，我是一位初二男孩的妈妈，我想要见见您，越快越好！"根据我的个人经验，这种情况通常是妈妈与孩子闹矛盾，或者是孩子的学习出了问题。

"您能简单说一下孩子有什么行为让您感到担忧吗？"我问。

"是孩子的情绪问题，一句话说不清，具体我们见面说吧。"

我看了一下时间安排，建议这位妈妈下午3点来咨询室见我。

下午3点，一个40岁左右的女士走进了咨询室，虽然经过简单的化妆，但她穿着比较随意，走路时身体微缩，手里紧抓着一个灰色的包，脸上有掩饰不住的忧郁和不安。

我请这位女士坐下后，给她递了一杯温水。放松下来后，她告诉我她姓张，她的儿子小凯最近不知道怎么回事，突然变得暴躁起来，什么事情都跟自己对着干。有时候还一个人唉声叹气，很长时间不说话，问他也不说，学习成绩也下降了不少。而他以前可乖了！

"唉，我最近刷手机，网络上经常说孩子这个抑郁了那个抑郁了，我真担心他是不是抑郁了呀！"张女士愁眉苦脸地说。

我请张女士不要着急，也不要急着给孩子贴标签。孩子的这些表现或许和进入青春期后的情绪变化有关。

"你们平时的教育方式是怎样的？家里有没有影响他的突发事件？"我问。

"我们的教育方式就是普通家长的教育方式呀，家里面是有些事，但应该对他没有影响吧！"但我观察到，谈到这一点时张女士的眼神有些躲闪，她似乎暂时不想深入讨论这一点。我建议张女士先回家和小凯谈谈，看看能不能说服他过来和我见面。

第二天，妈妈和小凯来到咨询室。

小凯是一个瘦瘦高高的男孩，穿着运动服，看起来很腼腆，懂礼貌。进门后，我和小凯打招呼，他对我微笑了一下，坐在沙发上，双手扣在一起，明显有些局促不安。

我让妈妈在接待室稍坐，我和小凯单独谈。

等小凯放松下来，我温和地问他："妈妈说你最近不开心，是有什么事情困扰你吗？"

"唉，也没什么吧……就是我爸妈他俩经常吵架，我一回到家就觉得很压抑，想去外面找同学们玩，但是我妈总是不让去！"小凯苦恼地说。

"他们会当着你的面吵架？"

"是啊，从小就这样。上初中了，我也发了几次脾气，他们好像稍微好点了。但妈妈总是跟我抱怨爸爸和奶奶的不好，一开始我还挺同情我妈的，但现在我一听到她抱怨就觉得烦得不行！"

"你不希望听到关于他们之间争吵的事情？"我问。

"是啊，我也没办法啊，我总不能和她一起去骂我爸和我奶奶吧！但我不想听，妈妈就说我不孝，跟我爸一样……"

"还有别的困扰你的事情吗？"我接着问。

"还有就是我妈太唠叨了，回到家还没喘口气，她就开始催我写作业，我本来自己有安排的，但她根本不相信，还是一遍遍催。写作业的时候，她就喜欢站在我身旁，写错了，她一开始还提醒，后来就直接吼了，有时候还会动手。反正到后来我就写不下去了。"

在和张女士沟通时，我直白地和她说，小凯目前出现的情况，家庭因素占主要原因。能否帮助小凯走出困境，取决于家长是否愿意改变。

"您知道什么是'直升机父母'吗？"我说。

"直升机父母？"张女士困惑地摇摇头。

"所谓直升机父母，是用来形容那些不停地盘旋在孩子的头顶，试图挑出孩子的每一个错误，通过控制强迫孩子进入自己预制的模板，证明自己成功的父母。"

我向张女士介绍了青春期孩子常见的心理和情绪变化，目前孩子的很多表现与青春期心理有一定的关系。

但青春期心理变化并不是孩子陷入困境的主要原因。根本原因还是家庭因素，尤其是父母的教育方式问题。只不过在儿童时期，孩子的自我意识比较少，隐藏的问题并没有表现出来。

比如，在儿童时期，孩子头顶上有一架"直升机"盘旋，他可能不舒服但仍然会忍受，或许他内心也想不到别的可能。但对于进入青春期的孩子而言，他们的自我意识暴增，非常重视自己的权利和个人空间，那么他是无法容忍头顶上盘旋着一架"直升机"的。

"我也觉得这样做是错误的，但有时候情绪来了我就是控制不住！"张女士自责地抹着眼泪。

"所以我们需要理清楚你的情绪来源，以及为什么会控制不住。如果这个问题不弄清楚，孩子就摆脱不了目前的困境。"我请张女士回去冷静下来，认真思考这个问题，下一次过来详谈。

在下一次的咨询中，张女士承认自己的情绪在很早之前就出现了问题。结婚以后，面对丈夫酗酒、懒散、对家务和孩子不闻不问，她感到痛苦和无奈，坐月子和婆婆帮忙照顾孩子期间，与婆婆的矛盾经常让她感到委屈，而丈夫却总是帮助婆婆数落自己，这更让她每每怒火中烧，与丈夫的争吵越来越频繁。

每次痛苦到极点，她就会忍不住向儿子抱怨。一开始她还意识到这样对孩子不好，能够有所克制，但后来就越来越难。

"虽然你的情绪可以理解，但你的做法长期持续下去会给孩子的心理带来巨大伤害。"我提醒说。

孩子无法理解父母之间的纷争，但自己母亲的痛苦会让他感到恐慌，加剧他内心的不安全感。小凯对爸爸和奶奶也是有感情的，妈妈的抱怨和诉说，会让他的内心感到困惑和矛盾。小凯不愿意选边站，但家长之间的"拔河"会让他陷入内心的纠结和分裂的痛苦中。

即使小凯选择与妈妈站在一起，他内心的仇恨也会让他的成长不堪重负，长期下去可能会导致严重的心理创伤。

张女士为什么这么想要控制孩子？

这并不是出自孩子内心的真实需要，而是源于张女士自身的焦虑和不安全感。她得不到丈夫的支持，时常感到孤独无助，又担心孩子受到"丈夫那边的人"的"不良"影响，因此急于想要纠正这一切。但无论丈夫和婆婆的教育是否正确，她这种"纠正"都会让情况变得更糟糕。

为了让孩子屈服，张女士给小凯施加了道德压力（不孝）。殊不知，这种道德压力带来的焦虑和自我怀疑，很容易给孩子带来伤害。德雷克斯就曾说，孩子承受太多的道德压力是出现强迫症状的重要原因。

对于小凯而言，他选择沉默或许就是对母亲错误行为的反抗。

张女士有宣泄情绪的强烈需要，但她从儿子身上获得安慰，是以牺牲孩子的长期心理健康为代价的。另外，她有时还会不自觉地将对丈夫的怨恨投射到儿子身上，因为她下意识地认为，儿子也是"丈夫家的人"。

当张女士带着这种怨恨、焦虑去教育孩子，无论她怎么去做，哪怕尽最大的努力想要做好，她的教育方式也可能会被情绪扭曲。这最终造成张女士在教育孩子时摇摆不定：有时候会对孩子严厉控制，愤怒打压；但冷静下来后又因为强烈的内疚感，试图通过娇纵来补偿孩子。想象一下，这样的教育方式会给孩子带来什么呢？

张女士如果不及时纠正这种状态，对青春期的小凯产生的消极心理影响是难以估量的。

张女士答应回家后自己好好思考一下我的分析和建议。

几天以后，张女士再次来访。她说她仔细反思了，觉得我说的是对的，尽管过去她不愿意承认，但她也隐隐感觉到，自己过去很多时候把儿子当成丈夫的替身，有时候又希望把儿子当成自己的救命稻草。

"那我该怎么办呢？"张女士问。

"首先你需要与儿子保持一定的界限。把他当成一个独立、有尊严、有独特个性的人来尊重。小凯不应该成为你实现自己愿望的工具。你需要尽量处理好家庭矛盾，减少家庭矛盾对他的影响。"

张女士需要给孩子的是爱、自由和责任。除此之外，她需要和孩子商量自己的付出是否是孩子真正需要的。

我提醒说："对于你的丈夫和婆婆，你没法改变任何人。如果因为他们对孩子很娇纵，你就对孩子严厉，这种'矫正'只会让问题更加严重。你没办法改变其他人，但是你依然可以尝试正确的方法，让自己成为孩子的正能量。"

张女士答应回家先反思自己，并尝试做一些自我改变。

一周后，张女士反馈说，她已经有所领悟。自从她决定改变自己，感觉对孩子的负面情绪少了很多。现在让她头疼的是：不知道什么该管，什么不该管。

我们一起回顾了青春期孩子的心理特征，同时，我给她介绍了一些常见的对青春期孩子最有效的教育办法。张女士认真做了笔记。

"实际上，我认为对青春期孩子而言，在和他们保持良好关系的基础上，最重要的是帮助他们实现自我管理。你要做的是和孩子协商规则，并且坚持实施即可。在和孩子商量规则时，我认为你只需要把重点集中在孩子的作业、睡眠、人际和手机使用这四个方面上。"

一周后，张女士反馈说，她和孩子就这四个方面商量好了规则。她没想到，孩子的内心很愿意配合。

虽然有时候还是忍不住想要管孩子，但张女士在手机上设置了屏保，不断提醒自己。现在她和孩子的关系有了明显的改善，孩子的学习积极性也有所提高。

几个月以后，张女士反馈说，自己两个月前已经和丈夫离婚。最近孩子的情绪又有些波动，因此预约咨询希望获得帮助。

张女士和小凯一起来到咨询室后，我发现小凯神情沮丧，对单独谈话有严重的抵触情绪。我让小凯坐一会儿，我先和妈妈单独谈。

咨询室里，张女士惆怅地说："小凯最近很不听话，有严重的厌学情绪，一遇到困难就想要逃避，对手机非常痴迷，经常找各种理由不去上学。没办法说他，一说两人就会争吵冷战，他还总是说身体不舒服，头痛，想要回家，做不了作业。"

"你和小凯商量好了的手机使用规则没有坚持吗？"我问。

"是商量好时间了，但他情绪太激动，我拗不过他……后来慢慢地就执行不下去了，他总是会想各种办法来拿到手机。"

我邀请小凯坐到咨询室。

小凯说，爸妈离异后，一开始觉得生活"没什么变化"。但有一天班主任在课堂上专门提醒大家要多关心一下我，而同学们的突然关注让他觉得大家对待自己跟以前不一样了。

另外，前一段时间小凯发现妈妈在偷看自己的日记和QQ空间，这让他感到特别生气，感觉妈妈在监视自己。

我感谢了小凯的坦诚，并且和妈妈约好第二天见面再讨论。

第二天见面沟通时，我向张女士提出一个与之前相似的问题："您知道什么是'仆人父母'吗？"

"您指的是父母像仆人一样为孩子服务是吗？"张女士的思路显然比上一次更清晰。

"您觉得您现在对待小凯的方式，像不像呢？"

张女士陷入了沉思。

"您在离婚后，不仅包办了小凯所有的日常所需，还特别关注他的情绪，推测他的想法，提前安排各种'供应'，生怕有什么不周到，这不是像'仆人'一样吗？"我继续说。

"我过去不离婚就是担心影响他。这次和他爸离婚后,我想着尽量满足他,不让他觉得缺爱,毕竟这是大人的错……我是做得多了一点。"张女士解释道。

"您对孩子心怀愧疚,觉得孩子可怜,所以给他过多照顾,甚至有意地放松了很多规则限制,您觉得这样他就能够充分感受到妈妈的爱吗?"

张女士眼中含着泪水,并未说话。

"其实,此时小凯感受到的是您的软弱,他甚至可能会把这种软弱当成您对他的亏欠,成为他放纵自己的理由。您真的有必要把离婚看成对小凯的亏欠吗?"

我接着说:"更糟糕的是,由于您可怜小凯,特意把自己离婚的事告诉老师,想让老师多关照他。但这种怜悯和老师的额外关注让他觉得自己是个'受害者',这种负面心理暗示反而削弱了他的勇气和自信。而同学们的同情、异样的眼光也让他感觉到了很大的压力,这是他逃避学习环境的重要原因。"

"哎呀,我之前没想过这些,我只是希望老师能够帮助他好好适应这段时间!"张女士懊悔地说。

"对孩子而言,最好的照顾是一视同仁,而不是被区别对待。而且,谁说离婚家庭的孩子就一定要特殊照顾?您看看历史上有那么多成功的人,都是出自离异单亲家庭。只有您对他有信心,他才会真正对自己有信心!"

通过这次沟通,我建议妈妈从以下几个方面做起:

1. 重新恢复双方信任,把亲子关系放在第一位。针对偷看信件和侵犯隐私的事情,勇敢地向孩子道歉,并保证不再犯同样的错误。

2. 避免过度保护,鼓励小凯承担一些力所能及的家务(如自己洗衣服),培养他的自理能力和责任心。平时多鼓励孩子,表达对他的信心,赞赏他所做的事情和勇气。

3. 给孩子提供有质量的陪伴,激发孩子的兴趣。

4. 保持平静温和,坚守原则底线。在产生冲突时及时退出,避免权力之争。

5. 让小凯承担自己行为的后果（比如自己向老师请假，或说明作业未完成原因）。如果确实不舒服，可以去医院。如果在家休息，那只能躺在床上休息，不能玩手机。（如果在家很舒服为什么还要去上学呢？）

6. 有意识地协助孩子融入班级人际关系。

对于这些建议，我们一起想了一些在生活中适合小凯的方法，并约好及时反馈咨询。

几天后，张女士反馈说，道歉的效果不错，双方的关系明显缓和了。最难的还是手机问题，但是自己最终坚持了约定，小凯也在逐步遵守约定的时间。我建议她一定要坚持到底，不能时紧时松。

"我现在还要工作，白天非常忙，只有晚上睡前20分钟能和他沟通。一开始他有些排斥，现在逐步变成了我们两人的固定沟通时间。只是感觉他上学还是不够积极。"妈妈说。

又过了两周，张女士反馈说，现在自己和孩子的关系比以前好多了。她发现让孩子分担一些家务，加上自己的鼓励，小凯其实挺主动的。虽然偶尔会偷懒，只要自己坚持到底，他最终也能完成，怨言比以前也少了很多。

张女士还提到，小凯对做饭很感兴趣，有几次夸他做饭好吃，他特别高兴，很有成就感。

"我顺便提出，他过生日的时候不妨邀请几个关系好的同学来家里吃饭，我负责买食材，他给同学露一手。他很兴奋，都开始规划上了！"妈妈笑着说。

快到期末的时候，张女士反馈说，孩子最近特别喜欢篮球。"只要时间允许，我都会让他去，我偶尔也会去看他打球，他还在篮球队里交了好几个朋友。"

一年以后，张女士特意发来短信，反馈说孩子已经被市里某重点高中录取。篮球依然是他热爱的，他正在犹豫是否走体育特长生这条路。

"只要您记得我们之前讨论的教育原则，就应该知道怎么做。"我回复说。

从张女士的案例，我们可以看出要想成为成功的父母是非常不容易的。这是个需要和孩子一起成长的过程。那么，如果希望成为成功的父母，应该从哪些方面去努力呢？以下几个方面值得所有父母思考：

1. 相互尊重。
2. 敢于承认错误并道歉。
3. 清晰的界限。
4. 对约定好的规则坚持到底。
5. 把亲子关系放在前面。
6. 信任孩子。
7. 确保孩子感受到了无条件的爱。
8. 了解孩子，也了解自己。
9. 不追求完美，不苛责，不放弃。

本章思考：

案例中，咨询师和张女士对话中的哪些内容可以提炼出成功父母的必备要素？

你认为成功父母的必备要素中，哪一点是最基础的？哪一点最重要？

小凯的不良行为背后，隐含了哪些真正目的？